有机食品的消费者偏好、标识策略与营销管理研究

郑明赋 著

人 民 邮 电 出 版 社
北 京

图书在版编目（CIP）数据

有机食品的消费者偏好、标识策略与营销管理研究 / 郑明赋著. -- 北京 : 人民邮电出版社, 2021.1
ISBN 978-7-115-55499-4

Ⅰ. ①有… Ⅱ. ①郑… Ⅲ. ①绿色食品－营销管理－研究 Ⅳ. ①F768.2

中国版本图书馆CIP数据核字(2020)第239570号

内容提要

本书从消费者偏好的角度出发，基于严谨的经济学理论和复杂的计量模型，测算消费者对有机食品的支付意愿，研究有机食品的品种差异、属性评价、标签信任等对支付意愿的影响，探究有机食品信任属性的消费者偏好及其强化策略，以及消费者对有机食品标志与品牌商标的多种偏好关系等问题，为有机食品企业的STP营销战略、产品定价策略及提升溢价策略等决策提供科学依据。

本书适合食品质量与安全、食品科学与工程等相关领域的科研人员及食品生产加工企业、食品销售业的管理人员与市场监督管理人员阅读和使用，也可作为大专院校相关专业师生的学习参考书。

◆ 著 郑明赋
责任编辑 付微微
责任印制 彭志环
◆人民邮电出版社出版发行 北京市丰台区成寿寺路 11 号
邮编 100164 电子邮件 315@ptpress.com.cn
网址 https://www.ptpress.com.cn
大厂回族自治县聚鑫印刷有限责任公司印刷
◆开本：700×1000 1/16
印张：16 2021 年 1 月第 1 版
字数：210 千字 2021 年 1 月河北第 1 次印刷

定 价：69.00 元

读者服务热线：（010）81055656 印装质量热线：（010）81055316
反盗版热线：（010）81055315
广告经营许可证：京东市监广登字20170147号

前言

我国自20世纪90年代开始接触有机农业，其发展势头迅猛，无论在生产还是在消费的总体规模上均处世界前列。有机食品市场的快速发展促使越来越多的农产品企业选择有机生产方式。企业作为有机食品市场重要的经济主体，在追逐有机食品带来的市场机会的同时也面临诸多挑战，其中一个重要的挑战就是有机食品企业应如何从盈利模式上解决有机生产方式特有的成本高但收益不高的矛盾。消费者究竟是否愿意为有机食品支付更高的金额，以及愿意支付的金额是否大到足以抵消有机生产的高成本，将成为有机食品企业亟待解决的关键问题。

科学的市场调研对有机食品企业通过准确获取消费者偏好信息来锁定目标群体、制定可行的营销策略及选择合理的干预策略至关重要。本书从消费者偏好的角度出发，基于严谨的经济学理论和复杂的计量模型，测算消费者对有机食品的支付意愿，研究品种差异、属性评价、标签信任等对支付意愿的影响，探究有机食品信任属性的消费者偏好及其强化策略，以及消费者对有机食品标志与品牌商标的多种偏好关系等问题，为有机食品企业的STP（市场细分、目标市场和市场定位）营销战略、产品定价策略、提升溢价策略等决策提供科学依据。

本书内容分为5个部分。第1部分（第1章和第2章）为研究概述与文献综述，该部分主要对本书的研究问题、研究界定、研究意义与价值、研究目标与内容、研究方法与数据、创新之处等进行全局性的概述，并梳理相关的文献，为后续的研究奠定理论基础。

第 2 部分、第 3 部分和第 4 部分为本书的主体研究内容。其中，第 2 部分（第 3 章和第 4 章）为有机食品的消费者偏好及其影响因素，该部分关注的核心问题为从消费者偏好角度出发，测算消费者对有机食品的支付意愿，考察品种差异、属性评价、标签信任等对支付意愿的影响。第 3 部分（第 5 章和第 6 章）为有机食品信任属性的消费者偏好及其强化策略，该部分关注的核心问题为从消费者偏好的角度出发，测算消费者对有机食品的食品安全和环境保护两大类信任属性的支付意愿，以及强化信任属性偏好的附加措施（可追溯有机码标识）是否可增强消费者对有机食品的信任水平及支付意愿。第 4 部分（第 7 章、第 8 章和第 9 章）为有机食品品牌化的消费者偏好及其标识策略，该部分关注的核心内容为从消费者偏好的角度出发，测算并比较消费者对有机或品牌食品的支付意愿，及其对企业在有机认证和品牌塑造多种策略选择上的影响。第 5 部分（第 10 章）为研究总结，该部分对本书的主要结论、营销管理启示和研究不足与未来展望进行了概括性总结。

本书是在我 2016 年的博士论文《有机食品的消费者偏好及其标识策略研究》（授予单位：中国人民大学）、2018 年博士后出站报告《有机食品的消费者偏好及其营销管理研究》（授予单位：北京大学），以及在学术期刊上公开发表的几篇学术论文的基础上，融合自己在北京工商大学市场营销系工作后的思考重新整理而成，是我个人对有机食品消费者偏好的系列研究较为完整和全面的总结。感谢我的博士生导师、中国人民大学农业与农村发展学院的曾寅初教授，以及博士后合作导师、北京大学光华管理学院的王建国教授对我写作本书的精心指导和大力帮助。感谢曾老师主持的中国人民大学科学研究基金（中央高校基本科研业务费专项资金资助）项目（项目批准号：10XNI034）的资助，使该书研究涉及的问卷调查部分得以顺利地开展实施。感谢科技创新服务能力建设—高精尖学科建设（市级）—工商管理（项目号：19005902053）的资助，使该书获得充足的经费，得以顺利出版。

书中内容若有不妥、错误和疏漏之处，恳请广大读者给予指正。

郑明赋

2020 年 8 月

目 录

第 1 部分
研究概述与文献综述

第 3 部分
有机食品信任属性的消费者偏好及其强化策略

第 4 部分
有机食品品牌化的消费者偏好及其标识策略

第 5 部分 研究总结

第 1 部分

研究概述与文献综述

第 1 章

研究概述

1.1 问题的提出

随着农业工业化的推进，农业的可持续发展面临资源枯竭和环境污染的严重威胁。源于反对“石油农业”，作为一种拒绝使用化肥、生长调节剂、化学合成农药以及转基因技术，排斥对环境和生态有不良影响的可持续生产方式，有机农业逐渐受到世界各国政府、农业生产者和消费者的认可。我国自 20 世纪 90 年代开始接触有机农业并经历了初步的探索、起步和规范与快速发展阶段（尹世久，2014；国家认证认可监督管理委员会，2014）。据瑞士有机农业研究所（FIBL）和国际有机农业联盟（IFOAM）发布的“*The World of Organic Agriculture Statistics and Emerging Trends 2020*”统计，自 2008 年至 2018 年，我国有机农地认证面积增加了 128.2 万公顷，增长了 69.2%。从生产及消费市场的规模来看，截至 2018 年年底，我国有机农地认证面积（农地 313.5 万公顷，野生采集 97.3 万公顷），排在澳大利亚（3 568.8 万公顷）、阿根廷（363 万公顷）之后，成为世界第三大有机农业生产国。2018 年，我国有机食品市场零售额为 80.9 亿欧元，约占世界整体市场份额的 8%，排在美国（405.6 亿欧元）、德国（109.1 亿欧元）和法国（91.4 亿欧元）之后，是世界第四大有机食品消费市场（Willer 等，2020）。

虽然我国的有机农业无论是在生产还是在消费市场的总体规模上都处于世界前列，但我国有机农业仅占整体农业比例的 0.6%，远低于 1.5% 的世界平均水平。人均消费也仅大约为 5.6 欧元，同样远低于 12.8 欧元[①]的世界平均水平。因此，无论是在生产还是在消费市场上，我国有机农业都具有较大的发展及上升空间。

有机食品市场的快速发展促使越来越多的农产品企业选择有机生产方式。作为食品市场的生产者，农产品企业在追逐有机食品可能带来的市场机会的同时，也将面临许多的挑战，其中最大的一个挑战来自于企业应如何平衡成本和收益的问题。

首先，与常规生产方式相比，有机特有的生产方式使得企业需要更多的劳动力投入，并要具备较高的生产和质量管理能力，这会导致生产成本高昂。有机企业必须通过扩大产量的方式降低单位成本，进而提高利润水平，但现实中有机生产商往往是小规模生产且产量低下，降低成本的能力十分有限。其次，大多数有机企业认为有机生产是生产安全健康食品较好的一种方式，并相信消费者会为更安全和更健康的有机食品支付更高的金额。因此，有机企业通常会采取对出售的食品制定高价的策略，试图抵消有机生产方式带来的高昂的生产成本，以此保持一定的利润空间。

反观市场的另一端，消费者究竟是否愿意为有机食品支付更高的金额，以及该金额是否大到足以抵消有机生产的高成本等问题，将成为有机企业亟待解决的关键问题。学界关于有机食品的消费者偏好研究，主要集中在支付意愿[②]及其影响因素上（Krystallis 和 Chryssohoidis，2005；Louriero 等，2001），研究成果较为丰富，但缺乏结合企业在营销管理实践

① 人均消费为笔者根据有机零售市场除以人口总数计算得出。2018 年世界整体有机零售市场总额为 970 亿欧元（FIBL 和 IFOAM），世界人口约为 76 亿（世界银行），我国人口约为 14 亿（国家统计局）。

② 有关消费者愿意为有机食品支付意愿的描述，详见 Turco（2002）对世界各地区的溢价综述及 Yiridoe 等（2005）对不同学者的研究综述。

过程中涉及的决策问题的相应研究。从营销管理的角度看，对有机食品消费者偏好的理论和实证研究应结合 STP 营销战略、提升溢价策略和标识管理等进行。

首先，研究消费者对有机食品的支付意愿，探讨支付意愿的影响因素，有助于有机食品企业有效地识别目标群体，这也是制定和实施 STP 营销战略的基础工作。现有研究侧重于关心全民福祉，忽视了针对潜在目标群体的研究对于企业决策的重要意义，因此亟待针对目标市场的定价决策开展相应的研究，从而为企业决策提供依据。现有关于支付意愿研究的一个重要目的在于测算消费者福利，关心的是有机食品为所有消费者额外带来的总福利，研究中往往选取普通消费者作为研究对象，极易得出支付意愿不高的结论。然而，现实中有机作为食品等级的最高标准，并不是所有普通大众的消费选择，而只是部分消费者特定的消费偏好。对于企业而言，支付意愿研究的重心也不应针对所有的普通消费者，而应放在了解潜在目标群体的意愿价格，进而为企业定价和营销提供相应的决策依据上。此外，针对具体地区和品种开展相应的比较研究，挖掘并总结影响有机食品支付意愿的重要因素及差异，对于市场细分和目标市场的识别、评估及确定具有重要的指导意义。

其次，从消费者偏好入手，识别和强化消费者对有机食品的信任属性偏好，是提升有机食品溢价的重要方式。

一方面，有机食品作为具有多种属性的产品，如何识别和正确营销有机食品的产品属性是有机企业产品定位应关注的现实问题。现有研究大量集中在对有机食品整体的支付意愿及其影响因素的研究上，缺乏基于有机食品多属性偏好关系的研究。在食品消费经济学领域，消费者依据与产品质量有关的内在属性与外在线索来感知产品的质量（Caswell 等，2002）。有机食品的属性，不只是简单的单一属性，它不仅包含了质量和食品安全，还包含了诸如环境和伦理相关的属性。由于有机食品采取了特有的生产方式，因此它不仅会降低食品安全风险，而且还将减少对环境的影响，起到环境保护的作用。在有机市场较为成熟的地区，比如德国和丹麦，消费者主要是出于环境保护的目的而选择购买有机食品（Mettewie等，2008）。随着我国居民水平的提高，公众对环境保护的认识和意识在逐步提高，环境保护作为新兴的消费者需求，将成为有机企业在营销上应重点关注的一种属性。但与此同时，在食品安全问题较受关注的背景下，食品安全属性仍是有机企业营销应关注的重要属性。因此，从产品定位来看，我们有必要深入识别、探讨和研究消费者对有机食品的食品安全和环境保护的偏好关系问题。

另一方面，不同于普通食品，有机食品在生产过程中包含的食品安全风险和环境保护等质量信息无法在购买或消费过程中反映出来，其是一种典型的信任产品。已有研究证实信任属性在消费者的评估价值中占据越来越重要的地位（Verbeke等，2008）。目前，我国主要采取有机认证和有机标签制度解决信任属性层面的信息不对称问题，但消费者对有机食品的支付意愿还取决于消费者对有机认证和有机标签的信任水平（Krystallis和Chryssohoidis，2005）。当下，如何改善消费者对有机标签的信任水平，成了研究有机食品支付意愿的关键问题。当消费者对有机食品的信任水平较低时，消费者就有必要了解与生产过程有关的更多的信任属性信息，可追溯体系通过对产品的定位和追踪，在一定程度上为消费者提供了与生产过程有关的信息（Verbeke，2005），被视为增强消费者对有机标签信任程度（Gellynck等，2006）的一种有效方式。我国在2012年3月1日发布的新版《有机产品认证实施规则》中规定，所有的有机企业都必须建立相应的可追溯体系，并在产品上加贴可追溯有机码。那么，从有机企业加贴有机食品标志的方式和效果来看，我们有必要探究加贴可追溯有机码是否有利于提高消费者对有机食品的信任水平，以及消费者对可追溯性有机食品的支付意愿水平等问题。

最后，企业作为有机食品市场重要的经济主体，获得竞争优势并保持竞争力是其在激烈的市场竞争中生存的不二法则。一方面，食品企业可以通过塑造品牌获取优势，取得相应的品牌溢价。另一方面，食品企业也可以获得有机认证，取得竞争优势，获取相应的额外利润。消费者愿意为有机或品牌支付的额外金额将是企业实施品牌或有机策略的一个重要依据。有机企业将有机视为一种获取竞争优势的手段，应如何实施？在实施过程中，与品牌发展策略的关系如何？现有文献关于品牌与有机关系的研究主要集中在消费者对品牌或有机的信任程度、品牌或有机的偏好关系，以及品牌或有机的标签策略等方面（Wang 等，2008；Wu 等，2014；符国群和佟学英，2004 ；尹世久等，2014），这些研究的一个重要结论就是消费者对品牌与有机的偏好存在着显著的相关关系。那么，从企业的标识策略上看，我们有必要从消费者偏好的视角探讨企业究竟应把精力放在塑造品牌还是获得有机认证，以及企业如何权衡品牌塑造和有机认证的先后次序及溢价关系等问题上。

针对以上问题，本研究将基于消费者偏好的研究方法，测算消费者对有机食品的支付意愿，考察品种差异、属性评价、标签信任等对支付意愿的影响，测算并比较有机食品的信任属性偏好关系，探究信任强化偏好策略的效果及作用机制，测算并比较消费者对有机食品标志与品牌商标的多种偏好关系等，为有机食品企业在 STP 营销战略、产品定价策略、提升溢价策略和标识管理等现实决策中提供科学依据。

1.2 研究界定

1.2.1 概念界定

根据 2007 年 8 月 27 日国家质量监督检验检疫总局（现为国家市场监

督管理总局）令第 102 号公布，和 2009 年 10 月 22 日《国家质量监督检验检疫总局关于修改〈食品标识管理规定〉的决定》修订中第一章第三条的规定，食品标识是指粘贴、印刷、标记在食品或者其包装上，用以表示食品名称、质量等级、商品量、食用或者使用方法、生产者或者销售者等相关信息的文字、符号、数字、图案以及其他说明的总称。本研究涉及的标识主要包括有机食品标志、品牌商标和有机码。

本研究所指的“有机食品”，主要是指加贴有机产品标志的食品。根据国家对食品加贴有机产品标志的规定，有机食品在生产过程中不得使用化学合成的农药、化肥、生长调节剂、饲料添加剂，以及基因工程生物及其产物，经国家认证认可监督管理委员会批准的认证机构按照《有机产品》国家标准和《有机产品认证管理办法》及《有机产品认证实施规则》的规定对有机产品生产和加工过程进行评价，且通过认证之后才能加贴有机产品标志。在本研究中，有机标签指按国家相关规定将有机产品标志粘贴、印刷、标记在食品或者其包装上的信息内容。

本研究在涉及考察消费者对品牌的额外支付意愿时，使用的“品牌”主要指经过国家工商行政管理部门注册登记的所有商标，并不特指著名商标品牌。

本研究“可追溯”主要指加贴有机码的有机食品与未加贴有机码的有机食品相比，可追溯性主要表现在消费者可在中国食品农产品认证信息系统上查询该有机码对应的产品名称、获证企业及认证证书编号等信息，据此，消费者可验证有机食品的真伪。

1.2.2 对象界定

为了准确获得消费者对有机食品的消费偏好，降低消费者选择判断的困难性，提高消费者选择判断的真实性和支付意愿（Willing to Pay，WTP）

的可靠性，本研究调查的有机食品应明确到具体的产品。本研究分别从非生鲜食品与生鲜食品中选取大米和五花肉代表有机食品，并进一步在数量和规格上明确为 5kg 的袋装大米和 500g 的新鲜五花肉。本研究选择大米和五花肉代表有机食品作为具体的调查对象，一方面是因为在有机食品普及率不高的情况下，大米和五花肉在有机食品市场中的占比较高，是消费者熟知且容易在有机食品市场上购买到的日常食品，具有较强的代表性；另一方面是因为大米和五花肉分别为非生鲜与生鲜食品，可用于本研究每章 WTP 比较的稳健性检验。

1.2.3 时空界定

本研究考察和测算消费者对有机食品、有机食品的信任属性、品牌食品及可追溯有机食品的支付意愿，所使用的数据来自对消费者一次性的网上调查，数据结构为横截面数据。本研究实施调查的时间界定为 2015 年 8 月下旬至 9 月初，空间限制为北京地区所有通过 PC 端和移动端的以互联网方式链接到本调查的样本。

1.3 研究意义与价值

本研究具有学术价值和现实意义两个层面。

首先，本研究的学术价值主要体现在以下几个方面。

（1）与已有文献集中在对有机食品支付意愿的测量研究相比，本研究主要探究消费者对有机食品中食品安全属性和环境保护属性的支付意愿，并在此基础上进一步对二者的影响及其与有机食品支付意愿的关系进行比较，从而揭示消费者购买有机食品主要是出于环境保护的公益目的，还是出于食品安全的私人目的。

（2）在研究具有可追溯性有机食品的支付意愿问题上，本研究引入信任变量，重点考察可追溯性有机码标识是否能增强消费者对有机食品的信任水平，以及信任变化对可追溯有机食品支付意愿的影响，并对可追溯信息与有机标签在解决信息不对称功能的关系上进行更加深入的研究，具有一定的学术价值。

（3）在研究消费者对有机食品和品牌食品的偏好关系上，与已有研究使用选择实验将有机与品牌看成单一属性不同，本研究基于支付意愿决定模型，将有机与品牌的内涵视为多属性，采取双边界二分式条件估值法（Contingent Valuation Method，CVM），通过不同场景的设定，询问消费者对品牌、有机、已有品牌增加有机和已有有机增加品牌的支付意愿，从有机与品牌支付意愿的差异、有机与品牌的偏好关系及二者叠加顺序对联合溢价的影响等方面，较为深入地探讨有机与品牌的关系。此外，本研究还尝试从消费者支付意愿的角度出发，关注企业在有机认证与品牌发展策略上的权衡问题，视角较为新颖，对研究的拓展有一定的补充。

其次，本研究的现实意义包括两个方面。

（1）本研究选择有机大米和有机五花肉两种食品，对支付意愿的定量研究结果可以为大米和五花肉行业及其从业者提供有价值的信息。

（2）本研究从有机食品企业在 STP 营销战略、产品定价策略、提升溢价策略和标识管理等现实问题出发，根据每个核心问题所涉及的消费者对有机食品的信任属性、品牌及可追溯等评估对象进行场景设计，选择双边界二分式 CVM 测算消费者对有机食品待评估对象的支付意愿，其结果将为有机食品企业在 STP 营销战略、产品定价策略、提升溢价策略和标识管理等方面的决策提供科学依据。

1.4 研究目标与内容

1.4.1 研究目标

本研究的目标为：从消费者偏好的角度出发，测算消费者对有机食品的支付意愿，考察品种差异、属性评价、标签信任等对支付意愿的影响，探究有机食品信任属性的消费者偏好及强化策略，以及消费者对有机食品标志与品牌商标的多种偏好关系等问题，为有机食品企业在 STP 营销战略、产品定价策略、提升溢价策略和标识管理等现实决策提供科学依据。

根据研究目标的要求，本研究的内容主要分为以下四点。

（1）基于属性—效用理论和消费者效用最大化理论构建消费者对有机食品支付意愿及其影响因素的理论模型，为后续展开的实证研究提供相应的理论依据。

（2）在统一的理论框架和研究方法基础上，测算消费者对有机食品的支付意愿，考察品种差异、属性评价、标签信任等对支付意愿的影响，为有机食品的 STP 营销战略和产品定价决策提供依据。

（3）在统一的理论框架和研究方法基础上，重点考察有机食品的信任属性偏好及其强化策略。在信任属性偏好方面，考察消费者对有机食品的食品安全和环境保护两大类信任属性的偏好及其关系。在信任强化策略方面，考察信任对有机食品消费者偏好的强化效果与作用机制。对有机食品信任属性偏好及其强化策略的研究，可为有机食品企业溢价策略的提升提供科学依据。

（4）在统一的理论框架和研究方法基础上，测算并比较消费者对有机食品标志和品牌商标的多组偏好关系，为有机食品品牌化的标识策略提供科学依据。

1.4.2 研究思路

本研究考察有机食品属性的消费者偏好及其影响因素、有机食品信任属性的消费者偏好及其强化策略、有机食品品牌化的消费者偏好及其标识策略等问题，涵盖了对有机食品的属性、品牌以及可追溯有机码的支付意愿的测量、比较及其决定的影响因素的分析。

首先，本研究基于现实疑问和文献综述提出所要研究的问题。其次，基于属性—效用理论和效用最大化理论，构建符合本研究的基本分析框架——WTP 理论模型。基于该基本理论框架，根据消费者对有机食品的信任属性、品牌及可追溯性 WTP 等问题，提出相应的研究假说。再次，通过网上问卷调查和双边界二分法来收集数据，测算 WTP 的大小，以及比较分析 WTP 的差异，解答每部分核心内容所关心的问题，并对每部分结论进行必要的讨论。最后，基于实证研究的结论，给出相应的营销管理建议与启示。具体的研究思路和逻辑将呈现在技术路线中，如图 1-1 所示。

1.4.3 研究内容

根据本研究的总目标、具体目标及研究思路，研究内容主要包括以下三个核心部分。

研究内容 1：有机食品的消费者偏好及其影响因素

该部分关注的核心问题为从消费者偏好的角度出发，测算消费者对有机食品的支付意愿，考察品种差异、属性评价、标签信任等对支付意愿的影响，具体内容安排在本书第 3 章和第 4 章中。其中，第 3 章基于属性—效用理论和消费者效用最大化理论，构建分析有机食品支付意愿及其影响因素的理论模型，并以有机大米和有机五花肉为例，采取双边界二分式 CVM，尝试在统一的理论框架和研究基础上，测算并比较有机大米和有机五花肉的支付意愿差异，并探讨导致差异可能的原因。第 4 章基于属性—

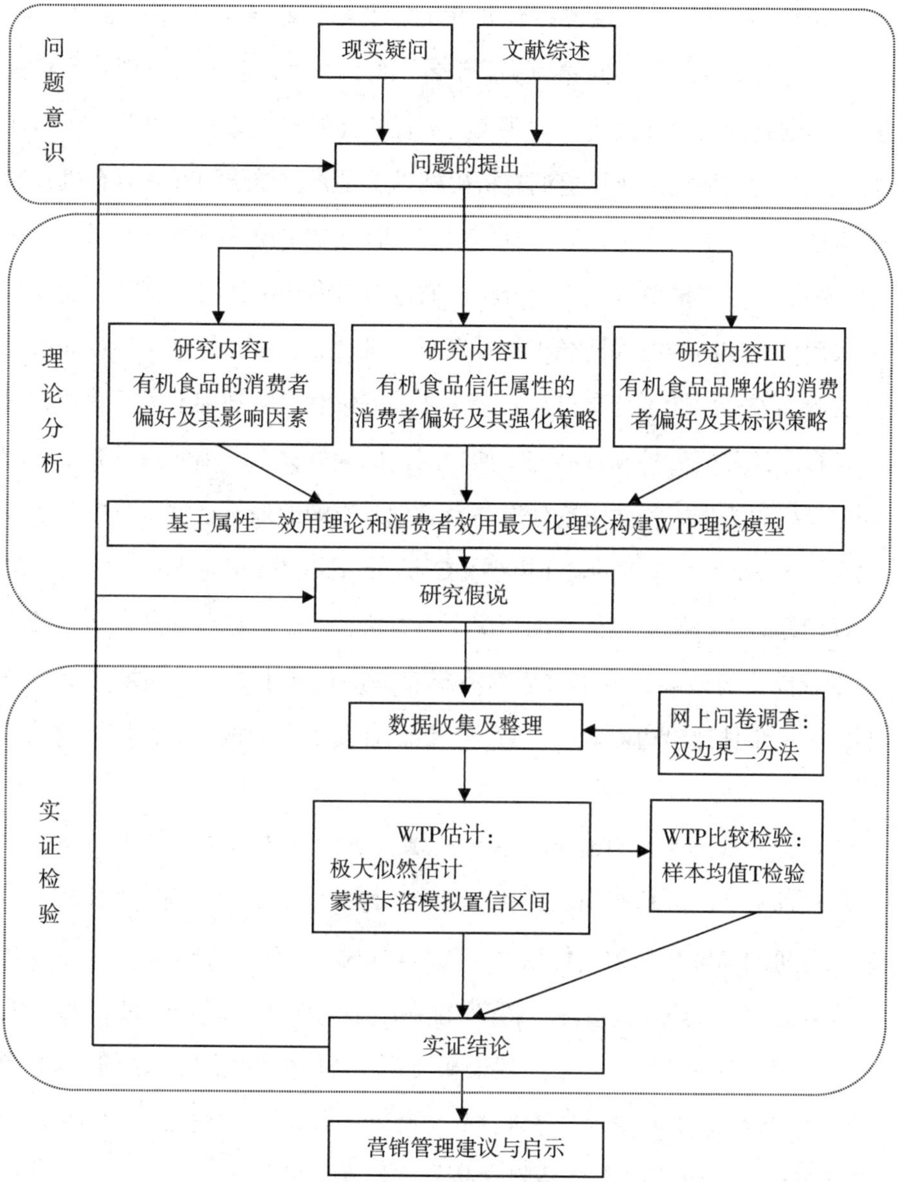

图 1-1 研究的技术路线

效用理论和消费者效用最大化理论，构建了消费者对有机食品支付意愿的理论模型，采取双边界二分式 CVM，以有机大米为例，检验属性评价和标签信任对有机食品支付意愿的影响机制。

研究内容Ⅱ：有机食品信任属性的消费者偏好及其强化策略

该部分关注的核心问题为从消费者偏好的角度出发，测算消费者对有机食品的食品安全和环境保护两大类信任属性的支付意愿，以及强化信任属性偏好的附加措施（可追溯有机码标识）是否会增强消费者对有机食品的信任水平及支付意愿水平，具体内容安排在本书第 5 章和第 6 章中。其中，第 5 章主要采取双边界二分法，通过对组内和组间的调查样本设计以及采用信息控制的方式诱导出消费者对有机食品中目标属性（环境保护属性或食品安全属性）的支付意愿，并在其支付意愿的基础上考察消费者对有机食品的环境保护和食品安全两种属性的偏好关系。第 6 章以有机食品加贴有机码为例，构建出信任对消费者偏好影响的理论模型，采取双边界二分式 CVM，基于 Biprobit 模型（Constant-only Bid Function）考察在低信任问题致使有机标签失效的情况下，有机食品企业通过加贴有机码的附加措施能否有效地提升消费者对有机食品的信任水平，进而增强支付意愿，进一步估计出边际效应系数，分析信任对消费者偏好的作用机制及其影响。

研究内容Ⅲ：有机食品品牌化的消费者偏好及其标识策略

该部分关注的核心问题为从消费者偏好的角度出发，测算并比较消费者对有机或品牌食品的支付意愿，及其对企业在有机认证和品牌塑造的多种策略选择上的影响，具体内容安排在本书第 7 章、第 8 章和第 9 章中。其中，第 7 章基于属性—效用理论和消费者效用最大化理论，采取双边界二分式 CVM 收集消费者对品牌食品与有机食品的偏好数据，利用 Biprobit 模型测算并比较消费者对品牌食品与有机食品的偏好差异。此外，从标签解决信息不对称的作用入手，考察消费者对品牌商标与有机标签在关注度、信任水平及属性评价等三方面的差异，以及这三种因素对偏好影响的差异。第 8 章基于属性—效用理论和消费者效用最大化理论，采取双边界二分式 CVM，结合组内组间设计的多个价值评估问题，从消费者支付意愿的角度出发，考察消费者对品牌商标与有机食品标志的联合偏好关系。第 9 章基于属性—效用理论和消费者效用最大化理论，利用组内组间设计，采取双边界二分式 CVM 和网上调查的方法，从消费者支付意愿的角度出发，考察食品实行“品牌有机”联合标签的顺序策略问题。

1.5　研究方法与数据

1.5.1　研究方法

根据研究总目标的分解及研究内容的设定，本研究将采取描述性统计分析、比较分析及计量经济学分析等研究方法。

（1）描述性统计分析

本研究中对样本的统计学特征和各章中模型变量均采取了描述性统计，并在第 6 章中考察消费者对有机食品标志的信任水平与各主体行为信任水平时采用了交叉分析法。

（2）比较分析

根据研究内容的设定，本研究在对各章计算出的 WTP 比较中使用样本均值 T 检验的比较分析方法，其中组内和组间的比较分别采取配对和非配对的 T 检验。此外，本研究在涉及一些变量的差异检验时，也主要采取样本均值 T 检验，而在考察不同组别人口统计学特征变量涉及定类或定序变量的差异检验时，采取 χ^2- 检验。

（3）双边界二分法

从研究消费者支付意愿的方法来看，价值评估方法是主要的研究手法。根据获取数据方式的不同，可以将价值评估方法划分为显示性偏好方法和陈述性偏好方法。二者在具体应用时各有利弊，例如，显示性偏好方法要求依据可观测的真实市场数据来推算马歇尔需求曲线，因而其优势在于具有较高的可信度和效度，但也正是由于真实市场数据的有限性，限制了该方法的使用。陈述性偏好方法主要用于非市场产品的价值评估，其优势在于可以根据研究的需要设定场景对真实市场进行模拟，但也正是由于假想的场景设置与真实市场存在差异，容易导致假想偏差，从而使该方法的信度和效度常受到质疑。目前主要采取陈述性偏好方法中的CVM对消费者支付意愿进行测量。

CVM包括连续型CVM和离散型CVM，其中连续型CVM包括开放式问题格式（Open-Ended question format，OE）、重复投标博弈（Iterative Bidding Game）、支付卡（Payment Card，PC）等，离散型CVM则主要是二分选择法（Dichotomous Choice，DC）。1993年NOAA（美国国家海洋和大气管理局）小组在给出的关于CVM应用导则一文中，推荐使用二分法作为非市场物品诱导WTP的方法（Arrow等，1993）。常见的二分法主要有单边界二分法（Single Bounded Dichotomous Choice，SBDC）和双边界二分法（Double Bounded Dichotomous Choice，DBDC）。Hanemann等（1991）在单边界二分法的基础上提出双边界二分法，其认为与单边界二分法相比，双边界二分法针对第一次出价的反应（肯定/否定），增设一个更高（更低）投标值的选项，收集到了关于WTP更多的信息，可以有效地提高WTP估计的统计效率。该方法目前为CVM研究支付意愿中的主流方法。因此，本研究基于属性—效用理论和消费者效用最大化理论构建WTP的决定理论，在研究内容I、研究内容II和研究内容III中涉及的所有的支付意愿都将统一使用双边界二分式CVM询问。

（4）Biprobit模型

在采取双边界二分法询问消费者偏好时，消费者对双边界二分法的两次投标值的回答，可细分为四种情况，分别为（yes，yes）、（yes，no）、（no，yes）和（no，no），对应WTP落入了两次投标值划分的四段区间

（Haab 和 McConnell，2002）。每种回答情况的概率可具体写成服从未知参数 θ 和投标值 B^* 的函数。为了估计出未知参数 θ，可将每个消费者所有的回答都纳入似然方程，通过极大似然法进行估计。当假设 θ 服从正态分布时，使用 probit 模型可将对参数 θ 的估计转化为 probit 模型的系数估计。

本研究选择 Biporbit 模型的主要原因在于 Biprobit 模型可用于双边界二分法对 WTP 的均值计算。由于双边界二分法有两个投标值，涉及两个二元选择方程，在计算 WTP 均值时常将 WTP 的模型设定为仅有常数项和投标值的 Biprobit 模型（Hanemann 等，1991）。在通常情况下，双边界二分法的两次回答并非相互独立，因而在对 Biprobit 模型估计时，通常假定两个方程的随机误差项服从正态分布，且两个方程误差项的相关系数为 ρ。通过似不相关法（Seemingly Unrelated Regression Estimation，SURE）可估计出 Biprobit 模型的系数。Biprobit 模型估计出的常数项系数估计值除以投标值系数估计值的相反数即为 WTP 的均值（Cameron 和 Quiggin，1994）。

1.5.2　数据来源

（1）抽样与样本特征

本研究所用数据来源于作者在 2015 年 8 月 20 日至 9 月 1 日期间委托问卷星公司进行的在线网上问卷调查。本研究关注有机食品的消费者偏好问题，因而调查的目标总体为有机食品的消费群体。由于有机食品市场在整个食品市场中的占比十分有限（约为 1%），且其消费群体大多为白领家庭、政府工作人员、家中有小孩及年轻的消费者（International Trade Centre，ITC，2011）。若采取传统的面对面调查方法不仅难以有效地框定目标总体，也面临着较高的调查成本，以及因消费者在调查时点认知资源有限（全世文，2015）而导致的偏差等问题。因此，本研究采取网络问卷的调查方法[①]，并通过以下步骤确定调查的样本框。

首先，本研究选择北京市作为调查地区。由于北京在调查期间是我国最大的有机产品消费市场，其市场份额大约占到国内有机产品市场份额的1/3（郭红东和郑伟强，2011），因此本研究针对北京地区开展有机食品消费者偏好的调查具有较强的代表性。其次，本研究使用国内大型网络调查公司问卷星的样本库[②]（全国共有260万的样本资源，北京地区占7%左右，大约有18万样本）开展北京地区的调查。最后，考虑到在实际生活中，并非所有的消费者都拥有大米和五花肉的消费经验，以及食品选择和购买主要由家庭食品购买者承担的行为特点，在选择调查样本时，为避免将普通消费者作为调查对象带来的估计偏差问题，本研究进一步明确以消费者满足"吃猪肉和大米且主要负责家庭的食品购买"作为样本筛选的依据。因而，问卷星北京地区的样本库内符合样本筛选条件的消费者构成了本研究潜在的样本框[③]。

调查样本的平均年龄在31岁左右，家庭规模在3.6人左右。在不同性别中，女性占据了样本一半以上的人数，这与我国大多数家庭食品采购主要由女性承担这一事实相符。大多数的回答者已婚（64.92%）、受教育水平较高（72.85%的样本具有大学学历，且另有15.73%的样本学历在硕士及以上）、家庭月收入较高（通过问卷区段的均值计算出家庭月收入

① 面对面调查、电话访谈、邮件调查和网络调查等不同的调查方式具有不同的优势和缺点，相比其他调查方式，网络调查是一种能够节约调查经费、提高问卷的回收率、节省调查时间及缩短调查期限的调查方式。

② 相比其他网络调查，问卷星的样本库受众广泛，消费者进入样本库必须提供真实样本属性，如年龄、性别、职业、收入等，并且需要通过手机与邮箱验证。

③ 本研究最终调查的样本分布特征与国际贸易中心（International Trade Centre，ITC）（2011）对我国有机食品主要的消费群体的人群特征研究结论大体一致。因此，本研究样本框的设置仍然具有较强的代表性。本研究所采取的样本框设置在代表目标总体时不可避免地存在一定程度的偏差，这些偏差主要包括：（1）采取网络调查的方式，忽略了北京地区的非上网群体。（2）使用问卷星样本库，可能忽略了上网人群中岁数较大的人及收入较高的高端有机食品消费群体。

大约为 11 888 元）。在不同职业中，公司职工和公务员分别为 55.91% 和 20.70%。此外，超过一半以上的回答者家中有 12 周岁以下的小孩且大约 1/3 的回答者家中有超过 65 周岁以上的老人。与北京统计年鉴的数据[①]相比，样本偏向于具有更年轻、已婚、受教育水平高、收入水平较高及家庭规模较大等特征[②]。

（2）调查内容

本研究设计的问卷主要包括三部分内容。第一部分为消费者对有机食品和品牌食品的属性评价，消费者对有机食品标志信任水平与对各主体行为信任水平，以及消费者对有机食品的购买行为等。第二部分为消费者对有机食品的偏好。该部分为问卷的核心部分，主要采取双边界二分法询问消费者在排除其他属性影响的场景设定下对有机食品、食品安全属性和环境保护属性的偏好；消费者对品牌商标、已有有机食品标志增加品牌商标、已有品牌商标增加有机食品标志的偏好；消费者对具有可追溯有机码有机食品的偏好。第三部分为消费者的人口统计学特征，包括消费者的年龄、性别、职业、婚姻状态、受教育水平和收入等个体特征，以及家庭规模、是否有 12 周岁以下小孩、是否有 65 周岁以上老人等家庭特征变量。

具体来说，本研究在研究内容 I 中，主要使用了第二部分中的采取双边界二分法询问并得出消费者对有机食品的偏好数据，并在分析过程中使用了第一部分的属性评价、消费者对有机食品标志信任水平以及第三部分的消费者人口统计学特征。在研究内容 II 的第 5 章，主要使用了第二部分中的采取双边界二分法询问并得出消费者对有机食品、食品安全属性和环境保护属性的偏好数据，并在分析样本的组间差异时采用了第三部分消费者的人口统计学特征。第 6 章则主要使用了调查问卷中第一部分消费者对

① 需要注意的是，本研究调查样本所取得的结果在推计总体时，并不适合推广至北京的所有消费者。

② 详细的样本特征见本书各章中的数据来源部分。

有机食品标志信任水平与对各主体行为信任水平数据，以及第二部分中消费者对有机食品和具有可追溯有机码有机食品的偏好数据。在研究内容 III 中，使用了第二部分中消费者对品牌商标、已有有机食品标志增加品牌商标、已有品牌商标增加有机食品标志的偏好数据，并在分析造成消费者对品牌商标与有机标识的支付意愿差异时，使用了调查问卷中第一部分的消费者对有机食品和品牌食品的属性评价数据。

（3）调查实施

笔者于 2015 年 8 月 20 日委托问卷星公司开展实际问卷调查。为进一步确保问卷投放符合样本框设置的要求且防止重复作答的情况，提高问卷作答质量，笔者在问卷星公司的配合下，随机向设计样本框内的消费者发放问卷，并主要采取了以下三种控制手段。

a. 答题权限。通过设置 IP 限制确保问卷投放为北京地区。

b. 样本筛选。在正式问卷作答前单独设置甄别题目“您平常吃猪肉和大米，而且主要负责家里的食品购买吗”筛选样本，不符合甄别题目要求的消费者不进入正式的问卷作答。

c. 消费者的唯一性。为防止消费者重复作答，以及确保消费者的唯一性，设置每个 IP 及每台计算机 / 手机最多只能填写 1 份问卷。

实际调查于 2015 年 9 月 3 日结束，共回收 809 份问卷，删除与样本筛选设置题存在矛盾①和答题时间过短②的样本问卷，总样本有效问卷 744 份，问卷有效率为 91.97%。

① 为防止不符合要求的消费者进入正式问卷作答，在正式问卷中，增设“您平时经常吃大米吗”和“您平时经常吃猪肉吗”两道逻辑验证题目，分别包括“经常吃”“偶尔吃”“很少吃”和“从不吃”四个选项。将消费者作答中至少有一题的选择为“从不吃”的问卷视为与样本筛选设置题存在矛盾的无效问卷。

② 为提高作答的质量及确保问卷回答的有效性，笔者在问卷调查过程中采取了以下两种控制手段：a. 设置最短答题时间。为确保消费者有足够的时间阅读相关的情景设计，每个相应的 WTP 问题设置一定的最短答题时间。b. 验证码。消费者在作答完毕之后，须正确输入由系统随机产生的验证码之后才可正式提交问卷。

1.6 创新之处

本研究从消费者偏好的角度出发，测算消费者对有机食品的支付意愿，考察品种差异、属性偏好、标签信任等对支付意愿的影响，以及消费者对有机食品标志与品牌商标的多种偏好关系等问题，具有以下几点创新之处。

第一，在测算消费者对有机食品的支付意愿，考察品种差异、属性评价、标签信任等对支付意愿的影响时，得出有机食品的支付意愿水平、品种差异、细分市场依据及针对的潜在目标市场等实证结论，能够为有机食品的 STP 营销战略和产品定价决策提供依据。

第二，从消费者对有机食品属性偏好的角度入手关注消费者购买有机食品背后的驱动机制，从而揭示消费者购买有机食品主要是出于环境保护的公益目的，还是出于食品安全的私人目的。该部分研究内容的创新之处主要有以下两点。

（1）不同于以往从定性角度讨论有机食品购买动机的研究，本研究基于支付意愿，从定量角度探讨有机食品利己和利他的偏好关系，及其购买驱动动机主导力量机制。

（2）在分离有机食品利己和利他动机的实验设计上，已有文献主要采取两种处理方式：标签替代法和属性权衡法。与这两种处理方式不同，本研究主要采取双边界二分式 CVM，结合组内组间设计和信息控制的方式诱导消费者对有机食品中目标属性（环境保护属性或食品安全属性）的 WTP 的分析研究，为考察有机食品的购买动机提供了一种参考思路。

第三，在研究有机标签制度因信任问题无法有效缓解信息不对称的情况下，附加提供可追溯信息查询途径的有机码是否可提升消费者对有机食品标志的信任水平和支付意愿时，将消费者对有机食品的信任水平视为消费者把加贴了有机食品标志的食品看作真正有机食品的概率感知，在预期效用理论基础上引入信任变量，为考察信任与支付意愿的关系提供了理论分析框架。

第四，在关注消费者对有机食品标志和品牌商标的偏好关系时，采取涉及多个价值评估的 CVM 考察消费者对品牌标签和有机标签的偏好关系，主要验证了有机标签和品牌标签不同叠加顺序对品牌有机联合溢价的影响，据此引申出消费者偏好对企业在有机认证与品牌发展策略权衡问题的讨论。该部分研究内容试图从消费者偏好的角度入手探讨企业发展策略的权衡问题，对研究视角的拓展有一定的补充。

第 2 章

文献综述

2.1 消费者对有机食品的偏好研究

2.1.1 消费者对有机食品的支付意愿及其影响因素研究

已有针对有机食品的消费者偏好的研究主要关注消费者对有机食品的支付意愿及其水平（见表 2-1、表 2-2 和表 2-3），其中消费者对有机食品偏好的研究结论存在较大的异质性，因为最终的支付意愿水平会因消费者所在的地区和产品类别存在较大的差异。大部分研究得到的消费者愿意对有机食品支付的溢价范围大多在 100% 以内，且主要集中在 10%~50%，这与实际市场上有机食品的高价格（一般溢价比例在 1~10 倍）存在较大差距。支付意愿与市场价格的差距是有机食品市场特征和消费者异质性所决定的，由于有机食品生产规模及所占市场份额比例很小，因此在实际市场中，有机食品的销售定价只需锚定支付意愿分布上愿意为有机食品支付高价格的少数消费群体，而大多数的研究者往往在选取样本时将普通消费者视为样本总体，因而极易得出有机食品支付意愿不高的结论。

针对有机食品的偏好异质性问题，已有文献考虑了社会人口统计学因素（性别、收入、教育、小孩及年龄等）、态度性变量（与食品相关的食品安全和环境的关注度）、信任及已有知识等对其偏好的影响。例如，Krystallis 和

Chryssohoidis（2005）对2003年在希腊雅典开展的一项关于有机食品的消费者调查研究表明，不同的有机食品类别的WTP受食品质量、食品安全、信任及品牌等影响会呈现不同，而感官特征、价格和消费者的社会人口学变量则非WTP的决定因素。Louriero等（2001）在研究对加贴生态标签，有机和普通苹果的偏好时发现，具有较强环境意识的消费者对采取环境友好型生产方式的厂商所生产的食品的需求更高，当考虑食品安全、环境和小孩的需求时，相比生态标签苹果，消费者更倾向于购买有机苹果。Gil等（2000）指出环境属性在生鲜食品中具有重要的地位，消费者愿意为有机水果和蔬菜支付额外的溢价。然而，有些研究则发现在控制了消费行为习惯和人口统计学特征变量之后，环境关注度对WTP的回归系数就表现得不显著（Hamilton等，2003）。此外，在考虑消费者异质性的影响时，有研究表明消费者在人口统计学变量上并未呈现出较大的差异，市场营销和政策在对消费者市场进行细分时可以根据消费者的购买动机来划分（Durham，2007）。

表2-1 有机食品部分国家的溢价

国家	与普通食品相比的溢价
澳大利亚	20% ~ 40%
奥地利	25% ~ 30%
丹麦	20% ~ 30%
法国	25% ~ 30%
意大利	35% ~ 100%
德国	20% ~ 50%
荷兰	15% ~ 20%
瑞典	20% ~ 40%
瑞士	10% ~ 40%
英国	30% ~ 50%
日本	10% ~ 20%
美国	10% ~ 30%

数据来源：Turco，2002。

表 2-2　消费者对有机食品的 WTP 研究及其结论

作者		主要结论
美国和加拿大地区	Goldman 和 Clancy	消费者愿意为有机食品支付的溢价为 100%
	Wolf	30% 的消费者愿意为有机葡萄支付 50% 的溢价
	Hay	消费者愿意为有机食品的支付溢价不超过 25%
	Buzby 和 Skees	大部分消费者愿意为减少农药残留的 50 美分 / 单位的西柚支付 15 ～ 69 美分的溢价。其他 5% 的消费者表示他们将为比普通西柚更安全的新鲜西柚支付双倍的价格
	Jolly	消费者表示愿意为有机园艺产品支付 37% 的溢价
	Ott	66% 的消费者愿意为无农药残留的新鲜产品支付 10% ～ 15% 的溢价
西欧地区	Wandel 和 Bugge	70% 的消费者愿意为有机水果、蔬菜、土豆和肉类支付 5% 的溢价，只有 10% 的消费者愿意为同样的食品支付 25% 的溢价
	Ekelund	55% 的消费者表示愿意为有机蔬菜支付 25% 的溢价，25% 的消费者愿意支付 50% 的溢价
	Hutchins 和 Greenhagh	消费者愿意支付 30% 的溢价，特别是有机谷物、水果和蔬菜
	Werner 和 Alvensleben	93% 的经常购买有机食品的消费者愿意支付 29% 的溢价，69% 的偶尔购买有机食品的消费者愿意支付 27% 的溢价，21% 的非有机购买者表示在将来的购买中愿意支付 27% 的溢价
西欧地区	O’Donovan 和 McCarthy	大约 70% 的消费者对有机肉的支付金额溢价不超过 10%
	Millock 等	51% 的消费表示愿意为有机黑麦面包支付 23% 的溢价，59% 的消费者愿意为有机牛奶支付 32% 的溢价，41% 的消费者愿意为有机土豆支付 40% 的溢价，41% 的消费者愿意为有机肉馅支付 19% 的溢价
	Soler 等	70% 的消费者愿意为有机初榨橄榄油支付一定额度的溢价
其他地区	Wang 等	80% 的消费者愿意支付超过 5% 的溢价，其中 50% 的消费者愿意支付 5% ～ 10% 的溢价
	Aguirre	大部分消费者愿意为有机产品支付至少超过 10% 的溢价

数据来源：Yiridoe 等，2005。

表 2-3 国内关于有机食品支付意愿的研究

文献来源	评估对象	调查地区	研究方法	有效问卷（份）	额外支付意愿（元）或溢价率（%）
尹世久等（2008）	粮食、肉类等有机食品	济南、青岛、淄博、潍坊、日照等5个城市	CVM	588	消费者愿意为有机粮食、有机肉类额外支付27%和29%的溢价，为有机食品平均支付28%的溢价
刘军弟等（2009）	猪肉	上海市和南京市	CVM多边界二分选择	458	消费者的有机猪肉平均支付意愿为18.69元/斤（500克，余同），额外平均支付意愿为3.69元/斤（以普通猪肉15元/斤计算，多支付的溢价率为24.63%）
张祖庆和姜雅莉（2011）	苹果	西安市杨凌区和咸阳市	联合分析	118	消费者能接受的有机食品的价格水平范围是传统产品价格水平的10%～20%
余建斌（2012）	安全认证农产品	广州市	CVM	185	58.15%的消费者愿意为有机食品支付不超过10%的溢价，34.75%的消费者愿意支付的溢价率在10%～30%
陈新建和董涛（2012）	有机水果	北京、上海、广州和深圳等地区	CVM	1 017	71.4%的消费者愿意接受有机食品30%以下的溢价，只有5.5%的消费者愿意接受60%～100%的溢价，可接受100%以上溢价的消费者仅为1.6%
韩占兵（2013）	有机大米	北京市和武汉市	联合分析	519	消费者愿意为有机大米多支付7.68元/公斤的价格（普通大米的价格为5.8元/公斤）
刘宇翔（2013）	有机粮食	郑州市	—	381	消费者接受有机食品溢价为1.3倍的占49.3%、1.3～1.8倍的占33.3%
郭艳艳（2013）	猪肉	上海市	CVM	227	消费者愿意为有机猪肉多支付4.21元/斤（溢价率42.1%）的价格

（续表）

文献来源	评估对象	调查地区	研究方法	有效问卷（份）	额外支付意愿（元）或溢价率（%）
钱静斐等（2014）	有机蔬菜	北京、上海、广州和哈尔滨等地区	—	1120	消费者愿意接受的有机蔬菜价格平均为 16.4 元，比普通蔬菜高出 64%。其中北京、上海、广州和哈尔滨等地区的消费者愿意支付的最高价格平均分别为 22 元、15.7 元、14.7 元和 13.3 元
王进和刘鹏程（2015）	有机食品	武汉市	CVM 支付卡	756	消费者对有机食品的平均支付意愿约为 40%
尹世久等（2015）	西红柿	山东省	选择实验	843	消费者对品牌的支付意愿为 1.478 元 / 斤，与无认证标签相比，消费者愿意为有机标签多支付 5.16 元
于海龙等（2015）	有机液态奶	北京市	半双阶二分选择	287	基准价格为 2.7 元，当价格提升至 3.6 元、4.5 元、5.4 元、6.3 元、7.2 元、8.1 元和 9 元时，消费者购买愿意比重分别为 82.1%、43.75%、52.63%、17.95%、12.82%、21.62% 和 20%
李翔等（2015）	有机番茄	山东省	选择实验	752	价格属性设置为 3 元 / 斤、6 元 / 斤和 9 元 / 斤），消费者愿意为经我国认证的有机标签平均支付 2.607 元 / 斤，95% 置信区间为 [1.592，3.742]。其中非购买者、偶尔购买者和经常购买者差异明显，分别为 1.387[0.890，1.985]、3.489[2.961，4.118] 和 7.853[7.186，8.620]

资料来源：经笔者自行整理。

2.1.2　消费者对有机食品信任属性的偏好研究

由于有机食品的消费涉及消费者对信任属性的评估，消费者无法通过消费获取关于有机食品生产过程的信息，因而，旨在加强消费者信任的第三方认证的标签制度使得信任问题在消费者对有机食品的支付意愿上显得尤为重要。有研究表明，消费者对食品生产过程的不信任将对有机食品消费产生重要的影响（Krystallis 和 Chryssohoidis，2005；Grunert，1992；Kristiansen 和 Grunert，1990）。我国消费者普遍缺乏对有机认证食品的信任，对有机食品支付意愿低的主要原因之一是消费者对有机标签的不信任（Marchesini 等，2012；尹世久等，2008；尹世久等，2013）。

消费者依据与产品质量有关的内在属性与外在线索来感知产品的质量（Caswell 等，2002）。根据消费者在不同阶段对质量水平的感知，可以将产品划分为三种属性，分别为搜寻、经验和信任属性（Nelson，1970；Darby 和 Karni，1973）。消费者可以分别通过在购买前获取属性信息，以及在购买后的消费体验对搜寻和经验属性进行评估，而消费者对信任属性的评估则无法在消费的任何阶段完成（Darby 和 Karni，1973；Torjusen 等，2001；Ghorbani 等，2007），因此，信任属性往往需要由政府或第三方机构以认证或证明的方式给消费者提供信任的信息。有机食品的属性，不只是简单的单一属性，而是包含了质量和安全关注，还蕴含着诸如环境和伦理相关的属性。有机食品由于采取了特有的生产方式，不仅会降低食品安全风险，而且还能减少对环境的影响，起到环境保护的作用。另外，由于消费者无法得知与有机生产方式相关的信息，因此有机食品便有了典型的信任属性特征，属于典型的信任产品。食品安全和环境保护属于有机食品中的信任属性（Moser 等，2011）。

已有研究证实信任属性在消费者的评估价值中占据越来越重要的地位（Verbeke 等，2008）。食品安全问题一直以来备受关注，在食品消费经济研究领域，已有大量关于食品安全的经济学分析文献（Antle，2001；Golan 和 Kuckler，1999）。我国在食品安全大背景下也涌现出大量关于食品安全属性的消费者偏好研究（Zhang 等，2012；Ortega 等，2011；Liu

等，2009；Wang 等，2009；Wang 等，2008；Zhang 等，2005）。与对食品安全属性偏好较为成熟的系统研究相比，研究者对食品中环境保护属性偏好的研究起步较晚。伴随着各国政府不断加强对环境保护的力度，以及公众逐步提高的环境保护意识，研究者开始重视环境保护属性偏好在食品需求中的重要作用。这部分研究主要集中在消费者对绿色标签、生态标签、有机标签及碳标签等标签食品的偏好或需求的研究上（Yu 等，2014；Zanoli 等，2013；张斌等，2013；Xu 等，2012；Mondelaers 等，2009；Krystallis 和 Chryssohoidis，2005；Hu 等，2004；Loureiro 等，2001）。

伴随陈述性偏好方法技术的发展，出现了大量关于消费者对如食品安全、环境保护等信任属性的支付意愿研究。研究表明，消费者愿意为具有较低食品安全风险的食品或降低食品安全风险的食品认证支付额外的金额（Henson，1996）。例如，Wang 等（2008）对北京超市消费者的研究表明，相比没有贴 HACCP（食品安全保证体系）标签的奶产品，消费者愿意为贴有 HACCP 标签的奶产品多支付超过 5% 的溢价。此外关注环境保护属性偏好的研究也得出消费者愿意为环境属性支付额外金额的结论。例如，Michaud 等（2013）在研究环境属性的支付意愿，为控制复杂的利己购买动机，特别是食品农产品可能存在的营养和健康及口味等利己的动机时，选择了非食品的玫瑰产品，并以生态标签和碳足迹标签来代表玫瑰的环境属性，使用选择实验来诱导 WTP。结果表明，消费者愿意为代表环境属性的两种标签支付额外的金额，但消费者愿意为两种标签各自支付的 WTP 均值小于联合的 WTP，表明了消费者属性间的溢价可能是次可加性。Zanoli 等（2013）在对意大利牛肉的有机和转基因等信任属性 WTP 的研究中，使用选择实验，综合内在的产品搜寻属性和外在的信任属性，将有机标签视为代表环境相关的属性。结果表明：消费者对有机具有较高的评价，且 WTP 较高，而转基因牛肉的 WTP 低于普通牛肉；在解释有机牛肉 WTP 的变动上，环境属性比普通的产品特征解释力更强。

2.2 消费者对品牌与可追溯的偏好研究

2.2.1 消费者对品牌的偏好研究

（1）研究范式

现有文献对品牌偏好的研究范式主要有市场营销学和经济学两种。

① 市场营销学的研究认为品牌产品区别于其他普通产品，品牌产品为消费者提供了较高的感知价值，因而消费者愿意为品牌支付额外的溢价（Keller，2011）。对于品牌支付意愿，研究者基于管理学视角已开展了大量的研究。例如，Netemeyer 等（2004）基于消费者的品牌权益视角，认为消费者愿意为品牌支付的溢价受品牌感知质量、品牌感知成本价值、品牌独特性的影响。雷英和卫海英（2011）通过品牌资产与消费者溢价在搜寻、经验和信任属性产品中的关系，认为品牌知名度、感知价值、品牌忠诚度和公司联想在不同属性产品中对消费者溢价的影响不同。

② 经济学的研究则认为品牌作为消费者选择购买食品时的重要准则，消费者可以根据过去购买品牌的经验，以及品牌的搜寻属性等信息来解决食品市场上存在的经验或搜寻的信息不对称的问题，因而愿意为品牌产品支付额外的金额（Ares 等，2010；Carrillo 等，2012）。例如，Froehlich 等（2009）发现消费者的支付意愿受品牌偏好的正向影响，而 Roheim 等（2007）也发现消费者愿意为知名品牌支付额外的金额。

（2）关于品牌与有机关系的研究

关于品牌与有机关系的研究，目前主要集中在对品牌或有机信任程度、品牌或有机的支付意愿关系，以及品牌或有机的标签策略等方面。

① 对品牌或有机信任程度的研究。例如，Wang 等（2008）对北京超市消费者的研究表明，在对奶产品的食品安全评估中，相比食品安全认

证，消费者更愿意相信品牌。然而，尹世久等（2013）使用联合分析法研究消费者对不同属性奶粉的偏好时发现，有机认证的重要性超过了品牌，对此，他们给出的解释为消费者在传递质量信息时更认可有机，以及某些知名品牌不断曝出的食品安全丑闻使其形象受损。

② 品牌或有机的支付意愿关系。该类研究最流行的做法是将品牌视为一种产品属性，与不同的产品属性进行综合比较，使用选择实验（Wu 等，2014）或联合分析（符国群和佟学英，2004；尹世久等，2014）方法，分析品牌与有机标签之间的替代或互补关系。

③ 从品牌和有机两种标签策略的相互影响入手，考察二者关系。例如，品牌的有机标签使用策略（Dekhili 和 Akli Achabou，2014），品牌权益对有机标签的影响（Larceneux 等，2012），有机标签对品牌类型的影响（Bauer 等，2013）等。

2.2.2　消费者对可追溯的偏好研究

食品可追溯制度被认为是有效防范食品安全风险的重要手段之一（Van Rijswijk 和 Frewer，2008）。食品可追溯信息的提供需要生产者增加额外的生产成本（Tonsor等，2006；Buhr，2003）。与普通食品相比，消费者是否愿意为可追溯性的食品支付额外的金额，将成为食品可追溯成本分担机制设计的关键问题。已有研究表明，消费者对食品可追溯的认知程度不高，且愿意为可追溯支付额外的金额有限（见表 2-4）。例如，吴林海等（2010）在 2008 年对江苏省消费者进行调查研究的结果表明，38% 的消费者不愿意为可追溯青菜支付额外的价格，而消费者愿意为可追溯食品额外支付的溢价，远低于可追溯食品与普通食品的差价。赵荣等（2010）对北京和咸阳两个城市关于可追溯食品的消费者调查显示，消费者对可追溯食品的认知不高，愿意为其支付 9% ～ 12% 的额外溢价。刘增金等（2014）

在对北京市可追溯牛肉的消费者调查中发现，消费者对可追溯牛肉的认知水平在受到信息强化之后有所提升，且不愿意支付额外价格的比例仅为4.75%，但只有1/5的消费者愿意为每千克的可追溯牛肉多支付20元。

消费者对可追溯食品支付意愿的影响因素众多，包括年龄、收入和性别及受教育水平等消费者特征（Lim等，2013；Gracia等，2009），以及不同可追溯的信息组合、不同的可追溯知识、认证机构（吴林海等，2014；Zhang等，2012；Bai等，2013）等都可能对可追溯食品支付意愿产生影响。另外，需要注意的是，消费者对可追溯的支付意愿还可能受到研究自身特征（包括研究方法和对象等）的影响。Cicia等（2010）使用Meta分析对2000—2008年在AgEcon等六大数据库搜索到的23篇关于肉类可追溯属性支付意愿的文献时发现，研究本身采用的WTP诱导技术、分析使用的国家、考虑的属性及其重要性都可能影响最终对肉类可追溯的WTP估计值。在对模型进行修正之后，研究结果表明食品安全、农场生产过程的可追溯性、动物福利及肉类加工程度等变量显著正向影响WTP估计值。

食品可追溯体系、质量认证计划及标签等被认定为消费者提供关于食品安全健康等信息，有助于增强消费者对食品安全信心的重要方式（Gellynck等，2006）。当市场上同时存在三种提供信息的方式时，消费者自身的认知能力、对信息的使用习惯、对信息的接纳程度，以及对这些信息的信任程度在一定程度上都会影响消费者对可追溯性食品的支付意愿（Gellynck等，2006）。此外，食品可追溯体系与质量认证计划或标签等提供的信息究竟是否重叠或互补，也将影响消费者对额外属性的支付意愿。例如，尹世久等（2015）在使用供选择实验研究不同的食品质量信息标签时发现食品安全认证与可追溯、品牌与可追溯存在互补关系。

表 2-4　国内关于可追溯食品的支付意愿研究

文献来源	支付对象	调查地区	研究方法	有效问卷（份）	额外支付意愿（元）或溢价率（%）
王锋等（2009）	可追溯农产品	北京市、山东省和浙江省等地区	CVM	182	79.6% 的消费者愿意以不超出原价格 15% 的价格购买
赵荣等（2009）	可追溯食品	北京市海淀区	CVM	—	在消费者购买意愿方面，调查发现，在不考虑价格因素的情况下，高达 86.4% 的消费者表示愿意购买可追溯食品；但一旦考虑提高食品成本后，表示愿意购买的消费者仅占 46.6%，而在表示“愿意购买”的消费者中，52.4% 的消费者仅愿意支付额外的 10% 或 20% 的价格
徐玲玲（2010）	可追溯青菜	江苏省 13 个地级市	CVM	1 757	95.7% 的消费者愿意支付额外价格的 30% 及以下
赵荣等（2010）	可追溯食品	北京市和咸阳市	CVM	884	消费者对可追溯食品的支付意愿比普通食品高 9% ~ 12%
赵荣等（2011）	可追溯食品	南京市	CVM	299	消费者对可追溯食品的支付意愿比普通食品高 9% ~ 12%
祁胜媚等（2011）	可追溯猪肉	扬州市	CVM	186	47.3% 的消费者愿意以不超出一般猪肉价格的 10% 的价格购买，44.6% 的消费者愿意以超出一般猪肉价格 10% ~ 20% 的价格购买
王怀明等（2011）	可追溯猪后腿肉	南京市	CE	512	2.01 元 / 公斤，溢价率为 11.1%（基准后腿肉 18 元 / 公斤）
郭艳艳（2013）	可追溯猪肉	上海市	CVM	227	消费者愿意为可追溯猪肉多支付 2.99 元 / 斤（溢价率为 29.96%）的价格

（续表）

文献来源	支付对象	调查地区	研究方法	有效问卷（份）	额外支付意愿（元）或溢价率（%）
吴林海等（2013）	可追溯猪后腿肉	无锡市	随机 n 价实验拍卖	304	消费者愿意为每斤类型Ⅰ、类型Ⅱ与类型Ⅲ的可追溯猪后腿肉支付的溢价分别为 1.91 元（溢价率为 15.9%），2.66 元（溢价率为 22.2%）、3.24 元（溢价率为 27.0%）（基准猪肉价格为 12 元 / 斤）
王一舟等（2013）	蔬菜	北京市	—	202	52% 的消费者表示若添加了可追溯标签，能够切实保证蔬菜的质量安全，他们愿意接受比普通蔬菜高的价格
王志刚等（2013）	可追溯猪肉	北京市	—	400	当市场中普通猪肉的价格为 20 元 / 公斤时，消费者对可追溯猪肉的平均支付意愿达到 24.5 元 / 公斤，比普通猪肉价格溢出 22.5%
朱淀等（2013）	可追溯猪肉	无锡市	BDM 实验拍卖	393	消费者对含有养殖信息、含有养殖与屠宰信息，以及同时含有养殖、屠宰、运输销售信息的三个层次安全信息出价的均值分别为 1.8634 元、2.8084 元、3.9939 元。如果以无锡市 2012 年 7 月普通猪肉价格 16 元 / 斤为基准，三个层次安全信息出价的均值分别占普通猪肉价格的 11.65%、17.55% 和 24.96%
袁学国等（2014）	生鲜猪肉	北京市	CE	503	消费者对具有产品质量可追溯体系生鲜猪肉的额外支付价格为 7.367 元 / 斤
张玉梅等（2014）	可追溯牛肉	北京市	CVM 投标博弈法	402	只有 4.37% 的受访者不愿意为可追溯牛肉支付额外价格，愿意为每斤可追溯牛肉多支付 5 ~ 7 元的受访者最多，所占比例为 36.32%，78.85% 的受访者不愿意为每斤可追溯牛肉多支付超过 10 元（基准普通牛肉价格为 20 元 / 斤）

（续表）

文献来源	支付对象	调查地区	研究方法	有效问卷（份）	额外支付意愿（元）或溢价率（%）
吴林海等（2014）	可追溯猪后腿肉	无锡市	实验拍卖与真实选择实验	143	实验拍卖结论：在类型Ⅰ（无可追溯信息）的基础上，类型Ⅱ（包含屠宰加工、配送销售信息）、类型Ⅲ（包含养殖、屠宰加工、配送销售信息）与类型Ⅳ（包含养殖、屠宰加工、配送销售信息）（附加可追溯政府信息）的溢价分别为 1.48 元 / 斤，2.29 元 / 斤和 3.15 元 / 斤。真实选择实验结论：参与者对四种可追溯信息的偏好依次为养殖（1.789 元）、政府认证（1.966 元）、屠宰加工（0.999 元）配送销售（0.498 元）
张彩萍等（2014）	可追溯牛奶	西安、武汉、沈阳和厦门等地区	联合选择试验法	799	与没有可追溯标识的牛奶相比，消费者平均愿意为标识可追溯牛奶多支付 6.09 元 / 袋。相对于由独立认证公司认证的可追溯牛奶，消费者愿意为由政府认证以及由行业协会认证的可追溯牛奶多支付 3.5 元 / 袋和 2.25 元 / 袋
刘增金等（2014）	可追溯牛肉	北京市	CVM 投标博弈法	400	只有 20% 的消费者愿意为每公斤可追溯牛肉额外多支付至少 20 元
付亭亭等（2015）	可追溯大米	北京市	—	250	消费者愿意支付的溢价有限，其所认同的具备第三方检测评价的可追溯大米的可接受价格多集中在 8 ~ 15 元 / 斤（日常选购大米的价格多在 5 ~ 10 元 / 斤）
尹世久等（2015）	西红柿	山东省	选择实验	843	消费者对可追溯标签的支付意愿为 5.594 元 / 斤

资料来源：经笔者根据文献自行整理。

2.3 测量支付意愿的研究方法

随着陈述性偏好方法技术的发展，研究者基于属性—效用理论、随机效用理论和离散选择模型的经济学研究范式，可在询问消费者陈述性偏好数据的基础上，推导出消费者对有机食品的支付意愿。目前在对支付意愿的测量中，基于陈述性偏好主要有三种方法，分别为条件估值法（CVM）、选择实验法（Choice Experiment，CE）和实验拍卖法（Experimental Auction，EA）。

2.3.1 CVM

条件估值法由于诱导技术的不同可以有多种分类，依据诱导技术所采取数据类型的不同可分为连续型方法和离散型方法两大类。其中，连续型方法常见的有支付卡方法（PC）和开放式方法（OE），而离散型的方法主要有二分选择法（DC）。由于调查得到的肯定性回答更多，因此连续型方法在估计 WTP 时会比离散型方法低（Buzby 和 Hu，1996）。在实践中，研究者常常使用离散型方法。CVM 由于理论假设相对简单，操作方便且便于消费者理解，因此成为早期学者研究有机食品支付意愿最常见的方法。例如，Gil 等（2000）运用 DC 法、Batte 等（2007）、Gunduz 和 Bayramoglu 等（2011）运用 PC 法、Tranter 等（2009）运用单边界二分法分别开展对有机食品 WTP 的研究。

CVM 的唯一假设便是消费者明确知道自己的偏好，并能诚实地报告自己的偏好。然而，由于 CVM 对消费者的调查是基于假想的条件，在实施操作过程中会受到各种因素的影响，因此 CVM 的有效性和可靠性一直以来备受争议。最著名的批判当属 1993 年的 NOAA 小组报告（Arrow 等，1993）。此报告对该方法进行了批判并建立了 CVM 使用的总体准则，包括要考虑样本类型和大小、最小化不回答情况、问卷调查方式、评估控制面谈者效应，尽可能降低“社会期许”偏差，须报告关于总体与样本、不回答及问卷的措辞与顺序等事项，以及预调研等准则。该报告还提出最终可能导致 CVM 无效的几个判断准则，包括对问卷或问题的高不回答率、对环境损害范围的不适当反应、消费者无法理解所要求回答的问题、对设定场景不信任，以及对“是”或“否”的回答，并进一步从成本或价值角度挖掘背后的原因。CVM 方法本身可能带来诸多的偏差，张志强等（2003）在对 CVM 综述一文中综合概括了国外文献提及的可能影响 CVM 评估结果的偏差及处理方法。国内也有其他学者针对条件估值法及应用原则展开过一系列探讨（徐中民等，2003；赵军和杨凯，2006）。

2.3.2 CE 和 EA

选择实验法，即 CE 的出现是基于随机效用理论，相比 CVM 只能对单一属性或物品进行评估，CE 则可设定一系列的场景，并在特定场景下设置选择集，每个选择集由不同属性及不同的属性水平组成，然后设定选择场景，让消费者基于备选基准选项和特定可选方案做出选择，可用于对多种属性之间的评估（Adamowicz 等，1998；Alpizar 等，2001；Loureiro 和 Umberger，2007；尹世久，2013）。目前，CE 已是国际上研究食品属性支付意愿的主流方法。例如，Van Loo 等（2011）使用选择实验法测量鸡胸肉加贴普通有机标签和美国农业部认证的有机标签的支付意愿，结果发现消费者愿意为两种标签支付的溢价率不同。其中，普通有机标签的溢价率为 34.8%，而美国农业部认证的有机标签溢价率为 103.5%。其他使用 CE 研究消费者对有机食品的支付意愿的研究还有很多，例如，Didier 和 Lucie（2008）对有机和公平交易标签巧克力、Yue 和 Tong（2009）对有机和当地生产土豆、Olesen 等（2010）对有机和福利标签鲑鱼等支付意愿的研究。

实验拍卖法，即EA，它与CE一样，都是直接从消费产品中所包含的某种属性而获得效用，其理论基础与随机效用理论和Lancaster的消费需求行为理论相一致。实验拍卖法设计了一系列的规则分配资源和价格，以及激励相容机制，让消费者从实验环境控制、金钱激励及实验流程中熟悉物品，以模拟真实交易，因此实验拍卖法更接近真实交易，它避免了CE和CVM存在的假想偏差。与CE的不同之处在于，实验拍卖法不需要间接地根据价格属性来推断支付意愿，而是直接从消费者的竞价中得到支付意愿（Lusk和Schroeder，2004）。由于实验拍卖法具有这些优点，一些研究者已经开始采用该方法来研究消费者对有机食品的支付意愿。例如，Bernard和Bernard（2009）使用实验拍卖法来研究有机、无生长激素、无抗生素和普通牛奶的支付意愿及需求关系，研究结果表明，无生长激素和无抗生素两种属性的溢价之和与有机的溢价差异显著，并表现出额外添加属性的边际递减效应。此外，Soler等（2002）和Hellyer等（2012）还使用实验拍卖来研究信息供给对消费者支付意愿的影响。

2.3.3 CVM、CE和EA的比较

根据尹世久（2013）和张斌等（2013）学者对CVM、CE和EA的方法评述，并依据方法所涉及的理论基础、假想偏差程度、实施成本、模拟交易的真实程度、适用范围及缺陷等方面进行整理，得出以下结论，如表2-5所示。

表2-5　CVM、CE和EA的比较

比较项目	CVM	CE	EA
理论基础	无	随机效用理论和Lancaster的消费需求行为理论	随机效用理论和Lancaster的消费需求行为理论

（续表）

比较项目	CVM	CE	EA
假想偏差程度	严重	适中	低
实施成本	低	适中	高
模拟交易的真实程度	低	适中	较高
适用范围	单一属性或整体的非市场物品的评估	多种属性的评估	多种属性的评估，考察信息对 WTP 的影响
缺陷	无理论基础，可能存在严重的假想偏差（徐中民等，2003），需要控制	CE 的问题格式比 CVM 复杂，可能会增加消费调查者的信息负担；要注意属性水平的设定问题；存在假想偏差，如信息策略的影响（Hensher，2006；Hensher，2007）	单次拍卖无法反映多次购买情况；EA 通过模拟真实市场交易，并非是严格地显示偏好；预付、激励等行为会带来高昂成本，且可能对结果造成影响

资料来源：经笔者自行整理。

2.4　对已有研究的简要评述

综上对已有关于有机食品、食品安全和环境保护属性、品牌及可追溯的偏好及其支付意愿研究方法等问题的研究回顾，发现虽然现有研究已取得了一定的进展，但仍存在以下几点不足。

（1）现有研究大量集中在对有机食品整体的支付意愿及其影响因素的研究上，缺乏基于有机食品多属性偏好关系的研究。随着研究的深入，研究者意识到了有机食品是一种有着特殊生产方式的具有食品安全、环境保护及动物福利等多种信任属性的食品。研究者越来越关注信任属性在食品价值评估中的作用，已有大量研究开始关注有机食品的信任属性评估问题，且研究关注的信任属性由最开始的食品安全属性逐渐扩展到环境保护属性及动物福利属性。但在这一研究过程的扩展中，鲜有研究关注有机食品信任属性间的偏好关系。由于有机食品的信任属性牵涉到有机食品生产方式的外部性问题，而有机食品行业的盈利模式很大程度上取决于外部性内部化的程度。未来研究须关注有机食品信任属性的偏好关系，结合有机食品的购买动机，探讨有机食品的购买驱动机制问题。

（2）现有研究从地区、品种及消费者异质性等视角开展了大量针对有机食品支付意愿的研究，但缺乏相应的比较研究。从研究结果来看，大部分的研究结论表明消费者对有机食品的支付意愿不高，且最终测算出来的支付意愿大小因各研究选取的样本所在地区及代表有机食品的品种不同而有所差异。目前，针对有机食品支付意愿在地区和品种及消费者异质性方面的比较研究还十分匮乏，未来的研究方向应集中在已有研究结论的基础上，进行相应的比较研究，挖掘并总结影响有机食品支付意愿的重要因素，为后续的实证研究提供变量选取准则的参考依据。

（3）现有研究从标识管理的角度出发，借鉴消费者偏好的研究方法，开始关注有机标签与其他标签的交互关系，但其产生交互关系的内部机制有待进一步深入研究。现有研究已在有机标签与品牌商标、可追溯标签、原产地标签、当地生产标签、碳标签等标签之间的替代和互补关系上开展了大量的探索性研究，但大多数的研究将标签视为单一的产品属性，而非指示食品内在质量属性的“指示属性”。从有机食品多属性偏好关系来看，不同标签所指示的不同种类的属性信息会相互抵消或增强，消费者对不同标签的偏好机制至今仍不清楚，有待进一步深入研究。

（4）现有研究关注信任对有机食品支付意愿的影响，但鲜有研究直接探讨如何解决有机食品中的信任问题。有机标签承担着缓解信息不对称与正外部性的功能，消费者对食品生产过程的不信任将对有机食品消费产生重要的影响，是导致有机食品支付意愿低的主要原因之一。未来研究应重点关注如何解决消费者对有机食品标志信任度不高，进而解决有机食品支付意愿较低的问题。

（5）从研究方法来看，由于有机食品有限的市场份额及市场实际购买数据的缺乏，陈述性偏好方法成了研究者研究消费者偏好及其支付意愿最主要的研究方法。目前，三种主要的陈述性偏好方法（WM、CE、EA）各有利弊，研究者在选取研究方法时，不仅要对方法的理论基础、适用范围及缺陷等方面有全面的认识，而且要结合自身研究问题和经费预算等实际情况权衡取舍。

第 2 部分

有机食品的消费者偏好及其影响因素

第3章

有机食品消费者偏好的品种差异及其影响因素

3.1 引言

随着经济的发展和收入水平的提高，消费者倾向于选择质量等级高的食品（Yu 等，2014）。有机食品等级是我国食品认证体系中执行标准最为严格的食品等级，与其他等级食品相比，有机食品具有更健康、更安全和更环保等产品特性，因而备受部分消费者的青睐。截至 2018 年末，我国有机食品的市场规模为 80.9 亿欧元，排在全球第四（Willer 等，2020）。虽然我国有机食品的市场规模在不断扩大，但有机食品在我国整体食品市场中所占的比例较低。造成有机食品市场占有率不高的原因有很多，其中有机食品的高价格被认为是最重要的阻碍因素之一（Buder 等，2014；Zanoli 等，2002）。高价格是企业决策者制定有机食品价格的主要策略，目的在于希望以此抵消有机生产的高成本，并保持相应的利润。高价格策略究竟是否可行取决于消费者愿意为有机食品支付更高金额的程度。研究消费者对有机食品的支付意愿，对有机食品企业的定价决策、提高有机食品市场占有率及促进有机食品消费具有重要意义。

伴随着食品消费领域测算支付意愿方法的不断发展，国内外开展了大量关于有机食品支付意愿的研究。大多数研究表明消费者愿意为有机食品支付一定的价格，但支付金额远低于现实市场中有机食品相对于普通食品的溢价（Xia 等，2008；刘宇翔，2013）。从研究的内在逻辑看，现有关于支付意愿研究的一个重要目的在于测算消费者福利，关心的是有机食品为所有消费者额外带来的总福利，因而往往选取普通消费者作为研究对象，极易得出支付意愿不高的结论。然而，现实情况是有机作为食品等级的最高标准，不可能是所有普通大众的消费选择，它只是部分消费者特定的消费偏好。对于企业而言，支付意愿研究的重心并非针对所有的普通消费者，而在于了解潜在目标群体的意愿价格，进而为企业定价和营销提供相应的决策依据。现有研究侧重于关心全民福利而忽视了研究潜在目标群体对企业决策的重要意义，亟待为企业决策开展相应的研究。

虽然诸多研究者使用不同方法对不同种类的有机食品支付意愿展开过大量的研究，但最终的研究结果却难以进行直接的比较。从研究结果来看，有机食品支付意愿并非是一个特定值，它在不同品种间是有所差异的（Krystallis 等，2005），但现有研究并未就其原因深入分析。本章基于属性—效用理论和消费者效用最大化理论构建分析有机食品支付意愿及其影响因素的理论模型，并以有机大米和有机五花肉为例，采取双边界二分式 CVM，尝试在统一的理论框架和研究方法基础上，测算和比较有机大米和有机五花肉的支付意愿差异，并探讨导致差异可能的原因。

3.2 文献回顾与理论框架

3.2.1 文献回顾

早期针对有机食品消费行为的研究，主要集中在有机食品的购买动机、消费态度和购买行为等方面（Magnusson 等，2001；Makatouni，2002；Hughner 等，2007），研究发现消费者在有机食品的消费行为上存在态度与行为的不一致，即消费者对有机食品抱有积极的态度，但并未转化成实际的购买行为（Padel 等，2005）。已有研究表明阻碍有机食品购买的一个重要因素是高价格（Buder 等，2014；Zanoli 等，2002）。由于价格在有机食品消费行为中具有重要的意义，因此大量的研究者开始关注有机食品支付意愿的研究。

从消费者支付意愿的测算方法来看，根据获取数据方式的不同，可划分为显示性偏好方法和陈述性偏好方法。由于有机食品在市场上的普及率不高，通过显示性偏好的方式难以获取所需的数据，因此通过假想市场询问偏好的陈述性偏好方法成了研究者主要使用的方法。随着条件估值法、选择实验法和拍卖实验法等陈述性偏好方法在食品消费领域的应用，国内外已有大量关于有机食品支付意愿的研究。例如，Batte 等（2007）、Tranter 等（2009）运用单边界二分式 CVM，刘军弟等（2009）分别运用支付卡法、单边界二分式 CVM 及多边界二分式 CVM 开展对有机食品支付意愿的研究；Van Loo 等（2011）和李翔等（2015）使用选择实验法测量有机鸡胸肉和有机番茄的支付意愿；而 Bernard 等（2009）则使用拍卖实验法研究有机牛奶的支付意愿。

大多数研究表明，消费者对有机食品的支付意愿不高，且与实际销售价格存在较大差距。在假想的情况下，大部分消费者表示愿意为有机食品支付一定的价格，但愿意支付的金额远远低于现实市场有机食品相对于普通食品的价格溢价（郑明赋，2016）。由于不同的研究者选取调查的地区、研究对象和研究方法有所不同，因此测算出来的有机食品支付意愿的大小没有统一的定论（Bienenfeld，2014）。已有研究表明，包括性别、年龄、教育和收入等消费者特征变量（Yiridoe 等，2005），消费者对有机食品的了解程度、态度和感知等心理学变量（Thompson，1998），以及属性评价和信任变量（郑明赋，2016；尹世久等，2015）都可能影响有机食品的支付意愿。

3.2.2 理论框架

本章根据消费者效用最大化和 Lancaster（1966）的属性—效用理论构建分析有机食品支付意愿决定因素的理论模型。根据属性—效用理论，消费者对食品提供的一系列综合评价构成了消费者对食品的效用。在既定的预算约束条件下，消费者从食品属性中最大化地满足自身效用，其效用的满足程度最终决定了消费者对食品的价值评估。

基于属性—效用理论和消费者效用最大化理论，消费者将选择不同属性水平的食品。假定消费者从普通食品中获得的效用函数为 $V(m, p, a, z)$，其中 $V(\bullet)$ 表示消费者的间接效用函数，m 为收入，p 为食品价格，a 为食品属性向量，z 为其他影响消费者效用的因素（包括消费者个体特征、家庭规模、购买频率及信任水平等）。假定消费者在市场中面临普通食品和有机食品两种可选食品，有机食品比普通食品具有更高的属性水平。假设属性水平的变化为 l，消费者愿意为有机食品支付的额外金额为 t。根据 CVM 对支付意愿推断的基本原理，消费者在可供选择的两种食品情况下，为维持效用不变选择普通食品时需要给予一定货币形式的补偿，因而有：

$$V\left(m,p,a,z\right)=V(m,p+t,a+l,z) \tag{3.1}$$

假设属性水平的变化非常小，$V(m,p+t,a+l,z)$ 可以写成一阶近似表达式：

$$V\left(m,p+t,a+l,z\right)\approx V\left(m,p,a,z\right)+\frac{\partial V\left(m,p,a,z\right)}{\partial p}t+\frac{\partial V\left(m,p,a,z\right)}{\partial a}l \tag{3.2}$$

联合式（3.1）和式（3.2），可以得到：

$$\text{WTP}=t=-\frac{\partial V\left(m,p,a,z\right)/\partial a}{\partial V\left(m,p,a,z\right)/\partial p}l \tag{3.3}$$

其中，WTP 为消费者愿意为属性变化 l 所支付的额外金额，由于价格的边际效用$\partial V\left(m,p,a,z\right)/\partial p$为负，属性的边际效用$\partial V\left(m,p,a,z\right)/\partial a$为正，因而，通常情况下，WTP 一般为正值。

3.3 研究方法

3.3.1 双边界二分式 CVM

双边界二分式 CVM 一般须进行两轮的询问。首先，以普通食品为基础，对有机食品设定一个高于普通食品的价格（即投标值），询问消费者是否愿意购买，得到第一轮的消费者选择结果；其次，根据消费者的第一轮选择结果，进行第二轮询问。如果消费者第一轮选择“是”，则给出一个更高的价格，再次询问消费者是否愿意购买，得到消费者的第二轮选择结果。如果消费者第一轮选择“否”，则给出一个更低的价格，再次询问消费者是否愿意购买，得到消费者的第二轮选择结果。令 B^i 为第一次投标值，B^u 为第二次较高的投标值，B^l 为第二次较低的投标值。对于消费者对双边界二分式 CVM 的两次投标值的回答，可细分为四种回答情况，分别为（yes, yes）、（yes, no）、（no, yes）和（no, no），对应 WTP 落入区间的情况分别为$WTP \geqslant B^u$、$B^i \leqslant WTP < B^u$、$B^l \leqslant WTP < B^i$和 $WTP < B^l$（Haab 等，2002）。每种回答情况的概率分别为：

$$Pr\left(yes,yes\right)=Pr\left(WTP \geqslant B^u\right)=1-G(B^u;\theta) \tag{3.4}$$

$$Pr\left(yes,no\right)=Pr\left(B^i \leqslant WTP < B^u\right)=G\left(B^u;\theta\right)-G(B^i;\theta) \tag{3.5}$$

$$Pr\left(no,yes\right)=Pr\left(B^l \leqslant WTP < B^i\right)=G\left(B^i;\theta\right)-G(B^l;\theta) \tag{3.6}$$

$$Pr\left(no,no\right)=Pr\left(WTP < B^l\right)=G\left(B^l;\theta\right) \tag{3.7}$$

其中，WTP 为消费者愿意支付的最大额外金额。$G(B^*;\theta)$ 为 WTP 的累积概率密度分布（Cumulative probability Distribution Function, CDF），B^* 为对应的投标值，θ 为带估计的未知参数。为了估计出未知参数 θ，将每个消费者所有的回答情况纳入到似然方程，则有：

$$L_i(\theta)=\left[1-G\left(B^u;\theta\right)\right]^{YY}\times\left[G\left(B^u;\theta\right)-G\left(B^i;\theta\right)\right]^{YN}\times$$
$$[G\left(B^i;\theta\right)-G(B^l;\theta)]^{NY}\times G\left(B^l;\theta\right)^{NN} \tag{3.8}$$

其中，当回答为（yes，yes）时 YY=1，否则 YY=0；回答为（yes，no）时 YN=1，否则 YN=0；回答为（no，yes）时 NY=1，否则 NY=0；回答为（no，no）时 NN=1，否则 NN=0；未知参数 θ 可通过极大似然法估计，即将式（3.8）的似然方程双边取对数之后，并令对数函数的一阶条件为零，即可估计出参数 θ。

3.3.2 WTP 均值的计算

当假设 θ 服从正态分布时，使用 Probit 模型可将对参数 θ 的估计转化为 Probit 模型的系数估计。由于双边界二分式 CVM 有两个投标值，涉及两个二元选择方程，在计算 WTP 均值时常将 WTP 的模型设为仅有常数项和投标值的函数（Hanemann 等，1991），因此设定以下 Biprobit 模型：

$$R_{1j}=\alpha_{1j}+\beta_{1j}B^i+\varepsilon_{1j} \tag{3.9}$$

$$R_{2j}=\alpha_{2j}+\beta_{2j}B^{u(l)}+\varepsilon_{2j} \tag{3.10}$$

其中，R_{1j} 和 R_{2j} 分别为第 j 个消费者对第一次投标值 B^i 和第二次投标值 $B^{u(l)}$ 的回答情况，当回答为 yes 时，取值为 1，其他为 0。α_{1j} 和 α_{2j} 为常数项，β_{1j} 和 β_{2j} 分别为 B^i 和 $B^{u(l)}$ 的系数，ε_{1j} 和 ε_{2j} 为随机误差项。假定随机误差项 ε_{1j} 和 ε_{2j} 分别服从均值为 0，方差为 $\sigma_1{}^2$ 和 $\sigma_2{}^2$ 的正态分布，相

关系数 ρ 为两次 WTP 函数误差项的协方差。

式（3.9）和式（3.10）可通过似不相关法对 Biprobit 模型进行估计（Cameron 等，1994），最终计算出 WTP 的均值：

$$E(\mathrm{WTP}) = -\frac{\alpha^*}{\beta^*} \tag{3.11}$$

其中，α^* 为常数项系数的估计值，β^* 为投标值系数的估计值。由于消费者真实的 WTP 不可测，模型的设定往往需要对分布进行假定。基于 Biprobit 模型的分布假定主要有 Normal 和非负的 Log-Normal 两种分布。

一般情况下，有机食品价格往往大于普通食品，因而通常假定 WTP 为非负的 Log-Normal 分布，在 Log-Normal 分布下，对式（3.9）和式（3.10）的投标值取对数，而式（3.11）的 WTP 均值为 $exp(-\frac{\alpha^*}{\beta^*}+0.5\sigma^2)$，WTP 的中位数为 $exp(-\frac{\alpha^*}{\beta^*})$。

本章对 WTP 置信区间的估计则采取 Krinsky 和 Robb（1986）使用的蒙特卡洛模拟方法。

3.3.3　WTP 的影响因素及模型设定

根据本章的理论框架，WTP 受价格、收入、食品属性向量、消费者个体特征、家庭规模、信任水平及购买频率等变量的影响。在具体设定的模型变量选取中，被解释变量为对有机食品的初始投标值的回答（*R*1）和第二次投标值的回答（*R*2）。解释变量中包括初始投标值（*Bid*1）、第二次投标值（*Bid*2）、年龄（*Age*）、婚姻（*Marriage*）、性别（本研究主要针对女性进行调查，因此变量用 *Female* 表示，余同）、教育水平（*Edu*）、家庭税前月总收入（*Income*）、家庭规模人数（*Familysize*）、有机食品的购买频率（*Shopfreq*）、身体健康情况（*Healthcondition*）、是否有 12 周岁以下的小孩（*Child*）、是否有 65 周岁以上的老人（*Elder*）、对有机标识的信任水平（*Trust*）、环境保护属性评价（*Env*）和食品安全属性评价（*Saf*）。Biprobit 模型[①]设定（模型选取变量的定义及描述性统计见表 3-1）为：

$$R_1=\alpha_0+\alpha_1 Bid1+\alpha_2 Age+\alpha_3 Marriage+\alpha_4 Female+\alpha_5 Edu+\alpha_6 Income+\alpha_7 Familysize+\alpha_8 Shopfreq+\alpha_9 Healthcondition+\alpha_{10} Child+\alpha_{11} Elder+\alpha_{12} Trust+\alpha_{13} Env+\alpha_{14} Saf+\varepsilon_1$$

$$R_2=\beta_0+\beta_1 Bid2+\beta_2 Age+\beta_3 Marriage+\beta_4 Female+\beta_5 Edu+\beta_6 Income+\beta_7 Familysize+\beta_8 Shopfreq+\beta_9 Healthcondition+\beta_{10} Child+\beta_{11} Elder+\beta_{12} Trust+\beta_{13} Env+\beta_{14} Saf+\varepsilon_2$$

表 3-1　模型选取变量的定义及描述性统计

变量		变量定义	有机大米（*n*=744）		有机五花肉（*n*=744）	
			均值	标准差	均值	标准差
被解释变量	R_1	1=是，0=否	0.68	0.468	0.61	0.487
	R_2	1=是，0=否	0.61	0.489	0.56	0.497
解释变量	Bid_1	初始投标值	5.53	3.347	23.63	13.578
	Bid_2	第二次投标值	6.14	4.752	24.12	16.512
	Age	1=25 周岁及以下，2=26~35 周岁，3=36 周岁及以上	31.61	8.305	31.61	8.305
	Female	1=女性，0=其他	0.65	0.478	0.65	0.478
	Marriage	1=已婚，0=其他	0.54	0.498	0.54	0.498
	Edu	1=初中及以下，2=高中及中专，3=大专及本科，4=硕士及以上	3.02	0.590	3.02	0.590
	Income	1=5 000 及以下，2=5 000~11 000（含），3=11 000~21 000（含），4=21 000 以上	2.42	1.014	2.42	1.014
	Familysize	人数	2.65	1.304	2.65	1.304
	Shopfreq	1=几乎没有，2=偶尔，3=经常	1.90	0.807	1.85	0.838

① 需要注意的是，大部分研究在测算 WTP 均值和考察 WTP 影响因素时会采取不同的模型设定。一般情况下，研究者习惯使用只有投标值和常数项的模型设定测算 WTP 均值，而在考察 WTP 的影响因素时，则在模型中加入包括消费者个体特征等协变量。

（续表）

变量		变量定义	有机大米（*n*=744）		有机五花肉（*n*=744）	
			均值	标准差	均值	标准差
解释变量	*Healthcondition*	1= 很差，2= 不佳，3= 一般，4= 良好，5= 很好	4.21	0.706	4.21	0.706
	Child	1= 是，0= 否	0.50	0.500	0.50	0.500
	Elder	1= 是，0= 否	0.35	0.478	0.35	0.478
	Trust	1= 非常不信任，2= 比较不信任，3= 一般，4= 比较信任，5= 非常信任	3.61	0.916	3.61	0.916
	Env	1= 完全不同意，2= 不同意，3= 不确定，4= 同意，5= 完全同意	3.71	0.881	3.70	0.917
	Saf	1= 完全不同意，2= 不同意，3= 不确定，4= 同意，5= 完全同意	3.76	0.936	3.80	0.906

注：*Trust* 为对消费者“购买食品时，您信任所购食品的有机产品标识吗”的询问，而 *Env* 和 *Saf* 则分别用于调查消费者对“与普通大米（普通五花肉）相比，有机大米（有机五花肉）的生产更有利于环境保护”和“与普通大米（普通五花肉）相比，有机大米（有机五花肉）更安全”的同意程度。

资料来源：经笔者整理而得。

3.4　问卷设计与数据来源

3.4.1　问卷设计

由于 CVM 中设计的场景不可能等同于消费者所处的真实情景，二者的差异不可避免地会导致假想偏差。为了准确获得消费者对有机食品的消费偏好，降低消费者选择判断的困难，提高消费者选择的真实性和可靠性，本章选择食品具体化为 5kg 的袋装大米和规格为 500g 的新鲜五花肉，并以图片形式向消费者展示普通食品与有机食品的区别。此外，问卷辅以文字向消费者描述所处的市场和所面对的消费选择，并提醒消费者注意用消费预算约束等方式控制假想偏差。

双边界二分式 CVM 问卷设计的核心在于投标值设计，本章通过预调查与课题组专家小组讨论的方式确立 11 套不同的投标值（见表 3-2）。其中初始投标值 B^i 的设定采取经验设定方法，投标值的范围以具体比较的较低产品类型的市场价格为最小投标值，以较低产品类型的实际市场价格和较高产品类型的实际市场溢价的 1.3 倍之和为最大投标值。根据 Cooper（1993）的研究，每套投标值中较高投标值 B^u 设为初始投标值 B^i 的 2 倍，较低投标值 B^l 设为初始投标值 B^i 的 0.5 倍。

表 3-2　双边界二分式 CVM 的投标值

单位：元

编号	有机大米			编号	有机五花肉		
	初始投标值	第二次投标值			初始投标值	第二次投标值	
		较高值	较低值			较高值	较低值
R01	3.1	3.2	3	P01	13.2	13.4	13.1
R02	3.2	3.4	3.1	P02	13.5	14	13.25
R03	3.3	3.6	3.15	P03	14	15	13.5
R04	3.5	4	3.25	P04	14.6	16.2	13.8
R05	3.7	4.4	3.35	P05	15.4	17.8	14.2
R06	3.9	4.8	3.45	P06	16.9	20.8	14.95
R07	4.5	6	3.75	P07	19.5	26	16.25
R08	5.4	7.8	4.2	P08	23.4	33.8	18.2
R09	6	10.2	4.8	P09	28.6	44.2	20.8
R10	9	15	6	P10	39	65	26
R11	14.7	26.4	8.85	P11	58.5	104	35.75

注：普通大米和普通五花肉的价格分别为每 500 克 3 元和 13 元。

资料来源：笔者根据预调查整理而得。

3.4.2 调查实施与样本特征

实际调查于 2015 年 9 月 3 日结束，共回收 809 份问卷，删除与样本筛选设置题存在矛盾和答题时间过短的样本问卷，总样本有效问卷 744 份，问卷有效率为 91.97%。

根据表 3-3，调查样本的平均年龄在 31 岁左右，家庭规模人数在 3.6 左右。在性别中，女性占据了样本一半以上的人数，这与大多数家庭食品采购主要由女性承担这一事实相符。大多数的消费者已婚（64.92%）、受教育水平较高（72.85% 的样本具有大学学历，另有 15.73% 的样本学历在硕士及以上）及家庭月收入水平较高（通过问卷区段的均值计算出约为 11 888 元）。在职业中，公司职工和公务员分别占据 55.91% 和 20.70%。此外，超过一半以上的消费者报告家中有 12 周岁以下的小孩且大约 1/3 的消费者报告家中有超过 65 周岁以上的老人。与北京统计年鉴的数据[①]相比，样本偏向于具有更年轻、已婚、受教育水平高、收入水平较高及家庭规模较大等特征。

表 3-3　调查样本的人口统计学特征

变量		调查样本	北京统计年鉴数据（b）	变量		调查样本	北京统计年鉴数据（b）
年龄（a）		31.61（8.305）	38.59	受教育水平	初中及以下	2.55%	40.59%
性别	男	45.70%	50.12%		高中	8.87%	22.38%
					大学	72.85%	32.73%
	女	54.30%	49.88%		硕士及以上	15.73%	4.82%

① 需要注意的是，本章调查样本所得的结果在推计总体时，并不适合推广至北京的所有消费者。

（续表）

<table>
<tr><th colspan="2">变量</th><th>调查样本</th><th>北京统计年鉴数据（b）</th><th colspan="2">变量</th><th>调查样本</th><th>北京统计年鉴数据（b）</th></tr>
<tr><td rowspan="3">婚姻状态</td><td>已婚</td><td>64.92%</td><td rowspan="3">—</td><td rowspan="4">家庭税前月总收入（元）</td><td>（0, 5 000]</td><td>20.83%</td><td rowspan="4">7 484</td></tr>
<tr><td>未婚</td><td>34.01%</td><td>（5 000, 11 000]</td><td>34.14%</td></tr>
<tr><td>其他</td><td>1.08%</td><td>（11 000, 21 000]</td><td>26.75%</td></tr>
<tr><td rowspan="4">职业</td><td>学生</td><td>11.56%</td><td rowspan="4">—</td><td>（21 000, +）</td><td>18.28%</td></tr>
<tr><td>公司职工</td><td>55.91%</td><td rowspan="2">是否有 12 周岁以下小孩</td><td>是</td><td>50.40%</td><td rowspan="2">—</td></tr>
<tr><td>公务员</td><td>20.70%</td><td>否</td><td>49.60%</td></tr>
<tr><td>其他</td><td>11.83%</td><td rowspan="2">是否有 65 周岁以上老人</td><td>是</td><td>35.35%</td><td rowspan="2">—</td></tr>
<tr><td colspan="2">家庭规模（a）</td><td>3.65
（1.304）</td><td>2.53</td><td>否</td><td>64.65%</td></tr>
<tr><td colspan="2">观测值</td><td colspan="6">744</td></tr>
</table>

注：（a）给出的值为变量均值，括号内为标准差；（b）数据基于北京 2015 的统计年鉴计算而得。

资料来源：经笔者整理而得。

3.5 结果分析

3.5.1 双边界二分式 CVM 的四种回答结果

从消费者对双边界二分法 CVM 四种回答的分布情况看（见表 3-4），针对有机大米，NN 从 R01 的 2.82% 升至 R11 的 24.24%，YY 从 R01 的 80.28% 降至 R11 的 18.18%；针对有机五花肉，NN 从 P01 的 5.97% 升至 P11 的 60%，YY 从 P01 的 73.13% 降至 P11 的 15.71%。这表明随着投标值的升高，消费者呈现出较高的否定性回答（NN）和较低的肯定性回答（YY）倾向，设计的投标值较好地拟合消费者的支付意愿分布范围。

表 3-4　有机大米和有机五花肉 WTP 四种回答的分布情况

编号	频数与百分比（%）	有机大米 WTP 回答的分布情况				回答数量	编号	频数与百分比（%）	有机五花肉 WTP 回答的分布情况				回答数量
		NN	NY	YN	YY				NN	NY	YN	YY	
R01	频数	2	7	5	57	71	P01	频数	4	7	7	49	67
	%	2.82	9.86	7.04	80.28	9.54		%	5.97	10.45	10.45	73.13	9.01
R02	频数	11	3	3	51	68	P02	频数	14	5	3	44	66
	%	16.18	4.41	4.41	75.00	9.14		%	21.21	7.58	4.55	66.67	8.87
R03	频数	4	2	13	48	67	P03	频数	5	2	8	49	64
	%	5.97	2.99	19.40	71.64	9.01		%	7.81	3.13	12.50	76.56	8.60
R04	频数	9	8	16	33	66	P04	频数	4	1	15	46	66
	%	13.64	12.12	24.24	50.00	8.87		%	6.06	1.52	22.73	69.70	8.87
R05	频数	11	6	19	29	65	P05	频数	11	4	24	28	67
	%	16.92	9.23	29.23	44.62	8.74		%	16.42	5.97	35.82	41.79	9.01
R06	频数	13	9	19	25	66	P06	频数	9	15	25	18	67
	%	19.70	13.64	28.79	37.88	8.87		%	13.43	22.39	37.31	26.87	9.01

（续表）

编号	频数与百分比（%）	有机大米 WTP 回答的分布情况				回答数量	编号	频数与百分比（%）	有机五花肉 WTP 回答的分布情况				回答数量
		NN	NY	YN	YY				NN	NY	YN	YY	
R07	频数	7	10	34	17	68	P07	频数	11	14	20	20	65
	%	10.29	14.71	50.00	25.00	9.14		%	16.92	21.54	30.77	30.77	8.74
R08	频数	14	15	21	16	66	P08	频数	9	24	18	14	65
	%	21.21	22.73	31.82	24.24	8.87		%	13.85	36.92	27.69	21.54	8.74
R09	频数	10	20	20	22	72	P09	频数	27	20	20	13	80
	%	13.89	27.78	27.78	30.56	9.68		%	33.75	25.00	25.00	16.25	10.75
R10	频数	21	19	11	18	69	P10	频数	33	16	12	6	67
	%	30.43	27.54	15.94	26.09	9.27		%	49.25	23.88	17.91	8.96	9.01
R11	频数	16	24	14	12	66	P11	频数	42	10	7	11	70
	%	24.24	36.36	21.21	18.18	8.87		%	60.00	14.29	10.00	15.71	9.41

资料来源：经笔者对问卷的回答整理而得。

3.5.2 WTP 均值及溢价

消费者对有机食品的支付意愿往往要高于普通食品价格，因而在具体的 Biprobit 模型中设定 WTP 服从非负的 Log-Normal 分布①，模型结果见表 3-5。

表 3-5 基于 Log-Normal 分布的非施加系数约束 Biprobit 模型的 WTP 均值及溢价

	有机大米		有机五花肉	
变量	第一次回答	第二次回答	第一次回答	第二次回答
*Lbid*1	−0.923*** (0.107)（a）	—	−1.292*** (0.120)	—
*Lbid*2	—	−0.585*** (0.099)	—	−1.004*** (0.121)
常数项	1.950*** (0.179)	1.240*** (0.168)	4.235*** (0.366)	3.223*** (0.369)
ρ	0.354		0.496	
Wald test of ρ=0	*chi*2(1) = 24.303 *Prob* > *chi*2 = 0		*chi*2(1) =47.0654 *Prob* > *chi*2 = 0	
LR test	*chi*2(2) = 15.90 *Prob* > *chi*2 = 0.0004		*chi*2(2) =11.36 *Prob* > *chi*2 =0.0034	
WTP 中位数	8.27 (7.24，9.92)(b)		26.54 (24.44，29.32)	
WTP 均值	14.88 (10.98，26.77)(b)		35.82 (31.01，45.16)	
WTP 的溢价（c）	11.88		22.82	
溢价率（%）（d）	396.00		175.54	
观测值	744		744	

注：（a）系数括号内为标准差，*** 表示系数在 1% 的水平下显著。（b）括号内的 WTP 中位数和 WTP 均值数值为 95% 置信区间的上下限数值，95% 的置信区间是根据蒙特卡洛模拟方法进行 2 000 次模拟计算得出的。（c）溢价 =WTP 均值 − 普通食品类型的单位价格，其中普通大米和普通五花肉的价格分别为每 500 克 3 元和每 500 克 13 元。（d）溢价率 = 溢价 ÷ 普通食品类型的单位价格 ×100%。

① 模型采取 Log-Normal 分布假定的另一个原因是，Normal 分布和 Log-Normal 分布模型的对数似然值在有机大米情况下分别为 −920.37 和 −0908.77，在有机五花肉情况下分别为 −914.36 和 −885.94，因而应选取似然值较大的 Log-Normal 分布模型（Du 等，2011）。

根据表 3-5，Wald 检验“ρ=0”的结果显示，所有模型的 ρ 均显著不等于 0，这表明消费者两个方程的误差项存在关联，如果将两个方程分开单独估计，将导致系数估计值有偏，所以应采取 Biprobit 模型。由于消费者对双边界二分式 CVM 的两次回答可能并非来自同一分布，为检验两次回答是否一致，使用似然比检验（Likelihood Ratio test，LR test）Biprobit 模型是否要设定系数一致的约束条件（Watson 等，2007；Jeanty ，2008）。LR 检验结果在有机大米为 *chi*2(2) =15.90，Prob > *chi*2 =0.0004，而在有机五花肉则为 *chi*2(2) =11.36，Prob > *chi*2 =0.0034，均在 1% 显著水平下拒绝未施加约束条件的模型嵌套到施加约束条件的模型的原假设，这说明样本数据更适合采取不施加约束条件的 Biprobit 模型。综上，选择基于 Log-Normal 分布假定的非施加系数约束 Biprobit 模型能够更好地拟合样本数据。

表 3-5 的结果表明，消费者对有机大米和有机五花肉的支付意愿均值分别为每 500 克 14.88 元和 35.82 元。与普通大米和普通五花肉相比，消费者愿意为有机大米和有机五花肉每 500 克分别多支付 11.88 元和 22.82 元，有机大米和有机五花肉的溢价率分别为 396% 和 175.54%。与现有研究相比，本章测算有机食品的支付意愿结果具有两个重要的特征：

第一，从溢价率看，本章测算结果高于已有研究的结论；

第二，消费者对有机食品支付意愿因品种有所不同，且有机大米的溢价率大于有机五花肉。

消费者愿意对有机食品支付的溢价不高，一般主要集中在 10%~50%（郑明赋，2016）。本章测算结果远高于已有研究结论，可能的原因在于以下两个方面。

（1）有机食品支付意愿在不同消费群体的差异性分布。大多数的研究表明，消费者对有机食品愿意支付的价格并非一个数值，而是呈现出一定的分布特征（于海龙等，2015；陈新建等，2012）。网上调查消费群体的支付意愿可能与普通消费群体有所不同，本章选取网上调查方式获取的调查样本特征区别于北京地区的普通消费人群，具有更年轻、已婚、受教育水平高、收入水平较高等特征。而以往研究则主要从消费者福利出发考察有机食品的支付意愿，通常选取普通消费者作为样本总体，因而容易得到有机食品支付意愿不高的结论。

（2）在调查获取的 744 个有效样本中，分别有 462 和 420 位消费者有购买有机大米和有机五花肉的经验，高支付意愿可能受消费者已有购买经验的影响。

已有研究表明，相比非生鲜食品，生鲜食品更容易暴露在化学残留物中，具有较高的食品安全风险，因此消费者愿意为生鲜食品支付更多的额外金额（Yiridoe 等，2005；Sriwaranun 等，2015）。本章测算的有机大米（非生鲜食品）的溢价率高于有机五花肉（生鲜食品），这与以往研究结论有所区别，可能的原因在于：有机食品因其特有的生产方式，食品属性不仅包含食品安全属性，而且包含环境保护等其他属性。消费者对有机食品的支付意愿不仅取决于食品安全的偏好，而且可能受消费者对环境保护属性偏好的影响。

3.5.3　影响 WTP 的因素分析

为更全面地探究可能导致本章测算结果区别于已有研究结论，以及导致有机大米溢价率高于有机五花肉的原因，本章将进一步分析影响消费者对有机大米和有机五花肉支付意愿的因素。表 3-6 给出了基于 Biprobit 模型的 WTP 影响因素结果。模型回归结果显示，相关系数 ρ 均在 1% 的水平下显著，这表明 Biprobit 模型能更好地拟合样本数据。有机大米和有机五花肉模型中的投标值（$Lbid1$）的系数均在 1% 水平下显著为负，这表明消费者对投标值的接受程度随着投标值的升高而下降，投标值较好地反映出消费者对有机食品的偏好。

表 3-6　基于 Biprobit 模型的 WTP 影响因素

变量	有机大米［第一次回答（a）］		有机五花肉（第一次回答）	
	系数	边际系数	系数	边际系数
*Lbid*1	−1.170***(b) (0.124)	−0.391*** (0.042)	−1.453*** (0.134)	−0.544*** (0.052)
Age	0.005 (0.008)	0.002 (0.003)	0.0123 (0.008)	0.005 (0.003)
Female	0.081 (0.109)	0.027 (0.036)	−0.009 (0.108)	−0.003 (0.040)
Marriage	0.134 (0.163)	0.045 (0.056)	−0.013 (0.167)	−0.005 (0.062)
Edu	0.049 (0.096)	0.016 (0.032)	−0.084 (0.09)	−0.032 (0.034)
Income	0.124** (0.06)	0.041** (0.021)	0.110* (0.059)	0.041* (0.022)
Familysize	0.017 (0.047)	0.006 (0.016)	−0.004 (0.047)	−0.001 (0.017)
Shopfreq	0.352*** (0.078)	0.117*** (0.026)	0.224*** (0.072)	0.084*** (0.027)
Healthcondition	0.001 (0.08)	0.002 (0.026)	−0.002 (0.075)	−0.001 (0.028)
Child	0.147 (0.138)	0.049 (0.046)	0.253* (0.143)	0.095* (0.053)
Elder	−0.032 (0.127)	−0.011 (0.043)	−0.197 (0.12)	−0.075 (0.046)
Trust	0.230*** (0.07)	0.077*** (0.025)	0.175*** (0.065)	0.065*** (0.024)
Env	0.214** (0.085)	0.072** (0.028)	0.128 (0.084)	0.048 (0.031)
Saf	0.104 (0.081)	0.035 (0.027)	0.166* (0.088)	0.062* (0.033)

（续表）

变量	有机大米［第一次回答（a）］		有机五花肉（第一次回答）	
	系数	边际系数	系数	边际系数
ρ	0.203*** (0.076)	—	0.406*** (0.068)	—
常数项	2.221*** (0.524)	—	3.379*** (0.587)	—
观测值	744		744	

注：（a）为避免因两次回答不一致情况造成的麻烦，根据不高估 WTP 的原则，在此仅考虑第一次回答情况。其中系数为 Biprobit 模型回归系数，边际系数为基于 Biprobit 模型的边际影响系数。（b）括号内为标准差，*、**、*** 分别表示系数在 10%、5% 和 1% 水平下显著。

资料来源：经笔者整理而得。

由表 3-6 可知，影响消费者对有机大米和有机五花肉支付意愿共同的显著性因素包括家庭税前月总收入（*Income*）、对有机标识的信任水平（*Trust*）、有机食品的购买频率（*Shopfreq*）。收入越高的消费者，对食品等级要求越高，预算约束越宽松，越愿意为有机食品支付更高的价格。已有研究表明，有机食品支付意愿不高的一个重要原因在于消费者对有机食品的信任水平不高（尹世久等，2008；尹世久等，2015），消费者对有机食品越信任，越愿意为有机食品支付更高的金额，本章的研究结果证实了这一结论。此外，购买有机大米或有机五花肉频率越高的消费者越愿意为有机食品支付额外的金额，可能的原因在于与非有机食品购买者相比，购买过有机食品的消费者基于过去的购买经验，由关注价格转向注重有机食品的质量，因此更愿意接受有机食品的高价格（Sriwaranun 等，2015）。李翔等（2015）在对有机番茄支付意愿的研究中也指出，非购买者、偶尔购买者和经常购买者对有机食品的支付意愿存在明显差异，经常购买者愿意每 500 克多支付 7.853 元，远高于非购买者愿意支付的 1.387 元。

本章研究发现消费者个体特征变量，包括年龄、婚姻、性别、受教育水平等，以及家庭规模人数、身体健康情况、是否有65周岁以上的老人等，对有机大米和有机五花肉支付意愿无显著性影响。这进一步说明导致本章测算支付意愿较高的原因可能与收入、购买频率及对有机标识的信任水平有关，而非年龄、婚姻、性别、教育水平等消费者个体特征变量。

由表3-6的边际系数结果可知，有机大米模型中投标值的边际系数小于有机五花肉，这表明有机大米的需求弹性小于有机五花肉，在相同比例的价格变动下，消费者为有机大米支付较高金额的意愿更强。家庭税前月总收入的边际系数在有机大米和有机五花肉模型中均为0.041，这表明收入对消费者有机食品偏好的影响不因品种有所差异，表现出稳定的正向效应。有机大米模型中包括购买频率及对有机标识信任水平的边际系数均大于有机五花肉模型。此外，食品安全属性评价（*Saf*）正向显著影响有机五花肉支付意愿，而对有机大米支付意愿则无正向显著影响。这一结论证实了现有研究从食品安全属性角度出发，消费者更愿意为生鲜食品支付高于非生鲜食品的意愿价格，但据此并不足以得出生鲜有机五花肉溢价一定高于非生鲜有机大米的结论。从有机食品的另一个属性来看，环境保护属性评价（*Env*）正向显著影响了有机大米的支付意愿，而对有机五花肉支付意愿则正向无显著性影响。这说明，研究有机食品支付意愿必须综合考虑食品安全和环境保护两种属性的综合影响，而非仅单独考虑食品安全属性的影响。

综上所述，相比有机五花肉，有机大米的需求弹性较小，购买频率和信任水平对支付意愿的影响较大，并在环境保护属性上具有较强偏好，这些因素导致了有机大米溢价率高于有机五花肉。

3.6 结论与讨论

3.6.1 研究结论

本章基于属性—效用理论和消费者效用最大化理论构建消费者对有机食品支付意愿及其影响因素的理论模型，并以有机大米和有机五花肉为例，采取双边界二分式CVM，利用网上调查获取北京地区744个有效的样本数据，研究消费者对有机食品偏好的品种差异及其影响，主要结论如下。

（1）消费者对有机食品具有较高的支付意愿水平。

本章的研究结果表明，与普通食品相比，北京地区的744个消费者样本愿意为有机大米和有机五花肉每500克分别多支付11.88元和22.82元，其中，有机大米和有机五花肉的溢价率分别高达396%和175.54%。从消费者所在的国别看，大多数国外的研究表明，消费者愿意为有机食品支付的溢价范围一般低于100%且主要集中在10% ~ 50%（郑明赋，2016）。例如，日本消费者仅愿意额外支付10% ~ 20%，而意大利消费者则愿意额外支付35% ~ 100%（Turco，2002）。本章的研究结果显著高于国外的同类研究，这可能与我国消费者对国内食品安全状况的担忧有关。食品安全和环境保护是消费者购买有机食品的两大主要动机。与国内消费者对食品安全问题的高度关注和极度担忧相比，国外的消费者较少需要通过购买有机食品来解决食品安全问题，购买有机食品主要出于环境保护目的。与之相反，国内消费者因担忧食品安全问题而愿意支付高价，这也就不难理解本章测算结果显著高于国外同类研究的原因。

本章测算的支付意愿结果也高于国内的大多数同类研究，这可能与调查样本所选的目标群体有关。第一，从样本所在的地区看，本章选择样本所处的北京地区是国内有机食品市场占比最大且发展最为成熟的地区。第二，从获取样本的调查方式看，本章选择的网络调查方式所获取的样本具有比北京地区普通人群更年轻、受教育水平高、收入水平高及家庭规模大等特征。第三，从筛选样本的条件看，本章的样本均来自于具有大米和五花肉购买经验的实际购买者，并非以往研究只针对普通消费者和一般的有机食品。以往研究的目的侧重于测算消费者福利，选取普通消费者作为研究对象，得出有机食品的支付意愿不高，该结论并不能直接作为有机食品企业定价的决策依据。从调查样本服务的最终目的看，本章选取的样本更符合企业关心的目标群体，得出较高支付意愿的研究结论可为企业制定高价格策略提供依据。

（2）影响消费者对有机食品支付意愿的因素主要是收入、购买频率及对有机标识的信任水平。

有机食品企业应在市场调研基础上锁定目标群体、准确获取意愿价格及选择合理的营销策略。本章的研究结果并不支持有机食品企业按年龄、婚姻、性别、教育水平等个体特征变量对消费者进行细分，基于收入和购买频率等变量可更好地识别目标群体。不同于普通食品，有机食品生产过程中包含的食品安全和环境保护等质量信息无法在购买或消费过程中反映出来，是一种典型的信任产品。本章研究也得出环境保护和食品安全等信任属性，以及消费者对有机标识的信任水平正向影响有机食品的支付意愿。一方面，有机食品企业可通过试吃、促销等各种活动让消费者接触并更多地了解有机食品，同时宣传有机食品在解决食品安全和环境保护等问题上的作用，强化消费者对有机食品的信任属性偏好，提高意愿价格。另一方面，有机食品信任问题产生的根源在于厂商和消费者之间存在严重的信息不对称。作为第三方的政府，应加强规范认证机构的认证过程，确保有机食品企业如实按照有机标准生产和规范使用有机食品标志，对有机食品市场起到真正有效的监督与监管作用，解决消费者对有机食品的信任问题。

（3）消费者对有机食品的支付意愿水平及其影响因素存在品种差异。

相比非生鲜食品，生鲜食品更容易暴露在化学残留物中，具有较高的食品安全风险，因此消费者愿意为生鲜食品支付更多的额外金额（Yiridoe 等，2005；Sriwaranun 等，2015）。本章研究发现，从食品安全属性对消费者有机食品支付意愿的影响上看，五花肉为显著，而大米则为不显著，这证实了从食品安全属性上看，消费者对五花肉（生鲜食品）的支付意愿可能比对大米（非生鲜食品）的支付意愿更高。但本章的研究结果表明，有机大米的溢价率（396%）高于有机五花肉（175.54%），这意味着有机食品支付意愿的品种差异不能仅考虑非生鲜和生鲜的单一维度，而应结合其他维度的多因素影响进行综合判断。从显著影响支付意愿的其他几个因素看，一方面，在实际的日常生活中，相比有机五花肉，有机大米的单价较低，消费者需求弹性较小，这决定了消费者更愿意接受有机大米的提价；另一方面，相比有机五花肉，有机大米的购买频率和信任水平对支付意愿的影响更大，这也部分解释了有机大米的溢价高于有机五花肉的原因。

3.6.2 管理启示

研究消费者对有机食品的支付意愿，探讨支付意愿在品种间的差异及其影响因素，有助于有机食品企业有效地识别目标群体、提高溢价水平和做出合理的定价决策。本章的管理启示主要有以下几个方面。

（1）选择合理的市场细分变量，有效识别目标群体。根据 STP 营销战略，市场细分是更好地选择目标市场、明确产品和服务定位的关键步骤。本章的研究结果表明，有机食品企业按年龄、婚姻、性别、教育水平等个体特征变量无法有效地对消费市场进行细分，而按收入和购买频率等变量细分能够更好地识别目标群体。以往研究建议的低价格策略并非有机食品企业有效的定价策略，有机食品企业在寻找合适的目标群体基础上仍然可采取高价格策略。

（2）强化消费者对有机食品的信任，提高支付意愿水平。不同于普通食品，有机食品是一种典型的信任产品。本章的研究结果表明，环境保护和食品安全等信任属性，以及消费者对有机标识的信任水平正向影响有机食品的支付意愿。有机食品企业在生产和销售过程中应如实按照有机标准生产和真实规范使用有机食品标志，同时在营销时应适当宣传有机食品在解决食品安全和环境保护等问题上的作用，强化消费者对有机食品的信任属性偏好，提高支付意愿水平。

（3）根据支付意愿的品种差异，做出合理的定价决策。消费者对有机食品的支付意愿是有机食品企业进行盈利空间分析并做出定价决策的基础信息。有机食品企业应针对不同的食品品种进行市场调研，以获取准确的意愿价格信息，进而做出相应的定价决策。本章的研究结果表明，有机食品企业在定价时应考虑溢价率在品种之间的差异，并分析其可能的影响因素，进而做出相应的定价决策。有机食品在高收入、高购买频率和高信任水平的目标群体上，针对溢价率不同的品种，可制定不同的高价格策略。

3.6.3 局限与未来研究

本章对有机食品消费者偏好的品种差异分析是建立在支付意愿的测算基础之上的，受测算支付意愿采取的估计方法及样本采集数据等因素的影响，使得本章的研究存在一些不足之处，但这些不足也将成为后续研究改进和努力的方向。

（1）假想市场与真实市场存在差异。由于有机食品在食品市场的份额较小，获取市场显示性偏好难度较大，因此本章采取假想市场方式，通过陈述性偏好估算消费者对有机食品的意愿价格。但假想市场方式可能因模拟市场条件的真实性、主观回答的随意性和评估属性的非市场公共物品特性[①]，导致假想市场评估的意愿价格与真实市场存在差异。虽然本章在问卷设计过程中尽可能地控制假想偏差，但采取双边界二分式 CVM 使得最终的研究结论不可避免地存在一定程度的偏差。未来研究可采取模拟市场条件更加可靠、回答更符合消费者实际购买行为的选择实验和实验拍卖等方法开展进一步的研究。

（2）在样本推计总体时，不适合推广至北京的普通消费者。本章采取网上调查所获取样本的分布特征与北京统计年鉴的人口特征存在较大的偏差，在由该样本所得的结果推计总体时，并不适合推广至北京的所有消费者。由于本章关注的是有机食品消费者的偏好问题，因此本章研究的目标总体为家庭主要购买者中有机食品的实际购买者和潜在购买者。本章获取样本的总体分布特征与国际贸易中心（2011）对我国有机食品主要消费群体的人群特征研究结论大体相近，该研究发现我国有机食品主要消费群体是白领家庭、政府工作人员、家中有小孩及年轻的消费者。因而调查所获取的样本对于本章所关注的目标总体而言，仍具有一定的代表性。但随着我国有机食品的快速发展，有机食品终将逐渐进入普通消费人群的视野，针对普通消费人群的研究将有助于有机食品企业关注有机食品需求发展的未来趋势，因此，未来的研究可以选择更大地区范围及不同层次的消费者，进一步深入分析本章所关注的问题。

（3）有机食品消费者偏好的品种差异有待进一步研究，亟待更为系统的理论解释和更为广泛的实证支持。本章研究发现大米和五花肉在统一的有机食品消费者偏好解释框架上，无论是支付意愿的溢价水平，还是影响

① 一个可能的解释是 Kahneman 和 Knetsch（1992）提出的道德满意理论（Moral Satisfaction Theory）。道德满意理论认为，当消费者面对具有非市场公共物品属性的评估物时，出于道义压力，会忽视属性给定的水平，而倾向于对属性本身表现出更多的兴趣，给予更多的关注，导致最终估值整体偏高。

因素均有显著差异。但由于选取的仅为有机食品中的两类品种，并不能以此推断和得出有机食品在所有的品种上必然会存在差异。此外，讨论有机食品溢价率的品种差异问题，针对溢价的差异多少以及产生差异的原因，未来研究可构建更为一般的解释框架，寻求更多的实证证据，为有机食品企业在品种定价方面提供更多的决策参考依据。

第 4 章

属性评价和标签信任对有机食品消费者偏好的影响

4.1 引言

在农业可持续发展面临着资源枯竭和环境污染的严重威胁，以及食品安全事件屡屡发生的背景下，越来越多的企业尝试有机生产方式，原因在于企业认为有机食品比普通食品具有更健康、更安全和更环保的特点，能更好地满足消费者对食品更高层次的需求，具有较大的溢价空间。但与此同时，有机特有的生产方式也意味着高成本，消费者愿意为有机食品支付的溢价程度决定了企业以高价格抵消高成本并保持一定利润空间这一策略的可行性。研究消费者对有机食品的支付意愿，对于有机企业的生存乃至有机食品行业的可持续发展具有重要的意义。

有机食品溢价问题一直以来备受学界关注，国内外已有大量相关的研究文献，主要内容集中在有机食品 WTP 的大小及其影响因素的研究上（尹世久等，2015；李翔等，2015；尹世久等，2008；Krystallis 和 Chryssohoidis，2005；Louriero 等，2001）。随着研究的进展，研究者发现消费者在面临频繁爆发的食品安全事件及消费者对环境保护和动物福利等新需求兴起的背景下，包括食品安全、环境保护和动物福利等属性在消费者的评估价值中占有越来越重要的地位（Ortega 等，2011；Yu 等，2014；Xu 等，2012；Lagerkvist 和 Hess，2011）。不同于普通食品，有机食品作为一种信任产品，在生产过程中包含的食品安全风险水平、环境保护和动物福利等质量信息无法在购买或消费过程中反映出来（Moser 等，2011）。

从企业的角度来看，消费者对有机食品的 WTP 是否受消费者对有机食品的食品安全和环境保护等信任属性评价的影响仍有待确认。若受到影响，则消费者对这些属性的评价将为企业在产品营销上提供有用的决策依据。此外，信任属性最终要转化为 WTP 还取决于消费者对有机食品标签的信任水平（Akaichi 等，2012），但鲜有文章直接探讨标签信任对有机食品 WTP 的影响机制。因而，本章将重点考察有机食品属性评价和标签信任对消费者支付意愿的影响。

4.2 理论框架与假说

4.2.1 属性评价对有机食品支付意愿的影响机制

基于属性—效用理论和消费者效用最大化理论，消费者将选择不同属性水平的食品。假定消费者的间接效用函数为 $V(m,p,a,z)$，其中 $V(\bullet)$ 表示消费者的间接效用函数，m 为收入，p 为普通食品价格，a 为食品属性向量，z 为其他影响消费者效用的因素。假定在市场上的食品包括有机食品和普通食品，有机食品的价格为 $p+t$。假设市场是完全竞争和均衡的，信息是对称的情况下，则 t 为消费者愿意为有机食品支付的金额。当消费者选购有机食品时，效用的变化主要来源于有机食品比普通食品具有更高的属性水平，假设属性水平的变化为 l，根据 CVM 对支付意愿推断的基本原理，消费者在消费普通食品时需要给予一定的货币形式的补偿来维持效用不变，因而有：

$$V\left(m,p,a,z\right)=V(m,p+t,a+l,z) \tag{4.1}$$

假设属性水平的变化非常小，$V(m,p+t,a+l,z)$ 可以写成一阶近似表达式：

$$V\left(m,p+t,a+l,z\right)\approx V\left(m,p,a,z\right)+\frac{\partial V\left(m,p,a,z\right)}{\partial p}t+\frac{\partial V\left(m,p,a,z\right)}{\partial a}l \tag{4.2}$$

联合式（4.1）和式（4.2），可以得到：

$$\mathrm{WTP}=t=-\frac{\partial V\left(m,p,a,z\right)/\partial a}{\partial V\left(m,p,a,z\right)/\partial p}l \tag{4.3}$$

与普通食品相比，有机食品具有更高的食品安全和环境保护属性。对于消费者而言，有机食品的食品安全和环境保护属性不可观测，只能与普通食品相比之后对属性做出评价。根据式（4.3），由于价格的边际效用为负，WTP 与属性评价水平的符号同方向。

基于以上分析，本章提出以下假说。

假说 1：消费者对有机食品的食品安全属性评价正向影响 WTP。

假说 2：消费者对有机食品的环境保护属性评价正向影响 WTP。

4.2.2　标签信任对有机食品支付意愿的影响机制

假设消费者认为在有机市场上同时存在真实的有机食品和假冒有机食品（普通食品），消费者感知到的真实有机食品占比为 *Pr*，普通食品占比为（1-*Pr*）。由于消费者是基于对有机食品标志的信任度来判断有机食品真实性的，因此消费者感知市场上存在的真实有机食品的概率为 *Pr*（*trust*），普通食品的概率为 1-*Pr*（*trust*），消费者对有机食品信任度越高，则相信有机食品的占比越高，$\frac{\partial Pr(trust)}{\partial trust}>0$。消费者购买 x 单位有机食品的预期效用为：

$$EV=Pr(trust)\,V(m,p,a+l,z)+[1-Pr(trust)]\,V(m,p,a,z) \tag{4.4}$$

式（4.4）可写成：

$$EV=Pr(trust)[V(m,p,a+l,z)-V(m,p,a,z)]+V(m,p,a,z) \tag{4.5}$$

将式（4.5）写成 $EV[Pr(trust),m,p+wtp,a,a+l,z]=EV_0$

假设信任水平的变化非常小，令 $EV[Pr(trust+\Delta trust),m,p+wtp,a,a+l,z]=EV_1$，因而，$EV_1$ 可以写成一阶近似表达式：

$$EV_1\approx EV_0+\frac{\partial EV_0}{\partial p}wtp+\frac{\partial EV_0}{\partial Pr}\frac{\partial Pr(trust)}{\partial trust}\Delta trust \tag{4.6}$$

联合式（4.4）和式（4.6），可以得到：

$$wtp/\Delta trust=-\frac{\partial EV_0/\partial Pr}{\partial EV_0/\partial p}\frac{\partial Pr(trust)}{\partial trust} \tag{4.7}$$

根据式（4.5）可得 $\frac{\partial EV_0}{\partial Pr}=V(m,p,a+l,z)-V(m,p,a,z)>0$，由于价格的边际效用为负，因此方程式（4.7）中 $wtp/\Delta trust$ 为正值。

据此，本章提出假说 3：消费者对有机食品标志的信任水平正向影响 WTP。

4.3 计量模型

Hanemann 等（1991）在单边界二分法的基础上提出双边界二分法，认为相比单边界二分法，双边界二分法针对第一次出价的反应（肯定 / 否定），增设一个更高（更低）的投标值选项，收集到了更多关于 WTP 的信息，可以有效提高 WTP 估计的统计效率。该方法目前为 CVM 研究支付意愿中的主流方法。因此，本章使用双边界二分法来引导 WTP。

双边界二分法对 WTP 均值的估计通常使用 Biprobit 模型。令 t_1 为第一次投标值，t_2 为第二次投标值。消费者的四种回答情况：（yes，yes）、（yes，no）、（no，yes）和（no，no），相应 WTP 落入区间分别为 WTP $\geqslant t_2$，$t_1 \leqslant$ WTP $< t_2$，$t_2 \leqslant$ WTP $< t_1$，WTP $< t_2$（Haab 和 McConnell，2002）。

双边界二分法常用的 WTP 计量模型为：

$$\mathrm{WTP}_{ji} = \beta X_{ji} + \varepsilon_{ji} \tag{4.8}$$

其中，WTP_{ji} 为第 i 个消费者，j=1, 2，代表第一次和第二次的回答。X 为可观察变量 m, p, a, z 的函数。

每种回答情况的概率分别为：

$$\begin{aligned} Pr(\text{yes, yes}) &= Pr\left(WTP_{1j} \geqslant t_1, WTP_{2j} \geqslant t_2\right) \\ &= Pr(\beta X_{1i} + \varepsilon_{1i} \geqslant t_1, \beta X_{2i} + \varepsilon_{2i} \geqslant t_2) \end{aligned}$$

$$\begin{aligned} Pr(\text{yes, no}) &= Pr\left(WTP_{1j} \geqslant t_1, WTP_{2j} < t_2\right) \\ &= Pr(\beta X_{1i} + \varepsilon_{1i} \geqslant t_1, \beta X_{2i} + \varepsilon_{2i} < t_2) \end{aligned}$$

$$\begin{aligned} Pr(\text{no, yes}) &= Pr\left(WTP_{1j} < t_1, WTP_{2j} \geqslant t_2\right) \\ &= Pr(\beta X_{1i} + \varepsilon_{1i} < t_1, \beta X_{2i} + \varepsilon_{2i} \geqslant t_2) \end{aligned}$$

$$\begin{aligned} Pr(\text{no, no}) &= Pr\left(WTP_{1j} < t_1, WTP_{2j} < t_2\right) \\ &= Pr(\beta X_{1i} + \varepsilon_{1i} < t_1, \beta X_{2i} + \varepsilon_{2i} < t_2) \end{aligned}$$

将每个消费者所有的回答情况纳入到似然方程，则有：

$$\begin{aligned} L_i\left(\beta X_{ji} \mid t\right) = {} & Pr\left(\beta X_{1i} + \varepsilon_{1i} \geqslant t_1, \beta X_{2i} + \varepsilon_{2i} \geqslant t_2\right)^{YY} \times Pr\left(\beta X_{1i} + \varepsilon_{1i} \geqslant t_1, \beta X_{2i} + \right. \\ & \left. \varepsilon_{2i} < t_2\right)^{YN} \times Pr\left(\beta X_{1i} + \varepsilon_{1i} < t_1, \beta X_{2i} + \varepsilon_{2i} \geqslant t_2\right)^{NY} \times Pr(\beta X_{1i} + \varepsilon_{1i} \\ & < t_1, \beta X_{2i} + \varepsilon_{2i} < t_2)^{NN} \end{aligned} \tag{4.9}$$

其中，当回答为（yes，yes）时，YY=1，否则 YY=0；当回答为（yes，no）时，YN=1，否则 YN=0；当回答为（no，yes）时，NY=1，否

则 NY=0；当回答为（no，no）时，NN=1，否则 NN=0。

假定随机误差项 ε_{1i} 和 ε_{2i} 分别服从均值为 0，方差为 $\sigma_1^{\ 2}$ 和 $\sigma_2^{\ 2}$ 的正态分布，相关系数 ρ 为两次 WTP 函数误差项的协方差。则式（4.9）可通过似不相关 Biprobit 模型来进行估计（Cameron 和 Quiggin，1994）。据此，可以得到常数 α^* 和系数 $\beta_m^{\ *}$、$\beta_b^{\ *}$、$\beta_a^{\ *}$、$\beta_z^{\ *}$，并计算出 WTP 的均值：

$$E(\text{WTP}) = -\frac{\alpha^* + \beta_m^{\ *'}E(m) + \beta_a^{\ *'}E(a) + \beta_z^{\ *'}E(z)}{\beta_a^{\ *}} \tag{4.10}$$

其中，$\beta_m^{\ *}$、$\beta_b^{\ *}$、$\beta_a^{\ *}$ 和 $\beta_z^{\ *}$ 分别为可观察的收入、投标值、属性和其他外生影响变量的估计系数。$E(\cdot)$ 代表相应变量的均值。

4.4 问卷与数据

4.4.1 问卷设计

根据本章的研究目的，选择消费者熟知且日常购买的规格为 5kg 的袋装大米，设置“是否以大米为主食且主要承担家庭食品的购买”问题来筛选样本。本章设定 11 套不同的投标值，初始投标值的设定采取经验设定方法，投标值的范围以普通大米价格（每 500 克 3 元）为最小投标值，以实际市场有机大米溢价的 1.3 倍为最大投标值（每 500 克 14.7 元）。根据 Cooper（1993）的研究，较高投标值为初始投标值的 2 倍，较低投标值为初始投标值的 0.5 倍。

4.4.2　数据描述

问卷实际调查于 2015 年 8 月 20 日通过网上调查方式进行。问卷投放地区仅针对北京，共回收 809 份问卷，删除答题时间过短和与样本筛选设置题前后矛盾的样本问卷，总样本有效问卷 744 份，问卷有效率为 91.97%。调查样本的基本特征如表 4-1 所示。

表 4-1　调查样本的基本特征

变量	类别	数量	百分比（%）	变量	类别	数量	百分比（%）
年龄	25 周岁及以下	179	24.06	婚姻状态	已婚	483	64.92
	26~35 周岁	375	50.40		未婚	253	34.01
	36 周岁及以上	190	25.54		其他	8	1.08
性别	男	340	45.70	职业	学生	86	11.56
	女	404	54.30		企业员工	416	55.91
受教育水平	初中及以下	19	2.55		家庭主妇	11	1.48
	高中及中专	66	8.87		公务员及事业单位员工	154	20.70
	大专及本科	542	72.85		自由职业者	71	9.54
	硕士及以上	117	15.73		离退休人员	6	0.81
家庭月总收入（元）	(0,5 000]	155	20.83	是否有 12 周岁以下小孩	没有	369	49.60
	(5 000, 11 000]	254	34.14		有	375	50.40
	(11 000, 21 000]	199	26.75	是否有 65 周岁以上老人	没有	481	64.65
	(21 000, +)	136	18.28		有	263	35.35

资料来源：笔者根据问卷调查归纳整理。

根据表 4-1 的统计结果，样本的年龄在 26~35 周岁的比例达到 50.40%，35 周岁以下的比例高达 74.46%，这与我国上网人群偏年轻化特征相符，这一样本特征使得本章的分析偏向于年轻消费群体。从性别来看，女性占比较大，为 54.3%，这与现实生活中家庭主要购买者的角色是女性相符。受教育水平为大专及本科的占总体样本的 72.85%，家庭月总收入则主要集中在 5 000~21 000 元，已婚占比为 64.92%，这些比例高于其他类似的研究（Liu 等，2009），可能导致一定的样本偏差。根据样本调查，统计出四种回答情况，其中，NN、NY、YN 和 YY 的占比分别为 15.86%、16.53%、23.52% 和 44.09%。

4.5 实证分析

4.5.1 变量选择

根据本章的理论框架，WTP 受收入、价格、食品属性向量、信任水平及其他外生变量的影响。在具体的模型变量选取中，被解释变量为对初始投标值的回答（R_1）和第二次投标值的回答（R_2）。解释变量为家庭月总收入（税前）(*Income*)、初始投标值（Bid_1）、第二次投标值（Bid_2）、食品安全属性评价（*Saf*）、环境保护属性评价（*Env*）和有机食品标志的信任水平（*Trust*），其他解释变量包括年龄（*Age*）、婚姻状态（*Marriage*）、性别（女性，*Female*）、受教育水平（*Edu*）等消费者个体特征变量，以及家庭规模（*Familysize*）和是否有 12 周岁以下的小孩（*Child*），具体变量定义及描述性统计如表 4-2 所示。

表 4-2　模型选取变量定义及描述性统计

变量		变量定义	均值	标准差
被解释变量	R_1	1= 是，0= 否	0.676	0.468
	R_2	1= 是，0= 否	0.606	0.489

（续表）

变量		变量定义	均值	标准差
解释变量	Bid_1	初始投标值	5.533	3.347
	Bid_2	第二次投标值	6.144	4.752
	Age	1=25 周岁及以下，2=26~35 周岁，3=36 周岁及以上	1.751	0.890
	Marriage	1= 已婚，0= 其他	0.649	0.478
	Female	1= 女性，0= 其他	0.543	0.498
	Edu	1= 初中及以下，2= 高中及中专，3= 大专及本科，4= 硕士及以上	3.017	0.590
	Income	1=5 000 元及以下，2=5 000~11 000（含）元，3=11 000~21 000（含）元，4=21 000 元以上	2.425	1.014
	Familysize	人数	3.647	1.304
	Child	1= 是，0= 否	0.504	0.500
	Trust	1= 非常不信任，2= 比较不信任，3= 一般，4= 比较信任，5= 非常信任	3.610	0.916
	Saf	1= 完全不同意，2= 不同意，3= 不确定，4= 同意，5= 完全同意	3.762	0.936
	Env	1= 完全不同意，2= 不同意，3= 不确定，4= 同意，5= 完全同意	3.712	0.881

注：*Saf* 和 *Env* 分别用于调查消费者对“与普通大米相比，有机大米更安全”和“与普通大米相比，有机大米的生产更有利于环境保护”的同意程度。

4.5.2　实证模型

根据前文的理论假说，本章 Biprobit 模型设定[①]为：

$$R_1 = \alpha_0 + \alpha_1 Bid_1 + \alpha_2 Age + \alpha_3 Marriage + \alpha_4 Female + \alpha_5 Edu + \alpha_6 Income + \alpha_7 Household + \alpha_8 Child + \alpha_9 Trust + \alpha_{10} Saf + \alpha_{11} Env + \varepsilon_1$$

$$R_2 = \beta_0 + \beta_1 Bid_2 + \beta_2 Age + \beta_3 Marriage + \beta_4 Female + \beta_5 Edu + \beta_6 Income + \beta_7 Household + \beta_8 Child + \beta_9 Trust + \beta_{10} Saf + \beta_{11} Env + \varepsilon_2$$

① 由于 Elder（是否有 65 周岁以上老人）与年龄存在共线性，因此在模型中将其剔除。

4.5.3 实证结果

本章使用 stata12.0 软件估计 Biprobit 模型，估计结果详见表 4-3。相关系数在 1% 水平下显著，拒绝两个方程误差项不相关的原假设，因而可使用 Biprobit 模型估计。模型的卡方检验在 1% 水平下显著，表明模型拟合效果良好。

表 4-3 Biprobit 模型估计结果

变量	系数	标准误
$Bid_1\&Bid_2$	-0.085	0.0115***
Age	0.0498	0.0703
Marriage	0.0367	0.1150
Female	0.0184	0.0748
Edu	0.0198	0.0653
Income	0.147	0.0408***
Familysize	0.008	0.0317
Child	0.186	0.0980*
Trust	0.229	0.0468***
Saf	0.106	0.0554*
Env	0.147	0.0569**
常数项	-1.545	0.300***
ρ	0.198	0.067***
Log pseudolikelihood	-858.691	
WTP 均值 / 中位数	10.60	
95% 置信区间	9.32 ~ 12.59	
观测值	744	

注：***、**、* 分别代表在 1%、5% 和 10% 水平下显著。

由表 4-3 可知，*Bid*、*Income* 和 *Trust* 的系数在 1% 水平下显著，*Env* 的系数在 5% 水平下显著，*Child* 和 *Saf* 的系数在 10% 水平下显著。其中，本章关注包括食品安全属性评价、环境保护属性评价和对有机标签信任水平的评价。变量系数符号皆为正且显著，说明与普通大米相比，消费者对有机大米在食品安全和环境保护属性上的评价越高，则愿意为有机大米支付的金额越高，假说 1 和假说 2 成立。消费者在购买有机大米时，对有机食品标志越信任，则愿意为有机大米支付的金额越高，假说 3 成立。

4.6 结论与讨论

4.6.1 研究结论

本章基于属性—效用理论和消费者效用最大化理论，构建了消费者对有机食品支付意愿的理论模型，采取双边界二分式 CVM，以有机大米为例，通过网络调查获取北京地区 744 个消费者调查数据，检验属性评价和标签信任对有机食品支付意愿的影响机制，主要结论为：与普通大米相比，消费者对有机大米在食品安全和环境保护属性上的评价越高，则愿意为有机大米支付的金额越高；消费者在购买有机大米时，对有机食品标志越信任，则愿意为有机大米支付的金额越高。

4.6.2 管理启示

本章研究结论对有机食品企业标识管理的启示有以下两个方面。

（1）强化有机食品标志的食品安全和环境保护等质量属性。由于消费者对有机大米在食品安全和环境保护属性上的评价越高，其愿意为有机大米支付的意愿金额也越高，因此有机大米生产企业在营销产品时，强化消费者对有机大米提供的食品安全和环境保护属性的感知，能进一步提升消费者的支付意愿水平。

（2）企业应诚信地按照国家有关规定，严格执行有机生产标准，规范使用有机食品标志，采取相应的附加措施提升消费者对有机食品标志的信任水平。

4.6.3 局限与未来研究

本章基于属性—效用和效用最大化理论，构建了有机食品属性评价和信任对有机食品支付意愿的影响机制，但本章的研究仍然存在一些不足之处，这些不足也将成为后续研究改进和努力的方向。

（1）基于更细化属性的支付意愿比较研究。本章针对有机食品信任属性的研究主要选取的是环境保护和食品安全两大类属性，并证实了二者对有机食品的影响均为显著的正向影响，但却无法得知二者在有机食品支付意愿中的贡献占比。二者在有机食品支付意愿中的占比，对于回答“有机食品支付意愿主要驱动机制究竟是来自于消费者对环境保护的偏好，还是来自于对食品安全的担忧”的问题具有重要意义。未来研究可基于更细化属性的比较研究进一步探索此问题。

（2）强化信任对提升有机食品消费者偏好的措施及作用机制。本章得出消费者对有机食品标志的信任水平显著正向影响其对有机食品的支付意愿，证实了信任水平对有机食品偏好的重要作用，但究竟应通过何种具体措施提升其对有机食品标志的信任水平仍须进一步的研究。未来研究可结合现有关于有机食品标志使用的政策法规要求，探究其提升标志信任的具体措施及其效果和作用机制。

第 3 部分

有机食品信任属性的消费者偏好及其强化策略

第 5 章

消费者对有机食品属性偏好的驱动机制：利己 vs 利他

5.1 引言

众所周知，传统农业常常会在生产过程中涉及土地和其他资源利用、农药使用，以及生物多样性等方面对环境造成负向的外部性影响。区别于传统农业，有机农业在生产过程中拒绝使用化肥、生长调节剂、化学合成农药及转基因技术，通常被认为是有利于环境保护且能够减少负向外部性影响的生产方式（New Zealand's Ministry of Agriculture and Forestry，2008；Tuomisto 等，2012）。在面临资源短缺和环境污染的严峻形势下，我国于 20 世纪 90 年代开始采取并积极探索有机农业的生产方式，并经历了一个持续快速的发展时期（尹世久，2014；国家认证认可监督管理委员会，2014）。截至 2018 年末，我国已经拥有世界第三大的有机农业土地面积（313.5 万公顷[①]）和世界第四大的消费市场规模（零售额为 80.9 亿欧元）（Willer 和 Lernoud，2020）。此外，由于我国有机农业在整体农业中所占的市场份额比例和人均消费均较低，因此有机食品市场的发展潜力巨大。

随着我国居民的可支配收入水平和公众对食品安全问题关注度的不断

① 根据国家认证认可监督管理委员会在 2014 年 11 月发布的《中国有机产业发展报告》，在我国获得有机认证的土地面积中，大约有 130 万公顷的生产面向国内市场，其他大约 80 万公顷的生产则面向国外市场。

提高，消费者倾向于质量等级更高的食品（Yu 等，2014）。对于我国的消费者来说，市场上可获得的认证食品有三个等级，分别为无公害食品、绿色食品和有机食品（Chen 等，2014）。由于有机食品是我国食品认证体系中执行标准最为严格的食品，因此消费者有可能将有机食品视为在质量维度上具有较高私人属性的食品（例如，比普通食品更安全、口味更好和营养价值更高），并基于对有机食品的私人属性偏好选择购买有机食品。但严格来说，有机农业作为一种有利于资源环境保护的生产方式（Morgan 和 Murdoch，2000；Wier 等，2008），致使有机食品并非纯私人物品，而是一种带有公共属性（例如，环境和动物福利的改善等）的私人物品（Lusk 等，2007）。如果有机食品的需求也受消费者对有机食品公共属性的偏好驱动，那么意味着促使我国消费者购买有机食品的原动力，将可能同时来自消费者出于食品安全的私人目的和环境保护的公益目的这两种驱动机制。

现有关注消费者购买有机食品动机的研究已在消费者购买有机食品的利他（对公共属性的偏好）和利己（对私人属性的偏好）动机上达成共识（Durham，2007；Aertsens 等，2009）。但有关二者动机在解释有机食品需求的驱动力上哪种占据主导地位，仍有较大的争议。例如，有些研究发现驱动有机食品的购买主要是利己动机（Wier 等，2008；Griffith 和 Nesheim，2010），而有些研究则表明消费者购买有机食品的首要原因是环境准则（Durham，2007），消费者购买有机食品主要是由利他动机驱动（Bergès 等，2013）。考虑到已有关注消费者购买有机食品的动机在经验研究上的结论仍有较大争议，且据本人所知，目前国内尚无专门关注有机食品消费购买动机主导力量的实证研究，因而本章试图从支付意愿的角度入手考察消费者购买有机食品背后的驱动机制，从而揭示消费者购买有机食品是出于环境保护的公益目的，还是出于食品安全的私人目的。

购买动机对应的私人属性和公共属性很难直接从有机食品中分离，这给有机食品购买动机的定量评估带来了极大的挑战。在以往研究中，主要用以下两种方式来处理该问题。

（1）标签替代法。该方法将替代标签产品作为有机标签其中一种动机部分的替代物控制住利己或利他动机，并将有机标签的 WTP 与替代标签的 WTP 差值作为有机标签中未被替代动机部分的 WTP。例如，Bergès 和 Monier–Dilhan（2013）采用生态标签作为利他动机的替代物，并将有机标签的 WTP 与生态标签的 WTP 的差值作为有机标签中利己部分的 WTP。

（2）属性权衡法。该方法设计与利己或利他动机相对应的具体属性，采取选择实验诱导出相应属性的 WTP（Lusk 等，2007）。

由于第一种方式采用了有机标签其中一种动机部分的替代物，这种替代容易因评估对象的不一致导致最后诱导出的 WTP 差值并非有机标签中另一种动机部分的真实 WTP（例如，从生态标签中诱导出的 WTP 可能并不等于有机标签中利他属性的 WTP）。而第二种处理方式的缺陷则主要体现在如何具体选择利己属性和利他属性的类别及相应的水平设置问题上。

基于以上考虑，本章将主要采取双边界二分法（DBDC），通过组内和组间的调查样本设计及信息控制的方式诱导出消费者对有机食品中目标属性（环境保护属性或食品安全属性）的支付意愿，并在该支付意愿基础上考察消费者对有机食品的环境保护和食品安全等两种属性的偏好关系。本章将重点介绍以下内容：构建理论框架并提出假说，介绍验证假说的研究思路与具体的计算方法，说明数据来源，对结果进行分析，给出研究结论并进行讨论。

5.2　理论框架与假说

基于 McFadden（1974）提出的随机效用理论模型（Random Utility

Model，RUM），可将消费者 i 从有机食品中获得的效用分为确定项和随机项两部分，其中定义确定项为 V_i^{org}，而随机项为 e_i^{org}。

$$U_i^{org} = V_i^{org} + e_i^{org} \tag{5.1}$$

有机食品区别于普通食品的地方在于有机生产方式，因而，可将确定项 V_i^{org} 继续分为两部分，即消费者 i 从有机食品中获得与普通食品无差异的私人属性所带来的效用，以及有机食品因采取特有的生产方式所带来的额外效用。这种情形下，可将式（5.1）扩展成：

$$U_i^{org} = \beta_i X^{org} + \phi_i Z^{org} + e_i^{org} \tag{5.2}$$

式（5.2）中，X^{org} 和 Z^{org} 分别为有机食品提供的与普通食品无差异的私人属性和区别于普通食品生产方式所带来的额外属性。β_i 和 ϕ_i 则分别表示消费者 i 从有机食品中获得的私人属性（X^{org}）和额外属性（Z^{org}）的边际效用。

由于有机生产过程拒绝使用化肥、生长调节剂、化学合成农药和转基因技术，因此有机生产所带来的额外属性并非单纯体现在减少负向外部性影响的公共属性上，还包括非食品安全属性（如因有机生产方式所带来的食品营养和口味的提高）及食品安全属性等私人属性。参考 Lusk 等（2007）提出的经验模型，并在 Bougherara 和 Combris（2009）使用的经验模型基础上进行改进，可将式（5.2）改写为：

$$U_i^{org} = \beta_i X^{org} + (\gamma_i + \delta_i + \phi_i) Z^{org} + e_i^{org} \tag{5.3}$$

式（5.3）中 γ_i 和 δ_i 分别表示消费者对非食品安全属性（如营养和口味的提高）和食品安全属性等私人属性的边际效用，ϕ_i 则表示消费者对公共属性（环境保护）的边际效用。

本章研究的目的在于从消费者对有机食品，及其对从有机食品中分

离出的食品安全 $\delta_i Z^{org}$ 和环境保护属性 $\phi_i Z^{org}$ 的偏好及 WTP。从式（5.3）的效用中控制住有机食品与普通食品无差异的私人属性（$\beta_i X^{org}$）和区别于普通食品的生产方式所带来的额外属性中的非食品安全私人属性（$\gamma_i Z^{org}$），可诱导出 $(\delta_i Z^{org}+\phi_i Z^{org})$ 部分的 WTP，并将该部分诱导出的 WTP 定义为消费者对仅包括食品安全属性和环境保护属性的有机食品的额外支付意愿 WTP_{org}。在控制住 $\beta_i X^{org}$ 和 $\gamma_i Z^{org}$ 的基础上，由 $\delta_i Z^{org}$ 和 $\phi_i Z^{org}$ 整体中控制住 $\phi_i Z^{org}$ 之后诱导出对食品安全属性的 WTP（定义为 WTP_{saf}），反之，通过控制住 $\delta_i Z^{org}$ 并诱导出对环境保护属性的 WTP（定义为 WTP_{env}）。为了考察消费者对有机食品的支付意愿究竟是受利他还是利己动机的驱动，本章提出假说 1：消费者对食品安全属性的支付意愿大于对环境保护属性的支付意愿，即 $H0_1$。

$H0_1$：$WTP_{saf}=WTP_{env}$

Ha_1：$WTP_{saf}>WTP_{env}$

食品安全和环境保护是有机食品中两种重要的质量属性。本章采取条件估值法分别诱导二者 WTP 的方式可能导致存在嵌入效应（Embedding Effect）。嵌入效应指在多条件估值中，消费者对物品的估值大小取决于消费者面对的待评估对象究竟是以单独还是以整体物品的一部分的状态询问（Kahneman 和 Knetsch，1992；Bateman 等，1997）。与本章相关的嵌入效应即指消费者对整体有机食品的 WTP 将可能大于食品安全属性和环境保护属性在单独状态下的 WTP 的加总。为验证究竟是否存在嵌入效应，本章提出假说 2：消费者对有机食品中食品安全属性和环境保护属性二者的 WTP 加总大于对整体有机食品的 WTP，即 $H0_2$。

$H0_2$：$WTP_{org}=WTP_{env}+WTP_{saf}$

Ha_2：$WTP_{org}<WTP_{env}+WTP_{saf}$

5.3 研究方法

5.3.1 研究思路

为了验证有关消费者对有机食品属性偏好的两个假说，本章确定了以下三个研究思路。

首先，通过对消费者调查样本的设计，为消费者对有机食品不同属性的支付意愿（WTP）的组间比较和组内比较提供条件。

其次，具体选择大米和五花肉两种产品，采取双边界二分式 CVM 分别计算各消费者样本组对有机食品整体，以及对有机食品不同属性（主要是食品安全属性和环境保护属性）的 WTP。

最后，比较消费者对有机食品食品安全属性的 WTP 和消费者对有机食品环境保护属性 WTP，以验证假说 1；比较消费者对有机食品整体的 WTP，和消费者对有机食品食品安全属性 WTP 与有机食品环境保护属性的 WTP 之和，以验证假说 2。

5.3.2 研究设计与计算方法

5.3.2.1 消费者的调查样本设计

在多个条件价值评估的比较中，既可在同一个消费者样本组内进行，也可在不同消费者样本之间进行，前者为组内比较，后者为组间比较。在条件估值法（CVM）的调查样本设计中，二者各有利弊①。为了避免因调

① 与组间比较相比，组内比较由于与理论更契合且在统计上更具有解释力（Charness 等，2012），是现有关于多个条件价值评估的实验设计中最为流行的做法（Kahneman 和 Ritov，1994；Lusk 和 Schroeder，2004），并且，它特别关注信息对 WTP 的影响（Noussair 等，2004；Rozan 等，2004）。但是，在对待评估对象进行多步的不同处理（Multi-treatment）时，组内比较会带来一些严重的问题，例如，前面处理给后面评估问题所带来的遗留效应（Carry-Over Effect）（Bougherara 和 Combris，2009）。而组间比较可以减缓此类效应所带来的影响，但却强依赖于样本分配的随机性（Charness 等，2012；Bougherara 和 Combris，2009）。

查设计对研究结果可能造成的影响，本章采用了可同时进行组内比较和组间比较的调查样本设计。如果仅仅采用组内比较，只需一组消费者调查样本即可。由于主要比较对象包括 WTP_{env} 和 WTP_{saf} 两种，要实现组间比较，必须另外增设两组独立的消费者调查样本，因此共需设计三组消费者调查样本，如表 5-1 所示。

表 5-1　消费者的调查样本设计

消费者调查样本分组	G1	G2	G3
各组消费者样本需要通过调查获得的结果	$WTP1_{org}$	$WTP2_{org}$	$WTP3_{org}$
	$WTP1_{env}$	$WTP2_{env}$	$WTP3_{saf}$
	$WTP1_{saf}$		

注：WTP_{org} 是消费者对有机食品整体的支付意愿，WTP_{env} 是消费者对有机食品环境保护属性的支付意愿；WTP_{saf} 是消费者对有机食品食品安全属性的支付意愿。

资料来源：经笔者整理而得。

如表 5-1 所示，在进行组内比较时，可全部采用 G1 组调查样本的 WTP 计算结果进行比较；在进行组间比较时，则可采用 G1 组调查样本的 WTP 计算结果，分别与 G2 和 G3 组调查样本的 WTP 计算结果进行比较。具体地，针对假说 1（$H0_1$），可进行 G1 的 WTP_{env} 和 G1 的 WTP_{saf} 的组内比较，也可进行 G2 的 WTP_{env} 和 G3 的 WTP_{saf} 的组间比较；针对假说 2（$H0_2$），可进行 G1 的 WTP_{org} 和 G1 的 WTP_{env} 与 WTP_{saf} 之和的组内比较，也可进行 G1 的 WTP_{org} 和 G2 的 WTP_{env} 与 G3 的 WTP_{saf} 之和的组间比较。

5.3.2.2　WTP 的调查计算方法

本章主要采取 CVM 中的双边界二分法（DBDC）调查计算表 5-1 中所列的所有 WTP。其具体调查计算方法如下所示。

第一，在给定投标值下询问消费者对有机食品的购买选择。DBDC 一般须进行两轮的询问。首先，以普通食品为基础，对有机食品设定一个高于普通食品的价格（即投标值），询问消费者是否愿意购买，得到第一轮的消费者选择结果。然后，根据消费者的第一轮选择结果，进行第二轮询问。如果消费者第一轮选择“是”，则给出一个更高的价格，再次询问消费者是否愿意购买，得到消费者的第二轮选择结果；如果消费者第一轮选择“否”，则给出一个更低的价格，再次询问消费者是否愿意购买，得到消费者的第二轮选择结果。

由于本章主要调查消费者对有机食品整体及不同属性的消费偏好，因此在调查询问之前，需要对所调查的有机食品做出明确的界定：（1）有机食品是指包含了有机食品所有属性的有机食品，调查询问的结果用于计算 WTP_{org}；（2）有机食品是指仅包含了食品安全属性的有机食品（即这种有机食品在环境保护方面是与普通食品完全一样的），调查询问的结果用于计算 WTP_{saf}；（3）有机食品是指仅包含了环境保护属性的有机食品（即这种有机食品在食品安全方面是与普通食品完全一样的），调查询问的结果用于计算 WTP_{env}。

第二，根据每次询问（包括第一轮和第二轮）结果，估计以选择结果为因变量和以投标值为自变量的离散选择模型。

根据计算 WTP 的需要，本章采取仅有常数项和投标值的函数的 Biprobit 模型，具体的估计式为：

$$R_{1jk} = \alpha_{1jk} + \beta_{1jk} B_k^i + \varepsilon_{1jk} \tag{5.4}$$

$$R_{2jk} = \alpha_{2jk} + \beta_{2jk} B_k^{u(l)} + \varepsilon_{2jk} \tag{5.5}$$

其中，R_{1jk} 和 R_{2jk} 分别为第 j 个消费者对第 k 个评估对象的第一次投标值 B_k^i 和第二次投标值 $B_k^{u(l)}$ 的回答情况，当回答为 yes 时，取值为 1，其他为 0。α_{1jk} 和 α_{2jk} 为常数项，β_{1jk} 和 β_{2jk} 分别为 B_k^i 和 $B_k^{u(l)}$ 的系数，ε_{1jk} 和 ε_{2jk} 为随机误差项。假定随机误差项 ε_{1jk} 和 ε_{2jk} 分别服从均值为 0，方差为 ${\sigma_{1k}}^2$ 和 ${\sigma_{2k}}^2$ 的正态分布，相关系数 ρ_k 为第 k 个评估对象对应的两次 WTP 函数误差项的协方差。

当 k=1 时，评估对象为信息强化之后的普通有机食品；k=2 时，评估对象为经信息强化之后仅关注环境保护属性的有机食品；k=3 时，评估对象为经信息强化之后仅关注食品安全属性的有机食品。

式（5.4）和式（5.5）可通过似不相关法对 Biprobit 模型进行估计（Cameron 和 Quiggin，1994）。对两方程施加各系数一致的约束条件（$\alpha_{1k}=\alpha_{2k}=\alpha_k$；$\beta_{1k}=\beta_{2k}=\beta_k$）。

第三，根据模型估计结果计算 WTP 的平均值，并确定其置信区间。根据（Cameron 和 Quiggin，1994），各 WTP 平均值的计算公式如下：

$$E(\mathrm{WTP}_k)=-\frac{\alpha_k^*}{\beta_k^*} \tag{5.6}$$

其中，$E(\mathrm{WTP}_k)$ 为第 k 个评估对象对应的 WTP 均值，α_k^* 为第 k 个评估对象对应的常数项系数估计值，β_k^* 为第 k 个评估对象对应的投标值系数估计值。

此外，本章使用 Krinsky 和 Robb（1986）提出的蒙特卡洛模拟方法确定 WTP 的 95% 置信区间。

5.3.2.3　WTP 比较

在进行 WTP 比较之前，为了使比较的基础相对一致，必须先将 5.3.2.2 节中计算得到的各 WTP 的绝对值，转换为 WTP 的相对值，即相对于普通食品而言，各类有机食品的相对溢价率。具体计算公式如下：

$$PR(\%)=(\mathrm{WTP}-P)/P\times 100\% \tag{5.7}$$

其中，PR 为各类有机食品溢价率（%），P 为普通食品的单位价格。

根据调查样本设计和研究目的进行如下的 WTP 比较。

在验证假说 1 时，需要进行的比较有：组内比较（G1&G1），$\mathrm{WTP1}_{saf}$ 和 $\mathrm{WTP1}_{env}$；组间比较（G3&G2），$\mathrm{WTP3}_{saf}$ 和 $\mathrm{WTP2}_{env}$。

在验证假说 2 时，需要进行的比较有：组内比较（G1&G1），

$WTP1_{org}$ 与 $WTP1_{saf}$+$WTP1_{env}$； 组间比较（G1&G2&G3），$WTP1_{org}$ 与 $WTP3_{saf}$+$WTP2_{env}$。

为了提高比较的科学性，本章除了进行简单的平均数比较之外，还将采取样本均值 t 检验的办法。组内和组间的 WTP 比较分别采取配对和非配对的样本均值 t- 检验。

5.4 数据来源

5.4.1 消费者抽样及其样本特征

本章所用数据来源于作者在 2015 年 8 月 20 日至 9 月 3 日期间委托问卷星公司进行的在线网上问卷调查。调查对象先通过 IP 地址限定为北京市消费者；然后根据“主要承担家庭食物购买且有消费大米和五花肉”的问卷，筛选条件确定为对具体调查产品具有购买和消费行为的消费者；最后根据本章调查样本设计的要求，从满足组内比较和组间比较的需要出发，分别随机确定了 G1、G2 和 G3 三个消费者样本组。分组样本的统计学特征如表 5-2 所示。

表 5-2 分组样本的统计学特征

变量		G1	G2	G3	北京统计年鉴数据（b）
年龄（a）		31.425 （7.829）	31.659 （7.832）	31.758 （9.209）	38.578
家庭规模（a）		3.717 （1.210）	3.578 （8.307）	3.645 （1.330）	2.531
性别	男	48.58%	39.36%	49.19%	50.12%
	女	51.42%	60.64%	50.81%	49.88%

（续表）

变量		G1	G2	G3	北京统计年鉴数据（b）
婚姻状态	已婚	65.18%	66.67%	62.90%	—
	未婚	33.60%	32.53%	35.89%	—
	其他	1.21%	0.80%	1.21%	—
受教育水平	初中及以下	4.45%	2.01%	1.21%	40.59%
	高中	6.88%	9.24%	10.48%	22.38%
	大学	71.26%	73.49%	73.79%	32.73%
	硕士及以上	17.41%	15.26%	14.52%	4.82%
家庭税前月总收入（元）	（0,5 000]	20.04%	19.68%	22.58%	7 484
	（5 000, 11 000]	35.22%	35.34%	31.85%	
	（11 000, 21 000]	27.53%	25.70%	27.02%	
	（21 000, +）	17.00%	19.28%	18.55%	
职业	学生	12.55%	8.84%	13.31%	—
	公司职工	59.11%	55.42%	53.23%	—
	公务员	16.19%	24.10%	21.77%	—
	其他	12.15%	11.65%	11.69%	—
是否有 12 周岁以下小孩	是	52.23%	50.60%	48.39%	—
	否	47.77%	49.40%	51.61%	—
是否有 65 周岁以上老人	是	34.41%	37.75%	33.87%	—
	否	65.59%	62.25%	66.13%	—
观测值		247	249	248	—

注：（a）给出的值为变量均值，括号内为标准差；（b）数据基于北京 2015 的统计年鉴计算而得。

资料来源：经笔者计算整理而得。

5.4.2　调查内容及调查误差控制

（1）调查对象产品的具体化

为了准确获得消费者对有机食品、有机食品的食品安全属性和环境保护属性的消费偏好，降低消费者选择判断的困难性，提高消费者选择判断的真实性和可靠性 WTP，在调查中我们不仅将食品具体化为大米和五花肉，还给出了产品的数量和规格，即具体化为 5kg 的袋装大米和规格为 500g 的新鲜五花肉。

（2）假想偏差的控制

由于 CVM 中设计的情景不可能等同于消费者所处的真实情景，二者的差异不可避免地将导致假想偏差。在情景设计中，消费者面对普通食品和有机食品两种不同的食品类型，为控制和减少条件估值法中常出现的假想偏差，设计问卷时以图片形式向消费者展示这种具体的区别（具体见图 5-1），并以描述性文字“假定您和平时一样，在自己熟悉的超市或网店等渠道选购大米 / 五花肉。现在市场上有两种类型的大米 / 五花肉产品供您选择，分别为……”[①]模拟消费者所处的真实市场和所面对的消费选择，以

食品类型	普通食品类型	有机食品类型
袋装大米（规格：5kg）		
五花肉（规格：500g）		

图 5-1　大米和五花肉的普通及有机食品类型

① 符号“/”表示“或”的关系，若无特别说明，本章内容的此符号所表示的含义相同。符号“……”表示根据对不同的两种产品类型进行比较涉及的具体产品类型描述，详细的描述性内容见附录的问卷版本。

及用描述性文字“如果您选择购买额外加贴品牌商标 / 有机标签的大米 / 五花肉，则您每月用于食品的费用将会因对额外加贴品牌商标 / 有机标签的大米 / 五花肉的额外支付而减少您花在其他食品上的费用”等提醒消费者注意消费预算约束。

（3）评估对象的信息控制

由于从有机食品中很难分离出私人属性和公共属性，本章主要采取信息控制[①]的方式来达到这种分离效果。本章在设计问卷时通过采取描述性文字和特别提示信息的方式达到控制有机食品中不同属性的目的，共分为两个步骤。首先，设置了控制式（5.3）中有机食品与普通食品无差异的私人属性（$\beta_i X^{org}$），以及区别于普通食品的生产方式所带来的额外属性中的非食品安全私人属性（$\gamma_i Z^{org}$）。以大米为例，本章以描述性文字“现在市场上有两种类型的大米产品供您选择，分别为普通的袋装大米和贴有机产品标签的袋装大米。这两种类型的大米在品种、产地和外观上均无明显差别，能看到的区别仅在于有没有加贴有机产品标签”，以及增加特别提示信息“根据有关规定，有机食品可能比普通食品具有更高的食品安全水平，且其生产过程更有利于资源环境保护”，诱导出$(\delta_i Z^{org}+\phi_i Z^{org})$部分的 WTP，即 WTP_{org}。其次，在与 WTP_{org} 相同的信息基础上，分别增加特别提示“假定有机食品生产与普通食品对资源环境的影响完全相同，但具有更高的食品安全水平”和“假定有机食品与普通食品具有完全相同的食品安全水平，只是其生产过程更有利于资源环境保护”，诱导出 WTP_{saf} 和

① 由于本章研究的一个重要假设在于提供控制有机食品属性的信息是有效的，已有研究表明信息本身（Information Effect Per Se）和信息内容都可能会对 WTP 产生影响。本章在对诱导 WTP_{org}、WTP_{env} 和 WTP_{saf} 时提供了不同程度的信息内容，其中针对 WTP_{env} 和 WTP_{saf} 的诱导是在对 WTP_{org} 的信息内容基础上额外增加了不同的控制信息。由于本章在诱导 WTP_{org}、WTP_{env} 和 WTP_{saf} 时都提供了信息，因此信息本身对 WTP 变化的影响可视为一种系统性的影响，对本章关注的有机食品在不同信息状态下 WTP 变化程度之间的比较及其结论并不产生实证性的影响。

WTP_{env}。

（4）投标值设计

第一轮投标值B^i的设定采取经验设定方法[①]，投标值的范围以普通食品的市场价格为最小投标值，相较于普通食品，以有机食品实际市场溢价的1.3倍之和为最大投标值。

第二轮投标值则根据以下原则设定。如果消费者对初始投标值的选择为是（否），则在接下来的问题中向消费者投放相应的更高（更低）的投标值，根据 Cooper（1993）的研究，较高投标值为初始投标值的两倍，较低投标值为初始投标值的一半[②]。

5.4.3 调查实施及其结果统计

调查是通过给选中的消费者提供线上调查问卷的方式完成的。根据调查样本分组，每位调查者只能回答其所在消费者样本组的调查问卷。每位消费者相应的第一轮投标值均由系统从事先设定相应的 11 套投标值中随机生成。消费者在回答面对投标值的意愿选择的核心问题时，为了保证其回答之前有足够的时间阅读相应的场景设置说明，系统设置了最短答题时间，消费者只有在最短答题时间过后方能回答下一个问题。当消费者回答完所有问卷的问题，必须正确输入由系统随机产生的验证码后才可正式提

① 初始投标值的确立主要通过预调查和专家小组讨论的方式进行，共分为三个步骤：首先，笔者于 2015 年 6 月通过对北京市海淀区包括城乡仓储、超市发和沃尔玛等多家超市的实地调查，获取普通食品价格信息，并最终确定普通大米价格为每 500 克 3 元，普通五花肉价格为每 500 克 13 元。其次，由于在实地调查过程中发现有机大米和有机五花肉在超市的普及率不高，笔者于 2015 年 6 月 14 日在包括本来生活网、京东和沱沱工社等国内有机食品电商销售平台上收集有关有机大米 / 有机五花肉等产品的价格信息，最终确定有机大米的溢价为每 500 克 9 元，有机五花肉的溢价为每 500 克 35 元。最后，通过课题组专家小组讨论的方式确立设定 11 套不同的投标值。

② 这里的投标值指溢价，在实际向消费者投放的投标值则是有机大米 / 五花肉的整体价格，须扣除在普通食品上的价格（其中，普通大米和普通五花肉的价格分别为每 500 克 3 元和 13 元）之后才能满足初始投标值和二次投标值（较高 / 较低）的数量关系。

交问卷。

整个调查过程历时两周时间。共收到消费者回答问卷 809 份，删除答题时间过短和与样本筛选设置题存在矛盾的问卷，得到有效问卷 744 份，其中 G1、G2 和 G3 各组的有效问卷分别为 247 份、249 份和 248 份，有效问卷占回收问卷的比率分别为 91.82%、91.88% 和 92.13%。

表 5-3 给出了消费者针对其相应的投标值是否购买问题的回答情况的统计结果。其中，YY 的频数在所有的 DBDC 调查中都出现偏高的现象[①]，大约占所有样本的 40%，同一 DBDC 下大米的所有 YY 比例均高于五花肉。

表 5-3　消费者在相应投标值下选择是否购买的统计结果

DBDC		大米				五花肉			
		NN	NY	YN	YY	NN	NY	YN	YY
$DBDC_{org}$ (G1)	频数	36	45	54	112	55	34	61	97
	百分比（%）	14.57	18.22	21.86	45.34	22.27	13.77	24.70	39.27
$DBDC_{org}$ (G2)	频数	45	36	56	112	57	41	51	100
	百分比（%）	18.07	14.46	22.49	44.98	22.89	16.47	20.48	40.16
$DBDC_{org}$ (G3)	频数	37	42	65	104	57	43	47	101
	百分比（%）	14.92	16.94	26.21	41.94	22.98	17.34	18.95	40.73
$DBDC_{env}$ (G1)	频数	47	46	47	107	54	45	48	100
	百分比（%）	19.03	18.62	19.03	43.32	21.86	18.22	19.43	40.49
$DBDC_{env}$ (G2)	频数	59	39	37	114	77	32	37	103
	百分比（%）	23.69	15.66	14.86	45.78	30.92	12.85	14.86	41.37
$DBDC_{saf}$ (G1)	频数	54	31	44	118	66	36	45	100
	百分比（%）	21.86	12.55	17.81	47.77	26.72	14.57	18.22	40.49

① 在 DBDC 研究中较高的 YY 比例意味着可能存在肯定性偏差，说明设计的初始投标值范围有可能对于消费者而言偏窄且左偏，最终导致低估消费者真实的 WTP。

（续表）

DBDC		大米				五花肉			
		NN	NY	YN	YY	NN	NY	YN	YY
$DBDC_{saf}$ (G3)	频数	46	45	48	109	64	38	47	99
	百分比（%）	18.55	18.15	19.35	43.95	25.81	15.32	18.95	39.92

注：NN、NY、YN 和 YY 分别代表由 DBDC 两个问题统计得到的四种回答情况，（no, no）、（no, yes）、（yes, no）和（yes, yes）。其中，$DBDC_{org}$、$DBDC_{env}$ 和 $DBDC_{saf}$ 分别指采取双边界二分法（DBDC）对包含了有机食品所有属性的有机食品、仅包含食品安全属性的有机食品和仅包含环境保护属性的有机食品的偏好选择问题。DBDC 括号内为其所在的样本组。

资料来源：经笔者计算整理而得。

5.5 结果分析

5.5.1 Biprobit 模型估计结果、WTP 均值及其溢价率

根据本章计算 WTP 均值时使用对 Biprobit 模型（Constant-only Bid Function）的设定（自变量仅包括投标值），具体的模型变量定义及描述性统计如表 5-4 所示。

运用 Stata12.0 软件，根据式（5.4）和式（5.5）的估计，得到各 Biprobit 模型的估计结果（见表 5-5）。由表 5-5 可知，除大米 G2 的 WTP_{org}、大米 G1 的 WTP_{env} 和五花肉 G1 的 WTP_{org} 等模型中相关系数 ρ 不显著之外，大米 G1 和 G3 的 WTP_{org} 相关系数 ρ 分别在 10% 和 5% 水平下显著，其他相关系数 ρ 则均在 1% 的水平下显著，这表明大部分的 Biprobit

表 5-4　Biprobit 模型变量定义及描述性统计

食品类型	变量		变量定义		$DBDC_{org}$			$DBDC_{env}$		$DBDC_{saf}$	
					G1	G2	G3	G1	G2	G1	G3
大米	因变量	R1	对初始投标值的回答：1= 是，0= 否	均值	0.672	0.675	0.681	0.623	0.606	0.656	0.633
				标准差	0.470	0.469	0.467	0.485	0.490	0.476	0.483
		R2	对第二次投标值的回答：1= 是，0= 否	均值	0.636	0.594	0.589	0.619	0.614	0.603	0.621
				标准差	0.482	0.492	0.493	0.487	0.488	0.490	0.486
	自变量	B1	初始投标值	均值	5.443	5.625	5.530	5.552	5.458	5.751	5.522
				标准差	3.307	3.346	3.398	3.402	3.299	3.621	3.349
		B2	第二次投标值	均值	5.966	6.139	6.327	5.540	5.502	5.869	5.542
				标准差	4.495	4.459	5.269	3.611	3.817	3.976	3.653
五花肉	因变量	R1	对初始投标值的回答：1= 是，0= 否	均值	0.640	0.606	0.597	0.599	0.562	0.587	0.589
				标准差	0.481	0.490	0.492	0.491	0.497	0.493	0.493
		R2	对第二次投标值的回答：1= 是，0= 否	均值	0.530	0.566	0.581	0.587	0.542	0.551	0.552
				标准差	0.500	0.497	0.494	0.493	0.499	0.498	0.498
	自变量	B1	初始投标值	均值	23.888	23.729	23.285	23.661	23.329	23.314	23.333
				标准差	14.080	13.324	13.368	13.582	13.527	13.529	13.549
		B2	第二次投标值	均值	24.387	24.421	23.564	23.028	23.567	23.326	23.713
				标准差	17.195	16.799	15.552	14.037	17.533	15.109	17.046

表 5-5 Biprobit 模型估计结果

食品类型	变量	WTP_{org}			WTP_{env}		WTP_{saf}	
		G1	G2	G3	G1	G2	G1	G3
大米	常数项	0.947*** （0.1181）	0.823*** （0.1160）	0.609*** （0.1057）	1.033*** 0.1258	0.750*** 0.1168	1.023*** 0.1221	1.030*** 0.1216
	$B_1^i\&B_1^{u(i)}$	−0.095*** （0.0171）	−0.080*** （0.0160）	−0.044*** （0.0142）	−0.129*** （0.0192）	−0.085*** （0.0172）	−0.117*** （0.0170）	−0.125*** （0.0183）
	ρ	0.330* (0.1095)	0.436 (0.0988)	0.217** (0.1097)	0.451 (0.1016)	0.596*** (0.0808)	0.633*** (0.0841)	0.418 (0.1021)
	Log pseudolikelihood	−299.9347	−308.9132	−319.9860	−298.0309	−304.6967	−285.7627	−297.6631
	Wald chi2	30.56	25.06	9.42	44.69	24.48	47.36	47.01
	Prob > chi2	0	0	0.0022	0	0	0	0
	观测值	247	249	248	247	249	247	248
五花肉	常数项	0.966*** （0.1248）	0.817*** （0.1204）	0.792*** （0.1193）	1.020*** （0.1285）	0.580*** （0.1155）	0.719*** （0.1230）	0.714*** （0.1185）
	$B_1^i\&B_1^{u(i)}$	−0.031*** （0.0045）	−0.025*** （0.0042）	−0.024*** （0.0042）	−0.033*** （0.0047）	−0.019*** （0.0039）	−0.023*** （0.0044）	−0.023*** （0.0041）
	ρ	0.417 （0.1016）	0.468*** （0.0944）	0.480*** （0.0929）	0.441** （0.0996）	0.870*** （0.1330）	0.562*** （0.0840）	0.551*** （0.0866）
	Log pseudolikelihood	−302.0749	−312.5155	−311.7785	−301.1292	−305.7963	−309.7175	−312.0711
	Wald chi2	48.23	34.87	32.55	49.49	23.42	27.78	29.76
	Prob > chi2	0	0	0	0	0	0	0
	观测值	247	249	248	247	249	247	248

注：（1）括号内为稳健标准误差；（2）***、**、* 分别代表在 1%、5% 和 10% 水平下显著。

模型拒绝了两个方程误差项不相关的原假设，可使用 Biprobit 模型估计①。所有的 Biprobit 模型的卡方检验均在 1% 水平下显著（$Prob > chi2=0$），这表明所有的 Biprobit 模型均具有良好的拟合效果。投标值 $B_1^i \& B_1^{u(l)}$ 的系数符号均在 1% 水平下显著为负，这说明消费者对投标值的接受程度随着投标值的升高而下降，投标值在反映消费者对评估对象的偏好上具有良好的性质。以上分析说明，这些模型估计结果可用于计算 WTP 的均值。

根据表 5-5 的 Biprobit 模型估计出的系数，先通过式（5.6）计算出大米和五花肉情景下不同评估对象的 WTP 均值；然后根据 Krinsky 和 Robb（1986）提出的蒙特卡洛模拟方法进行 50 000 次模拟计算出相应 WTP 的 95% 置信区间；最后根据表 5-6 的 WTP 均值与普通食品价格的信息，采用式（5.7）可计算得到每个 WTP 的溢价率。其结果如表 5-6 所示。

由表 5-6 可知，从 WTP 均值来看，消费者愿意为有机五花肉支付比有机大米更多的金额，其中大米类型下的 WTP_{org}（G1、G2 和 G3 分别为 10.01、10.29 和 13.94），均小于五花肉类型下的 WTP_{org}（G1、G2 和 G3 分别为 31.10、33.20 和 33.06）。但由于普通大米和普通五花肉的价格存在差异，进一步从更具比较基准的 WTP 溢价率来看，相比普通食品类型，消费者愿意为有机大米支付的溢价率大于有机五花肉②。整体而言，消费者愿意为有机大米支付超过 230% 的溢价率，而有机五花肉的溢价率仅为 139.23%~154.31%。

① 相关系数 p 反映出两次回答是否相关。若 p 不显著为 0，则两次回答相关，估计时应采取 Biprobit 模型。若 p 显著为 0，则两次回答不相关，可将两次回答合并，采取 probit 模型估计。鉴于本章的大部分模型都检测到两次回答的相关性，为了使计算出的 WTP 及 WTP 比较所用的基准一致，本章统一使用 Biprobit 模型估计。

② 这一结论与传统的研究有所不同，已有研究表明，相比非生鲜食品，生鲜食品更容易暴露在化学残留物中，具有较高的食品安全风险，因而消费者愿意对生鲜食品支付更多的额外金额（Yiridoe 等，2005；Sriwaranun 等，2015）。导致消费者对有机大米支付的溢价率大于有机五花肉，可能的解释在于相比五花肉，大米作为主食具有两个主要特征，消费频率较高且消费弹性较低，在同类食品中较难替代，消费者更关心有机生产方式在大米食品安全属性中的风险降低问题，进而相比有机五花肉，消费者更愿意为有机大米支付更多的额外金额。

表 5-6　大米和五花肉各 WTP 的均值、置信区间和溢价率

WTP	均值与溢价率（%）	大米			五花肉		
		G1	G2	G3	G1	G2	G3
WTP_{org}	均值	10.01（8.39,12.87）	10.29（8.44,13.73）	13.94（10.13,28.39）	31.10（26.86,36.64）	33.20（27.85,40.78）	33.06（27.52,41.10）
	溢价率	233.67	243.00	364.67	139.23	155.38	154.31
WTP_{env}	均值	8.03（6.94,9.58）	8.83（7.14,11.74）	—	30.63（26.63,35.88）	30.46（23.32,40.33）	—
	溢价率	167.67	194.33	—	135.62	134.31	—
WTP_{saf}	均值	8.75（7.49,10.50）	—	8.22（7.10,9.80）	30.73（25.07,38.82）	—	31.57（25.75,39.75）
	溢价率	191.67	—	174.00	136.38	—	142.85
观测值		247	249	248	247	249	248

注：（1）均值括号内为 WTP 的 95% 的置信区间；（2）溢价率 =（WTP－普通食品类型的单位价格）÷ 普通食品类型的单位价格 ×100%，其中普通大米和普通五花肉的价格分别为每 500 克 3 元和 13 元；（3）“—” 表示无此项对应值。

资料来源：经笔者计算整理而得。

5.5.2 消费者对食品安全和环境保护属性的支付意愿比较

表 5-7 给出了大米和五花肉在组内和组间的调查样本设计中，消费者对食品安全和环境保护属性的 WTP 溢价率及其对假说 1 的检验结果。

表 5-7 消费者对食品安全和环境保护属性的 WTP 溢价率及其对假说 1（$H0_1$）的检验结果

WTP	大米		五花肉	
	组内 G1&G1	组间 G2&G3	组内 G1&G1	组间 G2&G3
WTP_{env}	167.67 （0.426）	194.33 （3.011）	135.62 （0.324）	134.31 （0.487）
WTP_{saf}	191.67 （0.452）	174.00 （0.580）	136.38 （0.467）	142.85 （0.424）
对 $H0_1$ 的 t- 检验结果	6.071***	−1.044NS	0.213NS	2.084**

注：（1）括号内为溢价率的标准差，主要采取对 WTP 进行 1 000 次模拟计算而得；（2）组内和组间的比较分别采取配对和非配对的 t- 检验；（3）t- 检验结果的值主要为单边 t- 值；（4）*** 和 ** 分别表示在 1% 和 5% 显著水平下拒绝原假设；（5）NS 表示 t- 检验结果不能拒绝原假设。

资料来源：经笔者计算整理而得。

对于大米而言，组内检验拒绝原假设 $H0_1$ 并支持备择假设 Ha_1，这表明消费者愿意为有机大米中的食品安全属性支付比环境保护属性更高的额外金额。虽然没有发现样本的人口统计学变量整体上在组间存在特别明显的差异，但是组间检验不能拒绝原假设 $H0_1$（见表 5-8）。考虑到组内设计强依赖于样本的随机性，而本章的实验设计中无法直接检测不同组别对于属性偏好的差异。但从消费者对有机食品的 WTP 来看，大米在 G3 的 WTP_{org} 显著不同于其他两组（见表 5-9），这可能意味着消费者在组间存在的异质性偏好最终导致组间检验不能拒绝原假设。若排除由 G3 不同于其他两组的消费者偏好异质性所带来的影响，则可认为消费者愿意为有机大米中的食品安全属性支付比环境保护属性更高的金额。

表 5-8　不同组别人口统计学特征变量的差异检验结果：t- 检验和 χ^2- 检验

非配对 t- 检验							
变量	组别	t- 值	P 值	变量	组别	t- 值	P 值
年龄	G1&G2	0.332	0.740	家庭规模	G1&G2	1.192	0.234
	G1&G3	0.433	0.665		G1&G3	0.625	0.532
	G2&G3	0.130	0.897		G2&G3	0.552	0.581
χ^2- 检验							
变量	组别	Chi- 值	P 值	变量	组别	Chi- 值	P 值
性别	G1&G2	4.284**	0.038	职业	G1&G2	9.752*	0.083
	G1&G3	0.019	0.892		G1&G3	8.517	0.130
	G2&G3	4.873**	0.027		G2&G3	3.448	0.631
婚姻状态	G1&G2	0.293	0.864	是否有 12 周岁以下的小孩	G1&G2	0.131	0.717
	G1&G3	0.286	0.867		G1&G3	0.7298	0.393
	G2&G3	0.885	0.642		G2&G3	0.2439	0.621
受教育水平	G1&G2	3.587	0.310	是否有 65 周岁以上的老人	G1&G2	0.599	0.439
	G1&G3	7.210*	0.066		G1&G3	0.0162	0.899
	G2&G3	0.736	0.865		G2&G3	0.8137	0.367
家庭税前月总收入	G1&G2	0.529	0.912				
	G1&G3	0.912	0.822				
	G2&G3	1.061	0.787				

注：** 和 * 分别代表在 1% 和 5% 水平下显著。

资料来源：经笔者计算整理而得。

表 5-9　大米和五花肉各类型有机食品 WTP 在组别上的差异检验

WTP	大米			五花肉		
	G1&G2	G1&G3	G2&G3	G1&G2	G1&G3	G2&G3
WTP_{org}	0.1512	0	0	0	0.0420	0.8902
WTP_{env}	0.1688	—	—	0.7251	—	—
WTP_{saf}	—	0.0002	—	—	0.1077	—

注：表中数值为双边非配对的 t- 检验统计值相应的概率值。

资料来源：经笔者计算整理而得。

针对五花肉，组间检验拒绝原假设 $H0_1$ 并支持备择假设 Ha_1，这表明消费者愿意为有机五花肉中的食品安全属性支付比环境保护属性更多的额外金额。尽管 G1 的 WTP_{org} 显著不同于其他两组的情况（见表 5-9），但导致组内检验不能拒绝原假设 $H0_1$ 的原因与消费者异质性无关。五花肉在 G1 中的 WTP_{org} 和 WTP_{saf} 并无显著的统计学差异，而 WTP_{org} 和 WTP_{env} 却存在显著的统计学差异（见表 5-10），这意味着消费者从 WTP_{org} 基础上转化到食品安全属性上，并没有明显改变 WTP，但却在转化到环境保护属性上明显减少了 WTP。因此，针对五花肉，消费者对有机五花肉中的食品安全属性所愿意支付的金额大于环境保护属性。

表 5-10　G1 各类型有机食品 WTP 的差异检验

备择假设	大米		五花肉	
	t 值	p 值	t 值	p 值
$WTP_{org} > WTP_{env}$	14.861	0	1.294	0.0985
$WTP_{org} > WTP_{saf}$	9.245	0	0.808	0.2098

注：t 值和 p 值分别为单边配对 t- 检验统计值和相应的概率值。

资料来源：经笔者计算整理而得。

5.5.3　有机食品不同属性支付意愿之间的嵌入效应

由于在大米和五花肉的组内组间检验中的 t- 检验结果均拒绝了原假设 $H0_2$，并支持了备择假设 Ha_2（见表 5-11），因此本章对食品安全属性和环境保护属性在单独状态和二者作为有机食品的一部分时的关系存在稳健的嵌入效应这一研究结论，与大多数已有研究的结论一致（Sælensminde，2003；Ojea 和 Loureiro，2009）。嵌入效应的发生被认为是与传统的希克斯需求理论不一致，且常常会在条件估值中对公共物品偏好的诱导造成诸多困难（Bateman 等，1997）。

本章存在的嵌入效应可由 Kahneman 和 Knetsch（1992）提出的道德满足理论（Moral Satisfaction Theory）解释。当消费者在对非市场公共物品

（本章提到的环境保护属性）进行评估时，可能触发消费者对环境保护的道德满足感使得消费者过于关注环境保护属性本身而忽略了在给定干预条件下的属性变化水平，进而导致对环境保护属性 WTP 的高估。消费者对环境保护属性的高估，最终会导致消费者对环境保护属性和食品安全属性的 WTP 加总大于整体有机食品的 WTP。

表 5-11　组内和组间设计中各 WTP 的溢价率及其对假说 2（HO_2）的检验结果

WTP	大米		五花肉	
	组内 G1&G1	组间 G1&G2&G3	组内 G1&G1	组间 G1&G2&G3
WTP_{env}	167.67 （0.426）	194.33 （3.011）	135.62 （0.324）	134.31 （0.487）
WTP_{saf}	191.67 （0.452）	174.00 （0.580）	136.38 （0.467）	142.85 （0.424）
WTP_{org}	233.67 （0.553）	233.67 （0.553）	139.23 （0.297）	139.23 （0.297）
对 $H0_2$ 的 t- 检验结果	42.645***	11.928***	57.064***	50.533***

注：（1）括号内为溢价率的标准差，主要采取对 WTP 进行 1 000 次模拟计算而得；（2）$H0_2$ 涉及 WTP_{org} 在比较时将 G1 组设为基准组；（3）组内和组间的比较分别采取配对和非配对的 t- 检验；（4）t- 检验结果的值主要为单边 t- 值；（5）*** 和 ** 分别表示在 1% 和 5% 显著水平下拒绝原假设。

资料来源：经笔者计算整理而得。

5.6　结论与讨论

5.6.1　研究结论

不同于普通食品，有机食品是一种具有公共属性的非纯私人物品。考察消费者究竟愿意为有机食品中的私人属性（如口味、健康和食品安全等）和公共属性（如环境保护、动物福利等）各支付多少金额，对有机食品需求的驱动机制及外部性能否通过私人支付机制内部化问题的理解和认识至关重要。由于考察购买动机对应的私人属性和公共属性很难直接从有机食品中分离，因此导致有机食品购买动机的定量评估存在极大的挑战。与以往研究采取的标签替代法和属性权衡法不同，. 本章采取了基于组内组间设计和信息控制的方式诱导消费者对有机食品中目标属性（环境保护属性或食品安全属性）的支付意愿，并在诱导出支付意愿的基础上考察消费者对有机食品的环境保护和食品安全等两种属性的偏好关系，主要结论如下。

（1）通过组内设计和组间设计的比较和检验，本章研究发现在有机大米和有机五花肉中，相比环境保护属性，消费者更偏好于食品安全属性，更愿意为食品安全支付更多的金额。这一结论意味着消费者购买有机大米和有机五花肉受利己的驱动大于利他，消费者购买有机大米和有机五花肉更多地出自食品安全的私人目的，而非环境保护的公益目的。

（2）本章的实验设计亦证实了多条件估值法中存在的嵌入效应，即消费者对环境保护属性和食品安全属性各自独立的 WTP 加总大于整体有机食品的 WTP。当消费者在面对环境保护属性的询问过程中由于“道德满足”而提高对环境保护属性的评估价值，进而高估了消费者对环境保护属性的支付意愿，会导致消费者对环境保护属性和食品安全属性的 WTP 加总大于整体有机食品的 WTP。

5.6.2　管理启示

本章研究发现，消费者愿意为有机食品的食品安全和环境保护等信任属性支付额外的金额，且消费者对有机食品的食品安全属性所愿意支付的金额大于环境保护属性。对于企业的标识策略而言，有以下两点重要的启示。

首先，有机企业可基于消费者对有机食品多属性偏好的特征进行消费市场细分。本章的研究发现，食品安全属性和环境保护属性作为有机食品的两种重要信任属性，二者在消费者对有机食品的价值评估中占有重要的作用。由于食品安全和环境保护是两种截然不同的食品属性，因此有机企业可将消费者对有机食品这两种属性的偏好作为细化有机食品消费市场的重要依据，并进一步在细分的有机食品消费市场中有针对性地展开有机食品的营销。

其次，有机企业在营销有机食品时，短期内仍可侧重有机食品的食品安全属性的营销策略，但长期应培育消费者对环境保护的意识，加强宣传有机生产方式对环境保护的作用。尽管有机企业实践有机农业的最终目的在于环境保护且能够减少负向外部性的影响，但本章的研究发现，从消费者的偏好看，消费者购买有机食品主要出于食品安全的私人目的而非出于环境保护的公益目的。这意味着从有机农业可持续发展的角度看，目前有机农业发展的主要动力与最初发起有机农业实践的初衷存在矛盾。有机农业目前的盈利模式主要依靠消费者在对整体食品安全担忧的背景下对有机食品的食品安全属性偏好，但有机企业要想真正实现长期可持续发展，培养消费者对环境保护的意识及引导消费者最终愿意为有机食品的环境保护属性支付足够的金额势在必行。有机企业在营销时应有意识地加强宣传有机生产方式对环境保护的作用，强化消费者对有机食品的环境保护属性偏好，为长期可持续发展的盈利模式打下坚实的基础。

5.6.3 局限与未来研究

本章还存在许多不足和可以改进的地方，主要包括三个方面。

（1）样本推广问题。本章通过网上调查所获取样本的分布特征与北京统计年鉴的人口特征存在较大的偏差，在由该样本所得的结果推计总体时，并不适合推广至北京的所有消费者。未来研究可增加样本范围，对结论的稳健性做进一步的检验。

（2）固有信念的影响。由于本章假定情景中针对目标属性提供的信息对消费者的作用是有效的，而忽视了消费者固有信念的作用。如果消费者固有信念具有更强的影响，那么仅通过在研究中特别设计的信息，对消费者属性分离评估的作用将十分有限。未来研究可进一步设计在控制固有信念下对属性分离评估的实验，其合理和改进的设计方案将对结论的有效性具有重要影响。

（3）顺序偏差的问题。理论上，只要向消费者询问多于 1 个数量的价值评估问题，都会存在顺序偏差。本章对消费者询问了多个数量的价值评估问题，处于后面的评估对象容易在多价值评估问题的环境中受前面其他问题的影响，不可避免地导致评估的结果存在顺序偏差。未来研究可进一步设置题项问答顺序的随机性，尽可能控制顺序偏差的影响。

第6章

信任对有机食品消费者偏好的强化效果与作用机制

6.1 引言

有机食品具有“信任品”特征，其食品安全、环境保护和动物福利等信用属性在有机食品的价值评估中均占有重要的地位（Yu 等，2014；Xu 等，2012；Ortega 等，2011；Lagerkvist 和 Hess，2011）。有机标签制度通过引入第三方认证的方式，试图将消费者无法在购买和消费中反映出的“信任属性”转化为可见的“搜寻属性”（Moser 等，2011），旨在缓解生产者与消费者之间信息不对称的问题。已有研究表明，消费者对有机食品的不信任是导致有机食品低支付意愿的主要原因之一（Akaichi 等，2012；Marchesini 等，2012；尹世久等，2008；尹世久等，2013），这会对有机食品的整体消费产生诸多不利的影响（Krystallis 和 Chryssohoidis，2005；Grunert，1992；Kristiansen 和 Grunert，1990）。如何重塑和提升消费者对有机食品的信任水平，对提高有机食品的支付意愿，促进有机食品消费具有重要的意义。

食品可追溯制度被认为是有效防范食品安全风险的重要手段之一（Van Rijswijk 和 Frewer，2008）。可追溯体系通过对产品的定位和追踪，在一定程度上为消费者提供了有关生产过程的信息（Verbeke，2005），是增强消费者食品安全信心的重要方法（Gellynck 等，2006）。我国在 2012 年 3 月 1 日发布的新版《有机产品认证实施规则》中规定，所有的有机食品企业应建立相应的可追溯体系，并在食品上加贴向消费者提供可追溯信息查询和验证真伪渠道的有机码。那么，在我国有机食品因不信任问题导致支付意愿低的现实背景下，有机码的引入能否在短时间内提升消费者的信任水平，增强消费者偏好呢？

虽然以往研究发现了消费者信任对其偏好或购买决策具有显著影响（Hobbs 和 Goddard，2015；Roosen 等，2015），但鲜有研究能从理论上对信任如何强化消费者偏好的作用机制进行解释。此外，现有文献缺乏对有机标签的消费者信任问题的系统研究（尹世久等，2017；尹世久等，2013），在我国现实背景下，关于对如何提升消费者信任，以及对偏好作用机制的研究更是少之又少。鉴于此，本章以有机食品加贴有机码为例，构建出信任对消费者偏好影响的理论模型，采取双边界二分式 CVM，基于 Biprobit 模型考察因信任问题致使有机标签失效的情况下，有机食品企业通过加贴有机码的附加措施能否有效提升消费者对有机食品的信任水平，进而增强支付意愿，并进一步估计出边际效应系数，分析信任对消费者偏好的作用机制及其影响。

6.2 理论框架与假说

Lancaster（1966）的属性—效用理论认为消费者的效用来自于消费者对食品提供一系列属性的综合评价。消费者在既定的预算约束条件下，从食品属性中最大化地满足自身效用，其效用的满足程度最终决定了消费者对食品的价值评估。假定消费者的间接效用函数为 $V(m,p,a,z)$，其中 $V(\bullet)$ 表示消费者的间接效用函数，m 为收入，p 为普通食品价格，a 为食品属性向量，z 为其他影响消费者效用的因素。假定市场上的食品包括有机食品和普通食品，有机食品的价格为 $p+t$。在信息对称的情况下，t 为消费者愿意为有机食品支付的金额。当消费者选购有机食品时，效用的变化主要来源于有机食品比普通食品具有较高的属性水平，假设属性水平变化为 l。根据 CVM 对支付意愿推断的基本原理，可推出：

$$\text{WTP}=t=-\frac{\partial V\left(m,p,a,z\right)/\partial a}{\partial V\left(m,p,a,z\right)/\partial p}l \tag{6.1}$$

有机标签的作用在于缓解生产过程中的信息不对称，消费者对有机标签的信任水平体现在消费者在多大程度上相信加贴有机标签的食品为真正有机食品的主观判断。在消费者对有机标签不信任的情况下，消费者认为市场上加贴有机标签的食品并不都是真正的有机食品，而是可能存在一定比例的假冒有机食品（普通食品）。假设消费者感知到加贴有机标签的食品为真实有机食品的占比为 Pr，而假冒有机食品的占比为（$1-Pr$）。信任的作用在于消费者对各主体按有机标准加贴标识的相关行为具有一定的乐观预期倾向（Roosen 等，2015）。消费者判断有机食品真实性的概率主要来源于对加贴有机标识涉及主体行为的信任，消费者感知市场上存在真正有机食品的概率为 Pr（$trust$），普通食品的概率则为 $1-Pr$（$trust$）。消费者对各主体行为的信任度越高，其相信市场上加贴了有机标签的食品为真正有机食品的概率感知越高，即$\partial Pr\left(trust\right)/\partial trust>0$，据此可得消费者购买 x 单位有机食品的预期效用为：

$$EV_0=Pr\,(trust)\,V\,(m,p\,,a+l,z)+\left[\,1-Pr\,(trust)\,\right]\,V(m,p,a,z) \tag{6.2}$$

式（6.2）可进一步写成：

$$EV_0=Pr(trust)\left[\,V(m,p,a+l,z)-V(m,p,a,z)\,\right]+V(m,p,a,z) \tag{6.3}$$

由式（6.3）可知，当消费者对各主体行为完全信任时，则 Pr=100%，消费者认为加贴了有机标识的食品都是真正的有机食品，购买有机食品的

预期效用则为 $V(m,p+t,a+l,z)$，WTP 则为式（1）。当消费者对各主体行为完全不信任时，则 Pr=0，消费者认为加贴了有机标识的食品都不是真正的有机食品，购买有机食品的预期效用与普通食品的效用无差异，即 $V(m,p,a,z)$；当 WTP 则为 0。当消费者对各主体行为不完全信任时，则 0<Pr<100%；当消费者认为加贴了有机标识的食品中有一定的比例可能为真正的有机食品时，购买有机食品的预期效用则为式（6.3）。

当有机食品额外加贴有机码时，消费者可通过相应的验证渠道查询可追溯信息，确保有机食品的真实性，避免购买假冒有机食品造成的效用损失。附加有机码可视为增强消费者信任度，降低购买不确定性的一种附加措施。

据此，提出假说 1：有机食品加贴有机码可增强消费者对有机食品的信任水平。

假设有机食品加贴有机码后信任水平的变化非常小，令 $EV[Pr(trust+\Delta trust), m, P+\text{WTP}, a, a+l, z]=EV_1$，因而，$EV_1$ 可以写成一阶近似表达式：

$$EV_1 \approx EV_0 + \frac{\partial EV_0}{\partial p}\text{WTP} + \frac{\partial EV_0}{\partial Pr}\frac{\partial Pr(trust)}{\partial trust}\Delta trust \tag{6.4}$$

联合式（6.2）和式（6.4），可得：

$$\text{WTP} = -\frac{\partial EV_0/\partial Pr}{\partial EV_0/\partial p}\frac{\partial Pr(trust)}{\partial trust}\Delta trust \tag{6.5}$$

根据式（6.3）可得 $\partial EV_0/\partial Pr=[V(m,p,a+l,z)-V(m,p,a,z)]>0$，由于价格的边际效用为负，式（6.5）中 WTP 与有机码所带来的信任变化 $\Delta trust$ 同方向变动。若假说 1 成立，则 $\Delta trust$ 为正，WTP 亦为正。

据此，提出假说 2：消费者对加贴有机码后的信任变化正向影响加贴有机码的有机食品的支付意愿。

6.3 研究方法

双边界二分式 CVM 在单边界二分式 CVM 基础上，增设一个更高（更低）的投标值选项，可以收集到关于 WTP 更多的信息，进而有效提高 WTP 估计的统计效率（Hanemann 等，1991）。令 B^i 为第一次投标值，B^u 为第二次较高的投标值，B^l 为第二次较低的投标值。消费者对两次投标值的回答，分别为（yes，yes）、（yes，no）、（no，yes）和（no，no），对应 WTP 落入投标值划分区间的情况为 WTP$\geqslant B^u$、$B^i\leqslant$WTP$<B^u$、$B^l\leqslant$WTP$<B^i$ 和 WTP$<B^l$（Haab 和 McConnell，2002）。假设 WTP 的累积概率密度分布（CDF）为 $G\left(B^*;\theta\right)$，B^* 为对应的投标值，θ为待估计的未知参数。四种回答的概率分别为 Pr (yes, yes)=Pr ($WTP\geqslant B^u$) =1−$G(B^u;\ \theta)$、Pr (yes, no)=Pr ($B^i\leqslant$WTP$<B^u$)=G (B^u; θ)−G (B^i; θ)、Pr (no, yes)=Pr ($B^l\leqslant$WTP$<B^i$) =G (B^i; θ) − G (B^l; θ) 和 Pr (no, no)=Pr ($WTP<B^l$)=G (B^l; θ)。将每个消费者所有的回答情况纳入似然方程，则：

$$L_i\left(\theta\right)=\left[1-G\left(B^u;\theta\right)\right]^{YY}\times\left[G\left(B^u;\theta\right)-G\left(B^i;\theta\right)\right]^{YN}\times\left[G\left(B^i;\theta\right)-G\left(B^l;\theta\right)\right]^{NY}\times G\left(B^l;\theta\right)^{NN} \tag{6.6}$$

其中，回答为（yes，yes）时，YY=1，否则 YY=0；回答为（yes，no）时，YN=1，否则 YN=0；回答为（no，yes）时，NY=1，否则 NY=0；回答为（no，no）时，NN=1，否则 NN=0；可通过极大似然法估计参数 θ。

假设 θ服从正态分布，可将参数 θ的估计转化为 Probit 模型的系数估计。双边界二分式 CVM 有两个投标值，涉及两个二元选择方程，常将 WTP 的模型设为仅含常数项和投标值的函数（Hanemann 等，1991），设定以下 Biprobit 模型：

$$R_{1j} = \alpha_{1j} + \beta_{1j}B^{i} + \varepsilon_{1j} \tag{6.7}$$

$$R_{2j} = \alpha_{2j} + \beta_{2j}B^{u(l)} + \varepsilon_{2j} \tag{6.8}$$

其中，R_{1j}和R_{2j}分别为第j个消费者对第一次投标值B^{i}和第二次投标值$B^{u(l)}$的回答情况，当回答为 yes 时，取值为 1，其他为 0。α_{1j}和α_{2j}为常数项，β_{1j}和β_{2j}分别为B^{i}和$B^{u(l)}$的系数，ε_{1j}和ε_{2j}为随机误差项。假定随机误差项ε_{1j}和ε_{2j}分别服从均值为 0，方差为${\sigma_1}^2$和${\sigma_2}^2$的正态分布，相关系数ρ为两次 WTP 函数误差项的协方差。式（6.7）和式（6.8）可通过似不相关法对 Biprobit 模型进行估计（Cameron 和 Quiggin，1994），计算出 WTP 的均值：

$$E(\text{WTP}) = -\frac{\alpha^{*}}{\beta^{*}} \tag{6.9}$$

其中，α^{*}为常数项系数的估计值，β^{*}为投标值系数的估计值。

因真实的 WTP 分布无法观测，估算时通常须事先对分布进行假定。采取 Biprobit 模型的分布假定主要有 Normal 和非负的 Log-Normal 两种。一般情况下，有机食品价格高于普通食品，通常假定 WTP 为非负的 Log-Normal 分布，在 Log-Normal 分布下，式（6.7）和式（6.8）的投标值取对数，相应式（6.9）的 WTP 均值为$exp(-\frac{\alpha^{*}}{\beta^{*}}+0.5\sigma^{2})$，WTP 的中位数为$exp(-\frac{\alpha^{*}}{\beta^{*}})$。本章对 WTP 均值及中位数的置信区间估计采取 Krinsky 和 Robb（1986）使用的蒙特卡洛模拟方法。

6.4 问卷设计与数据来源

6.4.1 问卷设计

问卷主要考察消费者对有机码带来的信任变化，以及加入有机码前后消费者偏好的变化。首先，通过双边界二分式 CVM 询问消费者对普通有机食品的偏好；其次，在消费者阅读有机码信息卡（主要包括有机码的定义、编码含义和功能等内容）之后，以“如果可追溯有机码能得到很好的实施与执行，您是否会更加信任市场上的有机食品”直接询问加贴有机码后消费者对有机食品的信任变化（*Trust_var*）；最后，通过双边界二分式 CVM 询问消费者对加贴有机码的有机食品的偏好。

为降低消费者判断的困难，准确获取消费者对有机食品的消费偏好，本章选择食品具体化为 5kg 袋装大米和 500g 新鲜五花肉，并以图片形式向消费者展示有机食品与普通食品的区别。问卷中以文字形式向消费者描述所处的市场和所面对的消费选择，并通过提醒消费者注意消费预算约束等方式控制假想偏差。

本研究通过预调查与专家小组讨论的方式确立了 11 套不同的投标值（见表 6-1）。首先，采取经验法设定初始投标值 B^i，其中，投标值范围以基准类型食品的市场价格为最小投标值，以基准类型食品的市场价格与比较类型食品溢价的 1.3 倍之和为最大投标值；其次，根据 Cooper（1993）的研究，将每套投标值中较高投标值 B^u 设为初始投标值 B^i 的 2 倍，将较低投标值 B^l 设为初始投标值 B^i 的 0.5 倍。

表 6-1　双边界二分式 CVM 的初始投标值

编号	1	2	3	4	5	6	7	8	9	10	11
普通有机大米	3.1	3.2	3.3	3.5	3.7	3.9	4.5	5.4	6.0	9.0	14.7
加贴有机码的有机大米	12.1	12.2	12.3	12.4	12.5	12.6	12.9	13.5	14.4	15.6	17.2
普通有机五花肉	13.2	13.5	14.0	14.6	15.4	16.9	19.5	23.4	28.6	39.0	58.5
加贴有机码的有机五花肉	48.2	48.5	48.8	49.2	49.8	50.6	51.9	54.5	58.4	67.5	79.2

注：普通大米和普通五花肉的价格分别为每 500 克 3 元和 13 元。

资料来源：笔者根据预调查整理而得。

6.4.2　调查实施与数据描述

调查组于 2015 年 8 月 20 日开展实际问卷调查，于 2015 年 9 月 3 日结束，共回收 538 份问卷，删除与样本筛选设置矛盾和答题时间过短的样本问卷，总样本有效问卷 495 份，问卷有效率为 92%。根据表 6-2，与北京统计年鉴的数据[①]相比，调查样本偏向于具有更年轻、已婚、受教育水平高、收入水平较高及家庭规模较大等特征。

根据消费者对双边界二分式 CVM 两次投标值回答的情况，统计出四种回答类型的结果（见表 6-3）。由表 6-3 可知，在消费者对所有类型食品的四种回答中，YY 的比例均高于其他三种回答类型。从 YY 的频数和百分比看，消费者对加贴有机码后的有机食品回答均大于对应的普通有机食品。消费者对有机大米两种类型食品的回答均大于对五花肉在相应食品类型下的回答。

① 需要注意的是，本章调查样本所得的结果在推计总体时，并不适合推广至北京的所有消费者。

表 6-2　调查样本的人口统计学特征

变量		调查样本	北京统计年鉴数据（2）	变量		调查样本	北京统计年鉴数据
年龄（1）		31.59(8.541)	38.59	受教育水平	初中及以下	2.83%	40.59%
性别	男	48.89%	50.12%		高中	8.69%	22.38%
					大学	72.53%	32.73%
	女	51.11%	49.88%		硕士及以上	15.96%	4.82%
婚姻状态	已婚	64.04%	—	家庭税前月总收入（元）	（0，5 000］	21.41%	7 484
	未婚	34.75%			（5 000，1 000］	33.54%	
	其他	1.21%			（11 000，21 000］	27.27%	
职业	学生	12.93%	—		（21 000，+）	17.78%	
	公司职工	56.16%		是否有 12 周岁以下小孩	是	50.30%	—
	公务员	1.21%			否	49.70%	
	其他	29.70%		是否有 65 周岁以上老人	是	34.14%	—
家庭规模		3.68	2.53				
		(1.271)			否	65.86%	
观测值		495					

注：（1）给出的值为变量均值，括号内为标准差；（2）数据基于北京 2015 的统计年鉴计算而得。

资料来源：经笔者整理而得。

表 6-3　双边界二分式 CVM 四种回答情况的结果统计

食品类型	频数与百分比（%）	有机大米				有机五花肉			
		NN	NY	YN	YY	NN	NY	YN	YY
普通有机食品	频数	65	70	108	208	112	77	108	198
	%	14.41	15.52	23.95	46.12	22.63	15.56	21.82	40.00
加贴有机码的有机食品	频数	57	36	102	300	119	66	79	231
	%	11.52	7.27	20.61	60.60	24.04	13.33	15.96	46.67

注：NN、NY、YN 和 YY 分别代表四种回答情况，(no, no)、(no, yes)、(yes, no) 和 (yes, yes)。

资料来源：由笔者计算整理而得。

根据前文的理论框架，支付意愿受价格、收入、信任水平及其他外生变量的影响。在具体考察信任对支付意愿影响的模型中，被解释变量为对普通有机食品的初始投标值的回答（*R*11）和第二次投标值的回答（*R*21），以及加贴有机码的有机食品的初始投标值的回答（*R*12）和第二次投标值的回答（*R*22）。解释变量中信任变量分别选取消费者认为加贴了有机标识就是真正有机食品概率的感知（*Trust_per*），以及有机码带来的信任变化（*Trust_var*）作为代理变量。其他的控制变量包括家庭税前月总收入（*Income*）、初始投标值（$LBid_1^{org}$ 和 $LBid_1^{org+code}$）、第二次投标值（$LBid_2^{org}$ 和 $LBid_2^{org+code}$）、年龄（*Age*）、性别（女性，*Female*）、婚姻状态（*Marriage*）、受教育水平（*Edu*）、家庭规模人数（*Familysize*）、是否有 12 周岁以下的小孩（*Child*）、是否有 65 周岁以上老人（*Elder*）及有机食品的购买频率（*Shopfreq*）等。具体模型选取变量的描述性统计如表 6-4 所示。

表 6-4　模型选取变量的描述性统计

变量		变量定义	有机大米（n=495）		有机五花肉（n=495）	
			均值	标准差	均值	标准差
被解释变量	$R11$	对普通有机食品初始投标值的回答：1= 是，0= 否	0.70	0.458	0.62	0.486
	$R12$	对普通有机食品第二次投标值的回答：1= 是，0= 否	0.62	0.487	0.56	0.497
	$R21$	对加贴有机码的有机食品初始投标值的回答：1= 是，0= 否	0.81	0.391	0.63	0.484
	$R22$	对加贴有机码的有机食品第二次投标值的回答：1= 是，0= 否	0.68	0.467	0.60	0.490
解释变量	$LBid_1^{org}$	普通有机食品初始投标值的对数	1.46	0.334	3.03	0.473
	$LBid_2^{org}$	普通有机食品第二次投标值的对数	1.54	0.402	3.04	0.461
	$LBid_1^{org+code}$	加贴有机码的有机食品初始投标值的对数	2.59	0.110	4.00	0.155
	$LBid_2^{org+code}$	加贴有机码的有机食品第二次投标值的对数	2.63	0.154	4.01	0.159
	Age	年龄：周岁	31.59	8.541	31.59	8.541
	Female	1= 女性，0= 其他	0.51	0.500	0.51	0.500
	Marriage	1= 已婚，0= 其他	0.64	0.480	0.64	0.480
	Edu	1= 初中及以下，2= 高中及中专，3= 大专及本科，4= 硕士及以上	3.02	0.600	3.02	0.600
	Income	1=5 000 及以下，2=5 000~11 000（含），3=11 000~21 000（含），4=21 000 以上	2.41	1.014	2.41	1.014
	Familysize	家庭规模人数	2.68	1.271	2.68	1.271
	Child	1= 是，0= 否	0.50	0.500	0.50	0.500
	Elder	1= 是，0= 否	0.34	0.475	0.34	0.475
	Shopfreq	1= 几乎没有，2= 偶尔，3= 经常	1.93	0.802	1.87	0.831

（续表）

变量		变量定义	有机大米（n=495）		有机五花肉（n=495）	
			均值	标准差	均值	标准差
解释变量	*Trust_per*	对加贴有机标识食品为真正有机食品概率的感知（%）	70.42	29.877	70.42	29.877
	Trust_var	1= 肯定不会，2= 可能不会，3= 没变化，4= 可能会，5= 肯定会	4.37	0.636	4.37	0.636

资料来源：由笔者计算整理而得。

6.5 结果分析

6.5.1 信任水平与各主体行为信任度的相关性分析

在询问消费者“您认为市场上加贴有机食品标志的食品是否都是真正的有机食品”时，高达59.6%的消费者表示不完全信任。有机食品企业按照相关规定和要求在食品上加贴有机食品标志这一行为背后涉及监管机构、认证机构和有机认证企业等多个主体。表6-5的独立性检验和相关分析结果表明，消费者对有机食品标志的信任水平与监管机构、认证机构和生产厂商等各主体行为的信任水平不独立，相关系数均在0.4左右且存在显著的正向线性相关关系。这表明消费者对有机食品标志较低信任度的背后是消费者对有机认证体系所涉及的各主体行为的系统性不信任问题，与消费者对有机食品企业能否如实按照有机标准生产和规范使用有机食品标志、监管机构能否对有机食品市场起到有效监督监管作用，以及认证机构在认证过程中的业务和诚信操作等行为的信任度高度相关。

表 6-5　消费者对有机标识信任水平与对各主体行为信任水平的交叉分析和相关分析

单位：%

问题	选项	Trust_realorg		相关分析	
		是	否	独立性检验	相关系数
您信任监管机构对有机食品的监督监管吗	非常信任	73.75	26.25	$chi2$ = 87.39 p 值 = 0	0.418 p 值 =0
	比较信任	50.32	49.68		
	一般	32.73	67.27		
	不太信任	11.43	88.57		
	很不信任	0	100.00		
您信任有机产品认证机构的业务水平吗	非常信任	75.44	24.56	$chi2$ = 78.22 p 值 = 0	0.392 p 值 =0
	比较信任	53.71	46.29		
	一般	28.27	71.73		
	不太信任	16.07	83.93		
	很不信任	0	100.00		
您信任认证机构的认证流程及操作过程中的诚信水平吗	非常信任	80.00	20.00	$chi2$ =98.10 p 值 = 0	0.437 p 值 =0
	比较信任	57.89	42.11		
	一般	29.29	70.71		
	不太信任	15.00	85.00		
	很不信任	4.17	95.83		
您信任生产厂商按有机生产标准要求进行的生产吗	非常信任	77.55	22.45	$chi2$ = 81.92 p 值 = 0	0.400 p 值 =0
	比较信任	59.68	40.32		
	一般	33.69	66.31		
	不太信任	23.53	76.47		
	很不信任	3.03	96.97		
您信任生产厂商和流通机构能真实规范地使用有机产品标签吗	非常信任	74.58	25.42	$chi2$ =92.04 p 值 = 0	0.425 p 值 =0
	比较信任	59.71	40.29		
	一般	32.70	67.30		
	不太信任	18.27	81.73		
	很不信任	5.88	94.12		

注：（1）相关分析中将各变量视为连续变量形式；（2）Trust_realorg 为对消费者“您认为市场上加贴有机食品标志的食品是否都是真正的有机食品”的询问。

6.5.2 有机码对消费者偏好的强化效果

（1）加贴有机码后消费者对有机食品的信任变化

与普通有机食品相比，有机食品额外增加了有机码，可为消费者提供相应的食品可追溯信息和验证真伪的渠道。本章假说 1 关注在消费者对有机食品整体信任水平不高的情况下，有机码作为一种旨在增强消费者信任度的附加措施，能否有效提升消费者对有机食品标志的信任水平。图 6-1 给出了加贴有机码后消费者对有机食品的信任变化。从回答分布看，绝大部分的消费者表示在额外加贴有机码后肯定会（44.24%）和可能会（50.30%）更加信任市场上的有机食品，这说明了加贴有机码后消费者对有机食品信任变化的正向效应，有机码显著提升了消费者对有机食品的信任水平，假说 1 得到了验证。

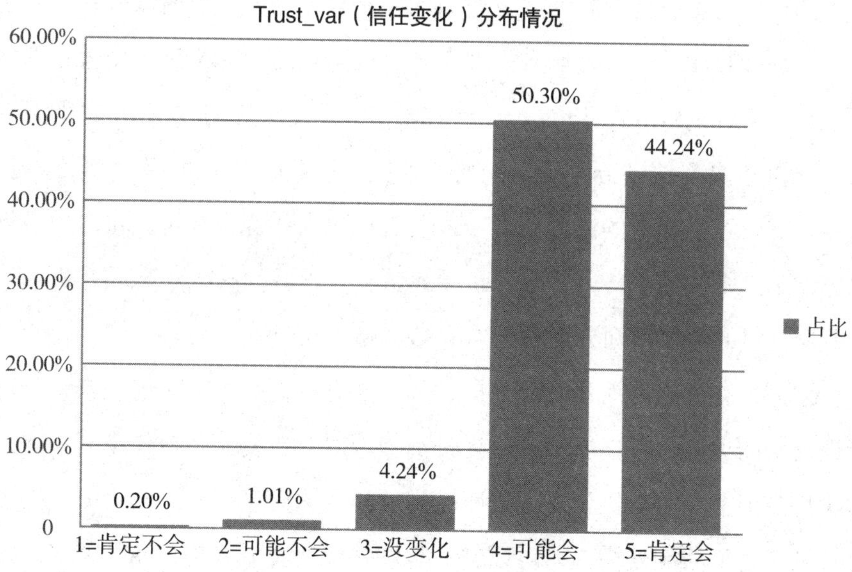

图 6-1 加贴有机码后消费者对有机食品信任变化的分布

（2）加贴有机码后消费者对有机食品支付意愿的变化

表 6-6 的上半部分给出了估算支付意愿使用模型的检验结果。Wald 检验结果表明，所有模型的 ρ 均显著不等于 0，这表明两个方程的误差项相关，不可将两个方程分开单独估计，应采取 Biprobit 模型。LR 检验[①]结果显示所有的 Biprobit 模型均至少在 5% 显著水平下拒绝原假设，这说明样本数据更适合采取不施加系数一致约束的 Biprobit 模型。综上，本章在估算支付意愿时具体选择基于 Log-Normal 分布假定非施加系数约束的 Biprobit 模型。

表 6-6 的下半部分给出了基于上述设定的 Biprobit 模型计算出的消费者对加贴有机码前后对应有机食品的支付意愿与溢价率，结果表明有机码可以显著提升消费者对有机食品的支付意愿，增强消费者对有机食品的偏好。首先，从支付意愿的绝对值大小看，无论是均值还是中位数，消费者对加贴有机码后有机食品的支付意愿均明显高于普通类型的有机食品。例如，消费者对加贴有机码前有机大米和有机五花肉的支付意愿均值分别为每 500 克 10.13 元和 35.69 元，而对加贴有机码后的有机大米和有机五花肉的支付意愿均值则分别上升至每 500 克 16.84 元和 61.95 元。其次，从消费者支付意愿相对的溢价率看，普通有机大米和普通有机五花肉的溢价率分别为 237.67% 和 174.54%，而对加贴有机码后的有机大米和有机五花肉愿意支付的溢价率则分别升至 461.33% 和 376.54%。

综上，有机码为消费者额外提供了关于有机食品可追溯信息查询和可验证真伪的渠道，不仅能够显著提升消费者对有机食品的信任水平，有效解决目前消费者对有机食品信任度不高的问题，而且有机码作为一种附加在有机食品上的额外措施，可以进一步增强消费者对有机食品的偏好，提

① 消费者对双边界二分式 CVM 的两次回答可能并非来自于同一分布，为检验两次回答的一致性，使用似然比检验 Biprobit 模型是否设定了系数一致的约束条件（Watson 和 Ryan，2007；Jeanty，2008）。

表 6-6 加贴有机码前后有机食品的支付意愿与溢价率

是否加贴有机码		有机大米		有机五花肉	
		否（n=451）（1）	是（n=495）	否（n=495）	是（n=495）
模型设定检验	Wald test of ρ=0	chi2(1) = 17.52 Prob > chi2 = 0	chi2(1) = 41.48 Prob>chi2= 0	chi2(1) = 29.66 Prob>chi2=0	chi2(1)= 60.52 Prob>chi2=0
	LR test	chi2(2) = 8.24 Prob > chi2 =0.0163	chi2(2) =26.91 Prob >chi2=0.0000	chi2(2) = 8.97 Prob>chi2=0.0113	chi2(2) =17.23 Prob>chi2=0.0002
支付意愿与溢价率	WTP 均值	10.13	16.84	35.69	61.95
	95% 置信区间	（7.61，20.08）	（16.05，18.20）	（30.26，47.52）	（59.38，66.09）
	WTP 中位数	6.99	16.47	26.61	59.74
	95% 置信区间	（6.03，9.08）	（15.78，17.57）	（24.09，30.15）	（57.68，62.53）
	普通类型食品价格	3	3	13	13
	溢价率（2）	237.67	461.33	174.54	376.54

注：（1）删除有机大米第 11 个投标值的第二次较低投标值回答情况异常（只有 yes，没有 no）的 44 个样本。（2）溢价率 =（WTP 均值 - 普通类型食品价格）÷ 普通类型食品价格 ×100%。

资料来源：经笔者计算整理而得。

升消费者对有机食品的支付意愿。

6.5.3 信任水平对支付意愿的影响分析

根据前文考察信任水平对支付意愿影响时设定的 Biprobit 模型，表 6-7 给出了相应的边际影响系数估计结果。模型相关系数 ρ 均在 1% 的水平下显著，拒绝两个方程误差项不相关的原假设，应使用 Biprobit 模型估计。由表 6-7 可知，M1 和 M3 中的投标值（ $B_1^i \& B_1^{u(l)}$ ）系数符号在 1% 水平下显著为负，同样地，M2 和 M4 中的投标值（ $B_1^i \& B_1^{u(l)}$ ）系数符号也在 1% 水平下显著为负，这说明消费者对投标值的接受程度随着投标值的升高而下降，本研究设计的投标值能够较好地反映出消费者对评估对象的偏好。家庭税前月总收入（*Income*）的系数符号大部分表现为显著的正向，这表明收入越高的消费者的预算约束越宽松，可以较好地满足消费者对更高等级的食品需求，消费者愿意对普通有机食品和加贴有机码的有机食品的额外支付意愿均随着收入的提高而上升。购买频率（*Shopfreq*）在四个模型中的系数符号为正且显著，这说明消费者对有机食品的购买频率越高，消费者越愿意为普通有机食品及加贴有机码的有机食品支付更高的额外金额。M1 和 M3 中是否有 12 周岁以下小孩（*Child*）的系数符号在 1% 的水平下显著为正，这表明与家里没有 12 周岁以下小孩（*Child*）的消费者相比，家里有 12 周岁以下小孩的消费者更倾向于为普通有机食品支付更高的额外金额[①]。

---

① 但在有机食品加贴有机码的情况下，是否有 12 周岁以下小孩（*Child*）在 M2 中的系数符号表现为 1% 的水平下显著为正，而在 M4 中的系数方向为负且不显著，原因可能在于加贴有机码的有机五花肉的投标价格对大部分的消费者而言过高，与家里没有 12 周岁以下小孩的消费者相比，家里有 12 周岁以下小孩的消费者可能面临着更紧的预算约束，在面对较高的投标值时，表现出不愿意为可追溯有机五花肉支付额外的金额。

表 6-7 基于 Biprobit 模型的边际效应系数

变量	有机大米		有机五花肉	
	M1（1）（第一次回答）（2）	M2（第一次回答）	M3（第一次回答）	M4（第一次回答）
$LBid_1^{org}$	−0.518***（3）	—	−0.549***	—
	（0.073）	—	（0.062）	—
$LBid_1^{org+code}$	—	−1.116***	—	−1.560***
	—	（0.145）	—	（0.173）
Age	0.001	−0.002	0.005	−0.001
	（0.003）	（0.002）	（0.003）	（0.004）
Female	−0.023	0.027	−0.024	−0.006
	（0.044）	（0.031）	（0.049）	（0.048）
Marriage	0.110	0.016	0.052	−0.027
	（0.070）	（0.046）	（0.078）	（0.078）
Edu	0.220	0.005	0.006	−0.035
	（0.039）	（0.026）	（0.040）	（0.045）
Income	0.047*	0.034**	0.023	0.074***
	（0.025）	（0.016）	（0.027）	（0.027）
Familysize	−0.009	0.018	−0.004	0.037
	（0.020）	（0.015）	（0.022）	（0.023）
Child	0.120**	0.042	0.124**	−0.021
	（0.054）	（0.045）	（0.062）	（0.065）
Elder	−0.051	−0.039	−0.085	0.012
	（0.055）	（0.038）	（0.057）	（0.054）
Shopfreq	0.119***	0.052**	0.123***	0.064**
	（0.031）	（0.021）	（0.032）	（0.031）
Trust_per	0.004***	0.0004	0.003***	0.001
	（0.001）	（0.001）	（0.001）	（0.001）

（续表）

变量	有机大米		有机五花肉	
	M1（1）（第一次回答）（2）	M2（第一次回答）	M3（第一次回答）	M4（第一次回答）
	—	1.440***	—	0.289***
	—	（0.026）	—	（0.045）
Trust_var	0.280***	0.587***	0.388***	0.638***
	（0.101）	（0.089）	（0.085）	（0.068）
观测值	451	495	495	495

注：（1）M1、M2、M3 和 M4 分别代表普通有机大米、加贴有机码的有机大米、普通有机五花肉和加贴有机码的有机五花肉对应的 Biprobit 模型；（2）为避免因两次回答不一致情况造成的麻烦，根据不高估 WTP 的原则，在此仅考虑第一次回答情况，其中系数为基于 Biprobit 模型的边际影响系数；（3）系数列括号内为标准差，边际系数列括号内为标准差，*、**、*** 分别表示系数在 10%、5% 和 1% 水平下显著。

资料来源：经笔者整理而得。

为验证假说 2（有机码对有机食品支付意愿的增强作用主要来源于加贴有机码的信任变化），重点关注信任变量对普通有机食品与加贴有机码有机食品支付意愿的影响。表 6-7 的估计结果表明，加贴有机标识为真有机食品的概率（*Trust_per*）的边际效应系数符号在 M1 和 M3 中为 1% 的水平下显著为正，而在 M2 和 M4 中则为正向但不显著。这说明消费者对未加贴有机码的普通有机食品的原有信任水平，仅对普通有机食品支付意愿起到显著的正向作用，而对加贴有机码的有机食品支付意愿并没有显著的影响。有机码带来信任变化（*Trust_var*）的边际效应系数符号在 M2 和 M4 中为 1% 的水平下显著为正，这进一步说明了加贴有机码带来的信任变化对提升有机食品支付意愿起到了关键作用。与普通有机食品相比，消费者对加贴有机码的有机食品的额外支付意愿不受原有信任水平的影响，而主要受加贴有机码的信任变化的影响，假说 2 得到了验证。

以上的结果分析表明加贴有机码的有机食品与普通有机食品的支付意

愿变化受有机码带来信任变化的正向影响。有机码之所以能够强化消费者对有机食品的偏好，主要原因在于有机码为消费者提供了关于有机食品查询可追溯信息和验证真伪信息的渠道，降低了消费者在购买决策中的信息不对称，有效提升了消费者对有机食品的信任水平，并通过有机码带来的信任变化对支付意愿的正向影响，强化了消费者对有机食品的偏好。

6.6 结论与讨论

6.6.1 研究结论

本章以有机大米和有机五花肉加贴有机码为例，采取双边界二分式 CVM，通过网络调查获取北京地区 495 个样本，分析信任对消费者偏好的强化效果及其作用机制，主要的结论有以下三个方面。

（1）消费者对有机食品标志的整体信任水平较低。这主要与消费者对有机食品企业能否如实按照有机标准生产和规范使用有机食品标志，监管机构能否对有机食品市场起到有效监督监管作用，以及认证机构在认证过程中的业务和诚信操作等行为的信任度相关。

（2）有机码对消费者偏好具有强化效果。有机码不仅能够显著提升消费者对有机食品的信任水平，有效解决消费者对有机食品信任度不高的问题，而且有机码作为一种附加在有机食品上额外的措施，可以进一步增强消费者对有机食品的偏好，提升消费者对有机食品的支付意愿。

（3）有机码通过增强信任水平强化消费者偏好。有机码为消费者提供了可追溯信息和验证真伪渠道的信息，降低了消费者购买决策中的信息不对称，并通过有机码带来的信任变化对支付意愿的正向影响，强化了消费者对有机食品的偏好。

6.6.2 管理启示

本章的研究结论具有以下管理启示。

（1）构建有机食品长期信任机制的关键在于信息的公开、透明和可信。从长期看，赢得消费者对有机食品信任的核心在于确保有机认证涉及各主体行为信息的公开、透明和可信，这些信息包括有机食品企业如实按照有机标准生产和真实规范地使用有机食品标志、监管机构监督监管有机食品市场的有效性，以及认证机构在认证过程中的业务和诚信水平等。

（2）加贴有机码具有提升信任水平和强化消费者偏好的作用。从短期看，在因信任问题导致有机食品支付意愿不高的现实背景下，有机码可为消费者提供有机食品可追溯信息查询和验证真伪信息的渠道，降低了消费者在购买决策中的信息不对称，可迅速提升消费者对有机食品的信任水平，增强消费者偏好。提供可追溯信息查询和验证真伪渠道的信息是解决有机标签信任度低的关键。有机食品企业可通过加贴有机码的附加措施强化消费者对有机食品标志的信任水平，进而提高消费者对有机食品的支付意愿。

（3）有机食品企业按国家规定加贴有机码，具有一定的消费者偏好基础和可行性。本章的研究结论表明，从支付意愿相对的溢价率看，消费者对加贴了有机码的有机大米和有机五花肉的溢价率提高了两倍以上（其中，有机大米从 237.67% 提升至 461.33%，有机五花肉从 174.54% 提升至 376.54%）。我国在 2012 年 3 月 1 日发布的新版《有机产品认证实施规则》中规定所有的有机食品企业应建立相应的可追溯体系，并在食品上加贴向消费者提供可追溯信息查询和验证真伪渠道的有机码。有机码制度作为一种强制性的行政法规，并不会只增加有机食品企业的成本，与此相反，因该制度的实施为有机食品提供了可追溯信息和验证渠道信息，使消费者愿意为有机食品支付较高的价格，所以在一定程度上提高了有机食品企业的利润。

6.6.3 局限与未来研究

本章采取双边界二分式CVM，在北京495个样本的基础上，基于Biprobit模型考察和分析有机食品加贴有机码前后信任对消费者偏好的强化效果及其作用机制。本章的主要贡献在于将消费者对有机食品的信任水平视为消费者对加贴了有机食品标志的食品为真正有机食品的概率感知，在预期效用理论基础上引入信任变量，为考察信任与支付意愿的关系提供了理论分析框架。此外，本章实证有机码对信任水平的提升和消费者偏好的强化效果，对于有机食品企业通过加贴有机码提升有机食品的溢价水平具有重要的参考意义。但本章仍有以下不足之处，有待后续努力和改进。

（1）信任的度量。本章认为消费者对有机食品的信任水平体现为消费者对加贴有机标志的有机食品为真正有机食品的概率感知，在询问未加贴有机码的有机食品信任水平上采取百分比的量度。但在衡量因加贴有机码之后带来的信任变化指标上，因考虑在可控性较差的网络调查环境下，消费者较难于短时间内再次对加贴有机标志的有机食品为真正有机食品的概率给出较为精准的回答，而采用“肯定不会”“可能不会”“没变化”“可能会”和“肯定会”直接衡量有机码所带来的信任变化，可能导致信任度量问题存在前后不一致的情况。未来研究可在控制环境较好的实验条件下，采取更为客观和统一的信任度量指标，做进一步深入的研究。

（2）顺序偏差对结果的影响。理论上，只要向消费者询问多于1个数量的价值评估问题，都会存在顺序偏差。本章对消费者询问了多个数量的价值评估问题，处于后面的评估对象容易在多价值评估问题的环境中受前面其他问题的影响，不可避免地导致评估的结果存在顺序偏差。本章考察的研究内容涉及两个主要的评估对象，要确保在一定样本量的基础上采取单个数量价值评估的询问方式[①]无疑会导致研究成本的大幅上升。因而，如何在解决核心研究问题的前提下，平衡研究成本与研究效率问题是未来研究者努力的方向。

① 虽然也有研究指出通过在询问过程中以随机方式打乱多个价值评估的顺序，可在一定程度上消除顺序偏差带来的影响，但这种方式仅能消除同一评估对象处于不同背景水平的差异对结果的影响，仍无法消除不同背景水平均值对结果产生的顺序偏差。

第 4 部分

有机食品品牌化的消费者偏好及其标识策略

第7章

食品差异化标识策略选择：品牌商标还是有机标签

7.1 引言

消费者需求升级和产品同质化促使企业不断寻找差异化的经营方式。在食品的消费市场中，企业往往通过给食品加贴不同标签的方式，让自身产品区别于其他产品，实现产品差异化。品牌商标或有机标签是食品企业实现产品差异化两种可供选择的标识策略。对于企业而言，应如何判断二者优劣，进而做出合理的选择呢？尤其对于刚进入市场不久的初创企业来说，在面临有限的资源约束和激烈的市场竞争环境下，选择并实施正确的标签策略对于自身避免同质化竞争，获取竞争优势具有重要的意义。

现有关于品牌与有机标签的偏好研究主要集中在对单一标签的偏好解释和两种标签同时存在时的相互影响上，缺乏专门讨论二者差异的比较研究。

一方面，经济学的研究指出标签的作用在于向消费者提供相关的质量属性信息，缓解信息不对称（Marette 等，1999）。品牌商标与有机标签正是在某种程度上缓解了食品市场中存在的信息不对称，为消费者传递了更多的产品属性信息，引导消费者对产品属性进行重新评估，使消费者最终愿意为品牌食品和有机食品支付比普通食品更多的金额（McFadden 和 Huffman 等，2017；Carrillo 等，2012；Ares 等，2010）。这类研究虽然从机理上解释了消费者对标签偏好产生的主要原因（Wu 等，2014；尹世久等，2014），但在属性评价上缺乏对二者究竟存在何种差异的专门讨论。

在我国的现实背景下，标签要起作用，不仅取决于消费者对标签传递的信息内容的评价，还可能与消费者在购买决策时对标签的关注与信任水平有关（Krystallis 等，2006；Marchesini 等，2012；陈卫平和牛明婵，2009；张传统和陆娟，2012）。那么，二者在标签的关注及信任水平上是否存在差异？这些差异的因素对最终的消费者偏好影响如何？都是需要讨论的问题。

另一方面，研究者从标签策略管理的现实角度出发，考察了两种标签同时存在时的相互影响，指出企业在同时采取两种标签策略时，应注意二者并非一定是 1+1=2（相互独立）的关系，而是可能存在 1+1<2（替代）或 1+1>2（互补）的关系（Dekhili 和 Akli Achabou，2014；Bauer 等，2013；Larceneux 等，2012），但这类研究并未考虑企业若单独采取品牌或有机的标签策略，二者存在何种差异，也缺乏就这种差异对企业标签策略管理的启示进行深入的分析。

基于此，本章从消费者偏好的视角入手，借鉴属性—效用理论和消费者效用最大化理论，采取双边界二分式 CVM 收集消费者对品牌食品与有机食品的偏好数据，采用 Biprobit 模型测算并比较消费者对品牌食品与有机食品的偏好差异。此外，本章还从标签解决信息不对称的作用入手，考察消费者对品牌商标与有机标签在关注度、信任水平及属性评价这三方面的差异，以及这三种因素对偏好影响的差异。本章的研究目的旨在为企业选择品牌商标与有机标签这两种产品差异化标签策略时，提供科学的决策依据。

7.2 理论框架与假说

Lancaster（1966）的属性—效用理论认为消费者的效用来自于消费者

对食品提供一系列属性的综合评价。消费者在既定的预算约束条件下，从食品属性中最大化地满足自身效用，其效用的满足程度最终决定了消费者对食品的价值评估。基于属性—效用理论和消费者效用最大化理论，消费者将选择不同属性水平的食品。假定消费者通过食品获得的间接效用函数为 $V(m,p,a,z)$，其中 $V(\cdot)$ 表示消费者的间接效用函数，m 为收入，p 为食品价格，a 为食品属性向量，z 为其他影响消费者效用的因素。假定市场上可供消费者选择的食品有两种，分别为食品 1 和食品 2，其中食品 1 的价格为 p。食品 2 比食品 1 具有更高的属性水平，当消费者选购食品 2 时，效用的变化主要来源于食品 2 比食品 1 具有更高的属性水平。假设属性水平的变化为 l。t 为消费者愿意为食品 2 支付的额外金额，根据 CVM 对支付意愿推断的基本原理，消费者在拥有以上两种食品选择的情况下，消费食品 1 时须给予一定货币形式的补偿维持效用不变，因而有：

$$V\left(m,p,a,z\right)=V(m,p+t,a+l,z) \tag{7.1}$$

假设属性水平的变化非常小，$V(m,p+t,a+l,z)$ 可以写成一阶近似表达式：

$$V\left(m,p+t,a+l,z\right)\approx V\left(m,p,a,z\right)+\frac{\partial V\left(m,p,a,z\right)}{\partial p}t+\frac{\partial V\left(m,p,a,z\right)}{\partial a}l \tag{7.2}$$

联合式（7.1）和式（7.2），可以得到：

$$\text{WTP}=t=-\frac{\partial V\left(m,p,a,z\right)/\partial a}{\partial V\left(m,p,a,z\right)/\partial p}l \tag{7.3}$$

式（7.3）中，WTP 是消费者愿意为属性变化 l 所支付的金额，由于价格的边际效用 $\partial V\left(m,p,a,z\right)/\partial p$ 为负，属性的边际效用 $\partial V\left(m,p,a,z\right)/\partial a$ 为正，因此，WTP 一般为正值。

假定 WTP_{bra} 和 WTP_{org} 分别为消费者对贴品牌商标和有机标签食品的

支付意愿。WTP_{bra} 和 WTP_{org} 的大小取决于消费者对食品加贴不同标签的属性变化的综合评价。与普通食品相比，消费者从加贴标签食品中所获取的效用主要来源于消费者对食品安全（s）、环境保护（e）和健康（h）等多种信任属性变化的感知及其评价（Bauer 等，2013）。假定食品安全、环境保护和健康等三种属性是独立可分离的，则消费者对加贴标签食品属性向量（a）的变化（l）的感知可分解为食品安全属性的变化（Δs）、环境保护属性的变化（Δe）和健康属性的变化（Δh），根据式（7.3）的推导，消费者对有机标签和品牌商标的支付意愿分别为：

$$WTP_{bra} = -\frac{1}{\partial V/\partial p}\left(\partial V/\partial s\,\Delta s_{bra} + \partial V/\partial e\,\Delta e_{bra} + \partial V/\partial h\,\Delta h_{bra}\right) \tag{7.4}$$

$$WTP_{org} = -\frac{1}{\partial V/\partial p}\left(\partial V/\partial s\,\Delta s_{org} + \partial V/\partial e\,\Delta e_{org} + \partial V/\partial h\,\Delta h_{org}\right) \tag{7.5}$$

式（7.4）和式（7.5）中 $\partial V/\partial s$、$\partial V/\partial s$ 和 $\partial V/\partial h$ 分别为消费者对食品安全、环境保护和健康等属性的边际效用。有机标签和品牌商标都可以缓解一定的信息不对称，但二者向消费者传递的质量信息可能存在差异。由式（7.4）和式（7.5）可知，WTP_{bra} 和 WTP_{org} 之间的差异主要取决于消费者对二者属性变化感知的差异（$\Delta s_{bra}-\Delta s_{org}$）、（$\Delta e_{bra}-\Delta e_{org}$）和（$\Delta h_{bra}-\Delta h_{org}$）。与品牌商标相比，有机标签可能更容易向消费者传递更安全、更环保和更健康的质量信息，导致加贴有机标签的综合属性变化感知高于品牌商标，最终使得消费者愿意为有机食品支付的金额大于品牌食品。据此，提出假说 1：消费者愿意对加贴有机标签食品的支付意愿大于加贴品牌商标食品的支付意愿。

H0：$WTP_{bra}=WTP_{org}$

Ha：$WTP_{bra}< WTP_{org}$

7.3 研究方法

7.3.1 双边界二分式 CVM

双边界二分式 CVM 一般需要进行两轮询问。首先，以普通食品为基础，对有机食品设定一个高于普通食品的价格（即投标值），询问消费者是否愿意购买，得到第一轮的消费者选择结果。其次，根据消费者的第一轮选择结果，进行第二轮询问。如果消费者第一轮选择“是”，则给出一个更高的价格，再次询问消费者是否愿意购买，得到消费者的第二轮选择结果。如果消费者第一轮选择“否”，则给出一个更低的价格，再次询问消费者是否愿意购买，得到消费者的第二轮选择结果。令 B^i 为第一次投标值，B^u 为第二次较高的投标值，B^l 为第二次较低的投标值。消费者对双边界二分式 CVM 两次投标值的回答，可细分为四种情况，分别为（yes，yes）、（yes，no）、（no，yes）和（no，no），对应 WTP 落入区间的情况分别为 $WTP \geqslant B^u$、$B^i \leqslant WTP < B^u$、$B^l \leqslant WTP < B^i$ 和 $WTP < B^l$（Haab 和 McConnell，2002）。每种回答情况的概率分别为：

$$Pr\left(yes, yes\right) = Pr\left(WTP \geqslant B^u\right) = 1 - G(B^u;\theta) \tag{7.6}$$

$$Pr\left(yes, no\right) = Pr\left(B^i \leqslant WTP < B^u\right) = G\left(B^u;\theta\right) - G(B^i;\theta) \tag{7.7}$$

$$Pr\left(no, yes\right) = Pr\left(B^l \leqslant WTP < B^i\right) = G\left(B^i;\theta\right) - G(B^l;\theta) \tag{7.8}$$

$$Pr\left(no, no\right) = Pr\left(WTP < B^l\right) = G\left(B^l;\theta\right) \tag{7.9}$$

其中，WTP 为消费者愿意支付的最大金额。$G\left(B^*;\theta\right)$ 为 WTP 的累积概率密度分布，B^* 为对应的投标值，θ 为带估计的未知参数。为了估计出

未知参数 θ，将每个消费者所有的回答情况纳入似然方程，则有：

$$L_i(\theta)=\left[1-G\left(B^u;\theta\right)\right]^{YY}\times\left[G\left(B^u;\theta\right)-G\left(B^i;\theta\right)\right]^{YN}\times$$
$$[G\left(B^i;\theta\right)-G(B^l;\theta)]^{NY}\times G\left(B^l;\theta\right)^{NN} \tag{7.10}$$

其中，当回答为（yes，yes）时，YY=1，否则 YY=0；回答为（yes，no）时，YN=1，否则 YN=0；回答为（no，yes）时，NY=1，否则 NY=0；回答为（no，no）时，NN=1，否则 NN=0；未知参数 θ 可通过极大似然法估计，即将式（7.10）的似然方程双边取对数之后，令对数函数的一阶条件为零，即可估计出参数 θ。

7.3.2 WTP 均值的估计

假设 θ 服从正态分布时，使用 Probit 模型可将对参数 θ 的估计转化为 Probit 模型的系数估计。由于双边界二分式 CVM 有两个投标值，涉及两个二元选择方程，在计算 WTP 均值时常将模型设为仅有常数项和投标值的函数（Hanemann 等，1991），因此设定以下 Biprobit 模型：

$$R_{1j}=\alpha_{1j}+\beta_{1j}B^i+\varepsilon_{1j} \tag{7.11}$$

$$R_{2j}=\alpha_{2j}+\beta_{2j}B^{u(l)}+\varepsilon_{2j} \tag{7.12}$$

其中，R_{1j} 和 R_{2j} 分别为第 j 个消费者对第一次投标值 B^i 和第二次投标值 $B^{u(l)}$ 的回答情况，当回答为 yes 时，取值为 1，其他为 0。a_{1j} 和 a_{2j} 为常数项，β_{1j} 和 β_{2j} 分别为 B^i 和 $B^{u(l)}$ 的系数，ε_{1j} 和 ε_{2j} 为随机误差项。假定随机误差项 ε_{1j} 和 ε_{2j} 分别服从均值为 0，方差为 ${\sigma_1}^2$ 和 ${\sigma_2}^2$ 的正态分布，相关系数 ρ 为两次 WTP 函数误差项的协方差。

通过似不相关法可对 Biprobit 模型进行估计（Cameron 和 Quiggin，1994），最终计算出 WTP 的均值：

$$E(\text{WTP}) = -\frac{\alpha^*}{\beta^*} \quad (7.13)$$

其中，α^* 为常数项系数的估计值，β^* 为投标值系数的估计值。由于消费者真实的 WTP 不可测，模型的设定往往需要对分布进行假定。基于 Biprobit 模型的分布假定主要有 Normal 和非负的 Log-Normal 两种分布。一般情况下，品牌食品和有机食品的价格往往大于普通食品，因而通常假定 WTP 为非负的 Log-Normal 分布，在 Log-Normal 分布下，式（7.11）和式（7.12）的投标值取对数，而式（7.13）的 WTP 均值为 $exp(-\frac{\alpha^*}{\beta^*}+0.5\sigma^2)$。

本章采取 Krinsky 和 Robb（1986）使用的蒙特卡洛模拟方法估计 WTP 相应的置信区间。

7.4　问卷设计与数据来源

7.4.1　问卷设计

由于实际市场上同时存在占据绝大份额或拥有垄断地位的著名品牌，以及在市场上影响程度较小且不足以排斥其他竞争对手的一般品牌，因此在涉及考察消费者对品牌商标的偏好时，必须对使用的“品牌”一词进行界定。本章涉及的“品牌”主要指经过国家工商行政管理部门注册登记的所有商标，并不特指著名商标品牌。在问卷设计中以一般化的 A 品牌 /B 品牌作为加贴在大米 / 五花肉的品牌商标，并在情景设计中以描述性文字“加贴的 A 品牌 /B 品牌是一个注册商标，但不一定是著名品牌”向消费者说明品牌的定义。

为降低消费者判断的困难，准确获取消费者对品牌食品和有机认证食品的消费偏好，选择食品具体化为5kg的袋装大米和500g的新鲜五花肉，并以图片形式向消费者展示品牌食品、有机食品与普通食品的区别。问卷中以文字形式向消费者描述所处的市场和所面对的消费选择，并通过提醒消费者注意消费预算约束等方式控制假想偏差。

通过预调查与专家小组讨论的方式，问卷确立了11套不同的投标值（见表7-1）。首先，根据经验法设定初始投标值，其中，投标值区间的最小值为预调查获取的普通食品的市场价格，最大值则为普通食品的市场价格与加贴相应标签食品溢价的1.3倍之和，并在投标值区间内确立所有的初始投标值。其次，根据Cooper（1993）的研究，将每套投标值中较高投标值设为初始投标值的两倍，较低投标值设为初始投标值的一半。

表7-1 双边界二分式CVM的初始投标值

编号	1	2	3	4	5	6	7	8	9	10	11
有机大米	3.1	3.2	3.3	3.5	3.7	3.9	4.5	5.4	6.0	9.0	14.7
品牌大米	3.1	3.2	3.3	3.4	3.5	3.6	3.9	4.5	5.4	6.6	8.2
有机五花肉	13.2	13.5	14.0	14.6	15.4	16.9	19.5	23.4	28.6	39.0	58.5
品牌五花肉	13.2	13.5	13.8	14.2	14.8	15.6	16.9	19.5	23.4	32.5	44.2

注：普通大米和普通五花肉的价格分别为每500克3元和13元。

7.4.2 调查实施与数据描述

实际问卷调查于2015年8月20日开始，至2015年9月3日结束。调查共回收271份问卷，有效样本249份（删除与样本筛选设置矛盾和答题时间过短的样本问卷），问卷有效率为91.88%。根据表7-2，与北京统计年鉴的数据[①]相比，调查样本偏向于更年轻、已婚、受教育水平高、收入水平较高及家庭规模较大等特征。

① 需要注意的是，本章调查样本所得的结果在推计总体时，并不适合推广至北京的所有消费者。

表 7-2　调查样本的人口统计学特征

变量		调查样本	北京统计年鉴数据（2）
年龄（1）		31.66	38.59
		（7.832）	
性别	男	39.36%	50.12%
	女	60.64%	49.88%
婚姻状态	已婚	66.67%	—
	未婚	32.53%	
	其他	0.80%	
职业	学生	8.84%	—
	公司职工	55.42%	
	公务员	2.01%	
	其他	33.73%	
家庭规模		3.58	2.53
		（1.369）	
观测值		495	

变量		调查样本	北京统计年鉴数据
受教育水平	初中及以下	2.01%	40.59%
	高中	9.24%	22.38%
	大学	73.49%	32.73%
	硕士及以上	15.26%	4.82%
家庭税前月总收入（元）	（0，5 000］	19.68%	7484
	（5 000，11 000］	35.34%	
	（11 000，21 000］	25.70%	
	（21 000，+）	19.28%	
是否有 12 周岁以下小孩	是	50.60%	—
	否	49.40%	
是否有 65 周岁以上老人	是	37.75%	—
	否	62.25%	

注：（1）给出的值为变量均值，括号内为标准差；（2）数据基于北京 2015 的统计年鉴计算而得。

根据消费者对双边界二分式CVM两次投标值回答的情况，统计出四种回答类型的结果（见表7-3）。由表7-3可知，在消费者对所有类型食品的四种回答中，YY的比例均高于其他三种回答类型。

表7-3 双边界二分式CVM四种回答类型的结果统计

食品类型	频数与百分比（%）	大米				五花肉			
		NN	NY	YN	YY	NN	NY	YN	YY
品牌	频数	50	38	42	119	53	38	54	104
	%	20.08	15.26	16.87	47.79	21.29	15.26	21.69	41.78
有机	频数	45	36	56	112	57	41	51	100
	%	18.07	14.46	22.49	44.98	22.89	16.47	20.48	40.16

注：NN、NY、YN和YY分别代表四种回答情况，（no, no）、（no, yes）、（yes, no）和（yes, yes）。

7.5 结果分析

7.5.1 消费者对品牌商标与有机标签的关注、信任及属性评价差异

作为传递信息的载体，品牌商标和有机标签都试图向消费者传递质量信息，以降低信息不对称的程度。但标签要起作用，不仅取决于传递的信息内容，而且与消费者在购买决策时对标签的关注与信任水平有关。表7-4和表7-5的结果表明，消费者对品牌商标与有机标签在标签的关注度、信任水平及属性评价上均存在明显的差异。这些差异主要表现在以下两个方面。

第一，消费者对品牌商标的关注度和信任水平均高于有机标签。表7-4的结果显示，首先，品牌商标处于“较高的关注”水平（4.024），这表明大多数消费者在购买食品决策过程中倾向于选择品牌作为重要的参考依据。标签要起到作用，应先获得消费者对其标识的高关注度，而有机标

签的关注度（3.647）只介于“一般”和“较为关注”之间，其在购买过程中获得的关注度不高，仍有待进一步提升。进一步的 t 检验显示，消费者对品牌商标的关注度显著高于有机标签（*t* 统计值为 4.333）。其次，消费者对品牌商标和有机标签的信任水平均处于“一般”和“较为信任”之间（3.880 和 3.602），这表明消费者对品牌商标与有机标签的总体信任水平并不高。进一步的 t 检验显示，消费者对品牌商标的信任水平显著高于有机标签（*t* 统计值为 3.620）。

表 7-4　消费者对品牌商标与有机标签的关注度和信任水平差异

项目	关注度		信任水平	
	品牌商标	有机标签	品牌商标	有机标签
均值	4.024	3.647	3.880	3.602
差值及 t 检验	0.377*** （4.333）		0.278*** （3.620）	

注：“关注度”为询问消费者“购买食品时对品牌商标和有机标签的关注程度”，1= 极不关注，2= 不太关注，3= 一般，4= 较为关注，5= 非常关注；“信任水平”为询问消费者“购买食品时对品牌商标和有机标签的信任程度”，1= 极不信任，2= 不太信任，3= 一般，4= 较为信任，5= 非常信任；差值为品牌与有机相应变量的均值之差，括号内为 *t* 统计值，均值差异检验使用单侧配对 t 检验；*** 代表 1% 水平下显著。

第二，消费者对有机食品的属性评价高于品牌食品，且主要表现在环保和健康等食品属性上。表 7-5 的结果显示，首先，从具体属性看，消费者对食品加贴品牌商标和有机标签所传递的食品质量属性评价存在较大的差异。在大米和五花肉食品类型下，消费者对品牌商标与有机标签的食品安全属性评价并无显著差异（*t* 统计值分别为 0.407 和 1.033）。而相较于品牌商标，有机标签则给消费者传递出更环保和更健康的质量信息。其中，针对大米，有机标签传递的环保属性与健康属性均显著高于品牌商标（*t* 统计值分别为 −2.728 和 −2.870）；而针对五花肉，则仅有环保属性高于品牌商标（*t* 统计值为 −1.794）。其次，基于主成分方法合成品牌商标与有机标签的综合属性评价[①]的比较结果，也显示出消费者对有机标签的综合属性评价显著高于品牌商标（t 统计值分别为 -5.213 和 -1.941）。

表 7-5　消费者对品牌食品与有机食品属性评价的比较

属性评价		大米			五花肉		
		品牌	有机	差值及 t 检验	品牌	有机	差值及 t 检验
具体属性评价	更安全	3.759	3.727	0.032 （0.407）	3.863	3.783	0.080 （1.033）
	更环保	3.470	3.683	-0.213*** （-2.728）	3.594	3.743	-0.149** （-1.794）
	更有利于健康	3.534	3.763	-0.229*** （-2.870）	3.659	3.751	-0.092 （-1.189）
综合属性评价（AE_overall）		4.688	5.178	-0.490*** （-5.213）	5.146	5.342	-0.196** （-1.941）

注：表内的具体属性评价为消费者对“品牌（有机）大米（五花肉）比普通大米（五花肉）更安全（更有利于环保或更有利于健康）”说法的同意程度，其中，1= 完全不同意、2= 不同意、3= 不确定、4= 同意、5= 完全同意；差值为品牌减去有机的属性变化评价，括号内为 t 统计值，均值差异检验使用单侧配对 t 检验；*** 和 ** 分别代表 1% 和 5% 水平下显著。

7.5.2　假说 1 的检验：品牌食品与有机食品的 WTP 比较

为验证假说 1，主要采取以下三个步骤对品牌商标与有机标签的 WTP 进行测算及比较，相应的结果如表 7-6 所示。

首先，消费者对品牌食品和有机食品的支付意愿往往要高于普通食品价格，因而选择基于非负 Log-Normal 分布假定的 Biprobit 模型。由表 7-6 可知，所有模型的 ρ 均在 1% 的水平下显著不等于 0，这表明两个方程的误差项存在关联，若将两个方程分开单独估计，将导致系数估计值有偏，

① 之所以主成分合成一方面上为了从整体上比较品牌与有机的属性评价，另一方面是为了避免在后面的影响因素分析时采纳多个具体属性评价指标出现的多重共线性问题。

样本数据适合采取 Biprobit 模型进行估计。

其次，根据 Biprobit 模型的估计参数计算出大米和五花肉的品牌类型与有机类型 WTP 的均值，并在与普通食品类型比较的基础上计算得到各自 WTP 的均值溢价及溢价率。根据表 7-6 的结果，无论是大米还是五花肉，从 WTP 的均值、WTP 均值的溢价还是溢价率等指标看，有机类型均高于品牌类型。

最后，为进一步客观地比较品牌类型和有机类型之间存在的差异，采用单侧非配对 t 检验方式对假说 1 进行检验。根据表 7-6 的结果可知，大米和五花肉的品牌类型与有机类型 WTP 均值的差异分别为 −7.09 和 −4.74，t 统计值分别为 −14.378 和 −10.375，均在 1% 的水平下显著小于 0。这一结果表明消费者对有机食品的偏好要强于品牌食品，假说 1 得到了验证。

表 7-6 品牌食品与有机食品的 WTP 测算及比较

项目	大米		五花肉	
	品牌	有机	品牌	有机
Biprobit 模型变量				
Lbid1&Lbid2	−1.224***	−0.862***	−1.171***	−1.130***
	（0.234）	（0.155）	(0.208)	（0.190）
常数项	2.155***	1.766***	3.692***	3.693***
	（0.347）	（0.257）	(0.601)	（0.572）
ρ	0.808***	0.485***	0.481***	0.541***
	（0.157）	（0.102）	(0.098)	（0.097）
观测值	249	249	249	249
WTP 估计及其溢价				
WTP 均值	8.12（6.28,16.40）	15.21（9.80,48.53）	33.74 (26.23,64.34)	38.48（29.82,71.77）
WTP 均值溢价	5.12	12.21	20.74	25.48
溢价率（%）	171	407	160	196

（续表）

项目	大米		五花肉	
	品牌	有机	品牌	有机
假说 1 的检验 Ha：WTP_{bra}<WTP_{org}				
WTP 均值差值	−7.09		−4.74	
t 统计值	−14.378		−10.375	
p 值	0		0	

注：系数括号内为标准差，*** 表示系数在 1% 水平下显著；WTP 均值括号内的数值为 95% 置信区间的上下限，95% 的置信区间根据蒙特卡洛模拟方法进行 2 000 次模拟计算而得；溢价 =WTP 均值 – 普通食品类型的单位价格，其中普通大米和普通五花肉的价格分别为每 500 克 3 元和 13 元；溢价率 = 溢价 ÷ 普通食品类型的单位价格 ×100%。

7.5.3 影响品牌商标与有机标签 WTP 的因素分析及比较

从标签传递信息的作用看，消费者对标签的偏好不仅取决于消费者对标签传递信息内容的评价，而且与消费者在购买决策时对标签的关注与信任水平有关。根据前文的分析可知，与食品加贴有机标签相比，消费者对品牌商标的关注度和信任水平较高，而属性评价则较低。那么，以上三种因素究竟如何影响消费者对品牌商标与有机标签的偏好？根据前文构建的影响 WTP 的理论框架，WTP 受价格、收入、食品属性向量及其他外生变量的影响。为探究影响品牌与有机食品 WTP 的因素差异，选择的外生变量主要包括标签关注度、信任水平、消费者个体特征及家庭规模等变量。具体模型[①] 选取变量的描述性统计如表 7-7 所示。

① 大多数研究在测算 WTP 和考察 WTP 影响因素时采取了不同的模型设定。一般情况下，研究者习惯使用只有投标值和常数项的模型设定测算 WTP，而在考察 WTP 的影响因素时，则在模型中加入包括消费者个体特征等在内的协变量。

表 7-7　模型选取变量的描述性统计

变量		变量定义	大米（*n*=249）		五花肉（*n*=249）	
			品牌：均值	有机：均值	品牌：均值	有机：均值
被解释变量	*R*11	初始投标值的回答：1= 是，0= 否	0.65（0.479）	0.67（0.469）	0.63（0.483）	0.61（0.490）
	*R*12	第二次投标值的回答：1= 是，0= 否	0.63（0.484）	0.59（0.492）	0.57（0.496）	0.57（0.497）
解释变量	*Lbid*1	初始投标值的对数	1.44（0.306）	1.60（0.474）	2.91（0.376）	3.05（0.465）
	*Lbid*2	第二次投标值的对数	1.48（0.338）	1.66（0.504）	2.93（0.388）	3.06（0.473）
	Age	年龄：周岁	31.66（7.832）	31.66（7.832）	31.66（7.832）	31.66（7.832）
	Female	性别：1= 女性，0= 其他	0.61（0.490）	0.61（0.490）	0.61（0.490）	0.61（0.490）
	Marriage	婚姻状态：1= 已婚，0= 其他	0.67（0.472）	0.67（0.472）	0.67（0.472）	0.67（0.472）
	Edu	受教育水平：1= 初中及以下，2= 高中及中专，3= 大专及本科，4= 硕士及以上	3.02（0.571）	3.02（0.571）	3.02（0.571）	3.02（0.571）
	Income	家庭税前月总收入（元）：1=5 000 及以下，2=5 000~11 000（含），3=11 000~21 000（含），4=21 000 以上	2.45（1.015）	2.45（1.015）	2.45（1.015）	2.45（1.015）
	Familysize	家庭规模人数	2.58（1.369）	2.58（1.369）	2.58（1.369）	2.58（1.369）
	Child	是否有 12 周岁以下的小孩：1= 是，0= 否	0.51（0.501）	0.51（0.501）	0.51（0.501）	0.51（0.501）
	Elder	是否有 65 周岁以上的老人：1= 是，0= 否	0.38（0.486）	0.38（0.486）	0.38（0.486）	0.38（0.486）
	Concern	对品牌商标 / 有机标签的关注度：1= 极不关注，2= 不太关注，3= 一般，4= 较为关注，5= 非常关注	4.02（0.055）	3.65（0.067）	4.02（0.055）	3.65（0.067）

（续表）

变量		变量定义	大米（*n*=249）		五花肉（*n*=249）	
			品牌：均值	有机：均值	品牌：均值	有机：均值
解释变量	*Trust*	对品牌商标 / 有机标签的信任水平：1= 极不信任，2= 不太信任，3= 一般，4= 较为信任，5= 非常信任	3.88（0.049）	3.60（0.059）	3.88（0.049）	3.60（0.059）
	AE_overall	综合属性评价	4.69（0.989）	5.18（1.105）	5.15（1.088）	5.34（1.164）

注：括号内为标准差。

表 7-8 给出了基于 Biprobit 模型影响品牌食品与有机食品 WTP 因素的边际效应。由表 7-8 可知，所有模型中的投标值（*Lbid1& Lbid2*）系数符号均在 1% 水平下显著为负，这说明随着投标值的升高，消费者对投标值的接受程度下降，设计的投标值能够很好地反映出消费者对评估对象的偏好。

进一步比较影响品牌与有机的偏好因素可以得到以下两点。首先，品牌的偏好主要受综合属性评价（*AE_overall*）的正向影响，而有机的偏好除了受综合属性评价的正向影响外，还受到消费者对有机标签的关注度和信任水平的正向影响。其次，综合属性评价对品牌偏好的影响作用强于有机偏好。由表 7-8 可知，品牌大米和品牌五花肉模型中综合属性评价的边际效应系数分别为 0.101 和 0.114，均大于对应有机大米和有机五花肉模型中的 0.056 和 0.070。

表 7-8　基于 Biprobit 模型影响品牌商标与有机标签 WTP 因素的边际效应

变量	大米		有机五花肉	
	品牌	有机	品牌	有机
Lbid1& Lbid2	−0.478***	−0.393***	−0.459***	−0.452***
	（0.088）	（0.058）	（0.088）	（0.073）

（续表）

变量	大米		有机五花肉	
	品牌	有机	品牌	有机
Age	0.001	0.001	0.005	0.002
	（0.004）	（0.004）	（0.004）	（0.004）
Female	0.065	0.080	0.084	0.053
	（0.054）	（0.051）	（0.052）	（0.055）
Marriage	−0.036	0.025	−0.059	−0.070
	（0.081）	（0.079）	（0.089）	（0.080）
Edu	0.003	0.053	0.013	0.017
	（0.048）	（0.045）	（0.047）	（0.049）
Income	0.056*	0.071***	0.020	0.042
	（0.029）	（0.027）	（0.028）	（0.029）
Familysize	0.005	0.017	0.005	−0.012
	（0.019）	（0.020）	（0.025）	（0.021）
Child	−0.050	−0.068	0.115	0.072
	（0.069）	（0.070）	（0.074）	（0.075）
Elder	0.081	0.080	0.006	−0.025
	（0.054）	（0.055）	（0.061）	（0.061）
Concern	0.052	0.069**	0.004	0.080**
	（0.034）	（0.030）	（0.034）	（0.033）
Trust	0.003	0.078**	0.050	0.014
	（0.045）	（0.034）	（0.042）	（0.035）
AE_overall	0.101***	0.056**	0.114***	0.070**
	（0.031）	（0.027）	（0.030）	（0.029）
观测值	**249**	**249**	**249**	**249**

注：系数为基于 Biprobit 模型的边际影响效应，括号内为标准差，*、**、*** 分别表示系数在 10%、5% 和 1% 水平下显著。

7.6 结论与讨论

7.6.1 研究结论

本研究利用网络调查和双边界二分式 CVM 获取消费者的偏好数据，从消费者对标签的偏好入手考察并比较消费者对品牌食品与有机食品的偏好差异。具体而言，主要的研究结论有以下三点。

（1）消费者对有机食品的支付意愿高于品牌食品，属性评价是决定消费者对品牌食品和有机食品支付意愿的重要因素。研究结果显示消费者对有机标签的综合属性评价高于品牌商标，品牌食品和有机食品的偏好均受综合属性评价的正向影响，且有机食品的支付意愿高于品牌食品。但从影响效应上看，综合属性评价对品牌偏好的作用效果要强于有机偏好。造成这一结果的原因可能在于标签向消费者传递的质量信息并非单一属性，而是包括了食品安全、环境保护和有利于健康等多维度食品属性的集合（Michaelidou 和 Hassan，2008；Mondelaers 等，2009；Yin 等，2010）。消费者对标签食品的评估是多属性（安全、环保和健康等）相互影响下的评估。虽然消费者对有机整体的评价高于品牌，但在具体属性上，二者存在显著的差异（根据前文可知，消费者对有机标签的属性评价更强调环保和健康，而对品牌则更偏向于安全）。在多属性评估时，消费者可能在诸多突出的属性中只关注最突出的属性表现（Larceneux 等，2012；Park 等，1996）。一旦消费者对有机标签的偏好侧重于环保和健康属性，而对品牌商标聚焦于安全属性，那么较高的环保和健康评价对有机偏好的影响并不一定高于较高的安全评价对品牌偏好的影响。

（2）消费者对品牌商标的信任水平高于有机标签。从标签解决信息不对称涉及的信任机制看，品牌商标与有机标签可能也存在明显的区别。从加贴标签涉及的主体看，品牌商标所包含的质量信息主要来源于企业自身，而有机食品则须通过公正的第三方机构，经严格的认证程序才能加贴有机标签。理论上，在信息不对称的情况下，企业通过第三方认证的“他律”机制加贴有机标签产生机会主义的可能性低于企业“自律”机制下加贴品牌的行为，有机标签应比品牌商标的可信度高（Albersmeier 等，2010；D’Souza 等，2007）。尹世久等（2014）在使用联合分析法研究消费者对不同属性奶粉的偏好时，同样发现了消费者更认可有机认证，其重要性超过了品牌，但我们的研究结果则显示消费者对品牌商标的信任水平显著高于有机标签，原因可能在于，消费者对有机食品的信任更多基于对政府和第三方认证机构的信任，而对品牌的信任则更多来自企业自身。如果信任体系涉及的各主体未能及时地应对和有效消除消费者的质疑，那么会导致消费者对品牌食品和有机食品产生不信任。一旦消费者严重质疑和不信任政府的监管效率及认证机构的诚信水平，而认为企业在激烈的市场竞争下能较好地制约自身采取机会主义的倾向时，则极易导致消费者对第三方认证有机食品的信任水平低于企业“自设自评”的品牌食品。

（3）消费者对品牌商标的关注度高于有机标签，但标签关注度对有机食品的偏好有显著的正向影响，而对品牌食品的偏好无显著影响。在购买食品的决策过程中，消费者对标签的关注度在某种程度上意味着消费者在选购食品时是否会主动寻找标签，并将其列为购买决策的重要参考依据。标签要发挥有效的信息传递作用，不仅取决于消费者对标签传递信息的信任和评价，同时也受自身能否获得消费者足够关注的影响。在品牌商标已普遍获得消费者较高关注的条件下，品牌食品的支付意愿不再受标签关注度的影响。而消费者对有机标签的关注度则普遍处于较低水平，有机标签对消费者购买决策的重要程度仍有待提升，其受关注程度的提高可以增强消费者对有机食品的偏好。

7.6.2 管理启示

选择并正确实施品牌或有机的标签策略，对增强消费者的感知价值，提升产品的溢价水平具有重要的意义。对于食品企业的经营者来说，面对竞争日益激烈的食品市场，为避免同质化，在建设品牌与获得有机认证的两种差异化策略之间，应如何判断优劣并做出合理的选择？对于市场营销的实践者来说，品牌与有机的标签向消费者传递着什么样的质量信息？消费者更信任何种标签？二者对于增强消费者的偏好效果如何？本章的结论可为上述问题的解决提供一定的参考。

（1）从消费者偏好的角度看，初创企业实施有机标签策略优于品牌策略。由于对品牌进行了一般化处理，因此品牌与有机比较的研究结论对资源有限的初创企业进入市场时选择实施何种标签策略更具参考价值。研究结论表明消费者对有机食品的支付意愿高于品牌食品，并且无论从整体属性评价还是具体属性评价上看，消费者对有机标签的评价均显著高于品牌商标。这说明在不考虑策略实施的成本情况下，与品牌策略相比，初创企业通过有机认证加贴有机标签能够获得更大的顾客价值，拥有更大的定价空间。实施有机标签策略更能有效地避免同质化的恶性竞争，帮助初创企业获得更大的竞争优势。

（2）应结合标签传递信息的特点及差异，针对不同的食品属性正确开展营销。首先，从食品安全维度看，品牌商标与有机标签并无明显差异。在我国食品安全问题频发的现实背景下，无论是品牌食品还是有机食品，食品安全仍然是食品企业营销应关注的重要属性。其次，与品牌商标相比，消费者对有机标签的属性评价更强调环保和健康。随着我国居民生活水平的提高，公众对环境保护的认识和意识在逐步地提高，环境保护作为新兴的消费者需求，可成为有机食品企业营销上关注的重要食品属性。与此同时，有机标签还具有向消费者传递更有利于健康的特点，这意味着有机食品企业可针对崇尚健康生活方式的特定目标人群开展营销。

（3）增强消费者对有机食品的偏好，应提升有机标签的关注度和信任水平。消费者对有机标签的偏好不仅取决于标签传递的信息内容，而且与消费者在购买决策时对标签的关注程度与信任水平有关。影响有机食品偏好的一个重要因素是消费者在选购食品时，对有机标签的关注程度并不高，有机食品企业应加强宣传有机标签涉及的相关知识，促使有机标签在消费者选购过程中受到足够的关注，提升其在决策中所占的重要程度。此外，影响有机食品偏好的另一个重要因素是消费者对有机标签不信任，原因可能在于消费者普遍对政府和第三方认证机构的不信任，但与此同时，企业的诚信经营亦对构建良好的信任体系具有重要意义。企业应严格按照有机生产标准诚信经营，塑造良好的企业形象，进而提升消费者对有机标签的信任水平。

7.6.3　局限与未来研究

作为初步探索研究，本章还存在许多不足和可以改进的地方，主要包括以下三个方面。

（1）在判断品牌商标与有机标签的策略选择优劣时，缺乏纳入成本因素的考量。本章仅从消费者偏好的角度，测算并比较消费者对品牌食品与有机食品的支付意愿差异。但企业在具体实施品牌建设与获得有机认证时，必然需要投入相应的资源和精力，进而产生相应的成本。企业在判断品牌商标与有机标签策略何者更优时，应纳入实施策略所涉及的成本因素，在更全面的成本收益分析基础上，做出最终的选择决策。

（2）针对品牌的一般化处理，忽略了将品牌作为“提示属性”（Cue Attribute）启发消费者对除产品质量属性之外其他因素的联想，可能低估了品牌的作用。首先，从品牌权益的视角看，消费者对品牌的额外支付意愿，不仅受品牌产品为消费者提供较高的感知质量的影响（Keller,

2011)，而且受诸如品牌感知成本价值、品牌独特性的影响（Netemeyer等，2004）。其次，品牌在指示内在产品属性时可能与影响品牌资产的其他因素存在相互影响。例如，雷超和卫海英（2011）通过研究品牌资产与消费者溢价在搜寻、经验和信任属性产品中的关系时，发现了品牌知名度、感知价值、品牌忠诚度和公司联想在不同属性产品中对消费者溢价的影响不同。事实上，与有机标签的差异化主要体现在产品水平上不同，品牌商标的差异化则更多地体现在厂商水平（Larceneux等，2012）。若将品牌作为“提示属性”启发消费者对其他因素的联想纳入考虑，本章所得的研究结论可能会低估现实中品牌的作用。

（3）本章研究所得的结论在进一步推广时，应特别注意研究方法和调查所得样本的限制。首先，采取双边界二分式CVM获取的偏好数据来自于假想市场，并不能完全代表真实市场的消费者偏好。虽然在问卷设计中采取了一定的方式尽可能地控制并缩小其与真实市场的偏差，但从理论上讲，偏差并不可能被完全消除，这些未被消除的偏差可能对最终的研究结论产生影响。其次，本章选择的样本因采取网上调查的方式，所获取的样本特征与北京统计年鉴的人口特征存在较大的偏差，由该样本所得的结果推计总体时，并不适合推广至北京的所有消费者。

未来的研究可从以下几方面进行探索。

第一，从更全面的标签策略管理角度看，品牌与有机二者的关系不仅体现在差异和相互影响上，还可能体现在不同策略选择的次序对最终联合状态的影响上。未来研究可关注企业在实现品牌有机联合状态的实施路径上，究竟该选择先品牌后有机，还是先有机后品牌的策略次序。

第二，借鉴本章的研究方法，未来可开展品牌、有机与其他标签策略的比较研究，为企业选择产品差异化的标签策略提供更多的参考信息。

第三，有机标签涉及第三方的认证机制，理论上应比品牌更具有可信度，但本章的研究结论支持消费者对品牌商标的信任水平高于有机标签，未来研究可进一步探索消费者对标签涉及主体的信任与标签信任水平究竟存在何种关系，并分析导致消费者对第三方认证机制信任水平不高的原因。

第四，在结论的推广上，未来研究可以选择更多品种，针对不同地区范围开展更适合推广到普通消费者的样本调查。

第8章

有机食品标志与品牌商标的联合效应：替代效应还是互补效应

8.1 引言

食品企业实施品牌塑造或有机认证策略的一个重要依据是，消费者愿意为有机食品或品牌食品支付额外的金额。现实中大多数企业意识到了二者在溢价上的作用，但并未认识到二者联合使用时可能存在的相互关系，这导致食品企业对品牌塑造和有机认证的标识管理决策仅凭主观的经验判断，缺乏客观的科学依据。因而，我们有必要从消费者对有机食品标志与品牌商标的偏好关系入手考察二者溢价间的相互关系。

有关有机食品标志与品牌商标二者关系的研究，现有文献主要集中探讨二者在联合使用时的关系究竟是替代还是互补。大多数经济学的研究主要使用选择实验（Wu 等，2014）或联合分析法（符国群和佟学英，2004；尹世久等，2014），将有机食品标志与品牌商标视为一种产品的内在属性，基于属性间权衡分析有机食品标志与品牌商标之间的替代或互补关系。而管理学的研究则主要从品牌和有机两种标签策略的相互影响入手，考察二者关系。例如，品牌的有机标签使用策略（Dekhili 和 AkliAchabou，2014），品牌权益对有机标签的影响（Larceneux 等，2012），有机标签对品牌类型的影响（Bauer 等，2013）等。

与现有文献主要采取选择实验（Choice Experiment，CE）考察及研究消费者对品牌食品和有机食品偏好的相互关系不同，本章主要采取CVM中的双边界二分法诱导出消费者对二者的偏好关系及支付意愿。尽管选择实验在考察标签偏好之间的相互关系方面具有诸多优势，但本章认为有机食品标志与品牌商标是一种复合的外在质量属性，并非食品的内在质量属性（食品安全、环境保护、健康等），其主要功能在于作为“提示属性”，向消费者提供相关的内在质量属性信息，启发消费者对食品内在质量属性进行重新估值。因而，在分解食品效用时，不宜将有机食品标志、品牌商标与其他内在质量属性分开作为单属性考虑，而应视为整体食品的一部分进行评估。

综上，本章将采取双边界二分法考察消费者对企业品牌和有机认证的偏好关系，为食品企业更好地进行标识管理提供科学决策依据。具体而言，本章从消费者对有机食品标志与品牌商标二者溢价的相互关系方面，考察有机食品标志与品牌商标同时存在时究竟是替代还是互补关系。

本章内容主要包括以下几方面：构建理论框架并提出假说；介绍验证假说的研究思路与具体的计算方法；说明数据来源；进行结果分析，即从有机食品标志和品牌商标的两次溢价角度分别考察消费者对二者联合使用时的偏好关系，检验二者叠加究竟是替代还是互补关系；最后给出研究结论，并展开讨论。

8.2 理论框架与假说

Lancaster（1966）的属性—效用理论认为消费者的效用来自于消费者对食品提供一系列属性的综合评价。消费者在既定的预算约束条件下，从食品属性中最大化地满足自身效用，其效用的满足程度最终决定了消费者对食品的价值评估。基于 Lancaster（1966）属性—效用理论和消费者效用最大化理论，消费者将选择不同属性水平的食品。假定消费者从食品中获得的间接效用函数为 $V(m,p,a,z)$，其中 $V(\cdot)$ 表示消费者的间接效用函数，m 为收入，p 为食品价格，a 为食品属性向量，z 为其他影响消费者效用的因素。假定市场上可供消费者选择的食品有两种，包括食品 1 和食品 2，其中食品 1 的价格为 p。食品 2 比食品 1 具有更高的属性水平，当消费者选购食品 2 时，效用的变化主要来源于食品 2 比食品 1 具有更高的属性水平。假设属性水平的变化为 l，t 为消费者愿意为食品 2 支付的额外金额，根据 CVM 对支付意愿推断的基本原理，消费者在拥有以上两种食品选择权的情况下，消费食品 1 时需要给以一定货币形式的补偿来维持效用不变，因而有：

$$V\left(m,p,a,z\right)=V\left(m,p+t,a+l,z\right) \tag{8.1}$$

假设属性水平的变化非常小，$V(m,p+t,a+l,z)$ 可以写成一阶近似表达式：

$$V\left(m,p+t,a+l,z\right)\approx V\left(m,p,a,z\right)+\frac{\partial V\left(m,p,a,z\right)}{\partial p}t+\frac{\partial V\left(m,p,a,z\right)}{\partial a}l \tag{8.2}$$

联合式（8.1）和式（8.2），可以得到：

$$\mathrm{WTP}=t=-\frac{\partial V\left(m,p,a,z\right)/\partial a}{\partial V\left(m,p,a,z\right)/\partial p}l \tag{8.3}$$

式（8.3）中，WTP 为消费者愿意为属性变化 l 所支付的额外金额，由于价格的边际效用 $\partial V\left(m,p,a,z\right)/\partial p$ 为负，属性的边际效用 $\partial V\left(m,p,a,z\right)/\partial a$ 为正，因此通常情况下 WTP 为正值。

当有机食品标志与品牌商标二者同时存在时，消费者对二者叠加的额外支付意愿将取决于以下两方面：

（1）消费者对在已有品牌（有机）标识基础上增加有机（品牌）所带

来属性变化的感知小于仅在普通食品基础上增加有机（品牌）的属性变化感知；

（2）消费者对增加额外标识带来的在同一种属性上额外变化的边际效用存在递减效应（Gao 和 Schroeder，2009）。因而，有机食品标志与品牌商标可能存在替代效应。

有机食品标志与品牌商标二者是否存在替代互补关系，可通过考察二者之间的溢价是否受彼此的影响来验证。若二者的溢价互不影响，则不存在替代互补关系；若二者的溢价受彼此影响，则存在替代互补关系。当一种标识在另一种标识存在时的溢价小于另一种标识不存在时的溢价，则二者为替代关系，反之则为互补关系。

消费者面临两种食品可供个人选择的情景有四种：第一种是普通食品和加贴品牌商标的食品；第二种是普通食品和加贴有机食品标志的食品；第三种是加贴品牌商标的食品和同时加贴品牌与有机食品标志的食品；第四种是加贴有机食品标志的食品和同时加贴品牌与有机食品标志的食品。与这四种情景相对应，分别设定消费者愿意对品牌商标、有机食品标志、在已有品牌商标基础上加贴有机食品标志和在已有有机食品标志基础上加贴品牌商标等所带来额外属性变化的支付意愿为 WTP_{org}、WTP_{bra}、$WTP_{bra+org}$ 和 $WTP_{org+bra}$。

据此，本章提出假说 1：消费者愿意对在已有品牌（有机）标识基础上增加有机（品牌）标识的额外支付金额，小于对在普通食品基础上增加有机（品牌）标识的额外支付金额。

$H0_{1a}$：$WTP_{org} = WTP_{bra+org}$

Ha_{1a}：$WTP_{org} > WTP_{bra+org}$

$H0_{1b}$：$WTP_{bra} = WTP_{org+bra}$

Ha_{1b}：$WTP_{bra} > WTP_{org+bra}$

8.3 研究方法

8.3.1 研究思路

为了验证以上有关消费者对有机食品标志与品牌商标二者联合选择偏好关系的假说，本章确定了以下研究思路。

首先，通过对消费者调查样本的设计，为在不同状态下，消费者对有机食品标志与品牌支付意愿（WTP）的组间比较和组内比较提供条件。

其次，选择大米和五花肉两种产品，采取双边界二分式 CVM 分别计算各消费者样本组对仅有品牌商标、仅有有机食品标志、已有品牌商标基础上的有机食品标志和已有有机食品标志基础上的品牌商标等食品的 WTP。

最后，从有机溢价的角度比较消费者对仅有有机食品标志的 WTP 和消费者对已有品牌商标基础上的有机食品标志的 WTP，以验证假说 1（$H0_{1a}$）。从品牌溢价的角度比较消费者对仅有品牌商标的 WTP 和已有有机食品标志基础上的品牌商标的 WTP，以验证假说 1（$H0_{1b}$）。

8.3.2 研究设计与计算方法

8.3.2.1 消费者的调查样本设计

本章涉及消费者对有机食品标志和品牌在不同状态下 WTP 的比较，重点在于考察并比较不同状态下标识增减对 WTP 的影响。由于标识的增减本质上类似于在实验中加入外在的干预手段，在其他条件不变的情况下，WTP 最终结果的变化可视为外在干预手段所引起的变化。在考察外在干预导致的结果变化时，比较可在同一个消费者样本组内进行，也可以在不同消费者样本之间进行，前者称为组内比较，后者称为组间比较。在条件估值法的调查样本设计中，二者各有利弊。为了避免因调查设计对研究结果可能造成的影响，本章采用了可同时进行组内比较和组间比较的调查样本设计。如果仅采用组内比较，那么只需要一组消费者调查样本即可。为了使假说同时通过组内比较和组间比较的验证，本章设计了三组消费者调查样本，如表 8-1 所示。

表 8-1 消费者的调查样本设计

消费者调查样本分组	G1	G2	G3
各组消费者样本调查获得的结果	$WTP1_{org}$	$WTP2_{org}$	$WTP3_{org}$
		$WTP2_{bra}$	$WTP3_{org+bra}$
		$WTP2_{bra+org}$	$WTP3_{bra+org}$
		$WTP2_{org+bra}$	

注：WTP_{org} 是对有机食品的支付意愿，WTP_{bra} 是消费者对品牌食品的支付意愿，$WTP_{bra+org}$ 是消费者对已有品牌商标基础上增加有机食品标志的食品的支付意愿，$WTP_{org+bra}$ 是消费者对已有有机食品标志基础上增加品牌商标食品的支付意愿。

资料来源：经笔者整理而得。

在表 8-1 的设计中，本章涉及的各种待检验的 WTP 关系可同时进行组内和组间比较。其中，针对假说的检验 1（$H0_{1a}$）的比较共有 4 次，具体为对 G2 和 G3 的 WTP_{org} 与 G2 和 G3 的 $WTP_{bra+org}$ 进行 2 次组内比较，对 G1 的 WTP_{org} 分别与 G2 和 G3 的 $WTP_{bra+org}$ 进行 2 次组间比较。针对假说 1 的检验 2（$H0_{1b}$）的比较共有 2 次，具体为对 G2 的 WTP_{bra} 与 G2 的 $WTP_{org+bra}$ 进行 1 次组内比较，对 G2 的 WTP_{bra} 与 G3 的 $WTP_{org+bra}$ 进行 1 次组间比较。

8.3.2.2 WTP 的调查计算方法

（1）诱导技术的选择

本章关心消费者对不同食品类型上增加额外标识的估值变化。在真实市场中，标识作为整体食品的一部分，难以直接从食品上剥离并以单独存在的状态出售。因而，食品上加贴的标识可看成是一种非市场物品。在消费者的偏好研究方法中，陈述性偏好法可根据研究的需要设定假想情景，并直接询问消费者在假想情景中的选择，以收集消费者数据。由于这种方法常用于对非市场物品和服务的价值评估，因而适用于本章的研究目的。本章选择陈述性偏好法的另一原因在于有机食品在市场上尚未普及，以及其在食品中所占的份额十分有限，使得研究者难以直接从真实市场上获取消费者数据，这就导致研究消费者偏好的另一种方法——显示性偏好法的使用受到极大限制。

选择实验法（CE）和条件估值法（CVM）是陈述性偏好法中常用的两种具体方法。这两种方法都基于 Lancaster 的属性—效用理论，在实证模型中使用随机效用模型（Random Utility Model，RUM）将消费者对食品的效用分解为消费者对一系列属性的偏好，并通过离散选择模型估计 WTP（Sriwaranun 等，2015）。有机食品标志和品牌是一种外在的质量属性，并非食品的内在质量属性（食品安全、环境保护、健康等），其作为“提示属性”的作用在于向消费者提供相关的内在质量属性信息，启发消费者对食品内在质量属性进行重新估值。因而，在对食品效用分解时，不宜将有机食品标志和品牌作为与其他内在质量属性单独开来的单属性考虑，而应将其视为整体食品的一部分进行评估。CE 通过设计食品一系列的具体属性及属性水平供消费者选择，优势在于可考察各种属性间的权衡及其对 WTP 的影响，但针对品牌和有机等两种标识的 CE 设计，将其视为单属性间的权衡将割裂标识的“提示属性”与内在质量属性的联系①。而 CVM 偏

① 本章不使用 CE 方法的另一个原因在于一旦要考虑标识的“提示属性”与内在质量属性的联系，则必然要对食品内在的质量属性进行界定，否则无法使用随机效用模型对 WTP 的各种属性来源进行分解。此外，采取 CE 方法将导致两方面的问题：一方面，在对食品内在质量属性的水平进行量化时，由于缺乏较为科学和精确的量化标准，因此会导致诸如食品安全和环境保护两种信任属性在具体量化时本身难以确定；另一方面，无论是从属性数量的增加所造成的设计难度来看，还是从对属性的解释及属性水平设定的说明来看，庞大的信息量和过于技术化的说明将给消费者带来沉重的信息负荷，影响最后 WTP 的估计结果。

向于将食品视为整体进行评估。CVM 在考察消费者对有机食品标志和品牌的偏好时，既不切断标识的“提示属性”与内在质量属性的联系，又可在结果估计时通过与同类食品比较直接测算出增加标识的 WTP。因而，本章选择 CVM 将更符合本章的研究目的。具体地，本章选择 CVM 中的双边界二分法作为 WTP 的诱导技术。

（2）WTP 均值及置信区间的计算

本章主要采取 CVM 中的双边界二分法（DBDC）调查计算表 8-1 中所列的所有 WTP。其具体调查计算方法如下。

第一，在给定投标值的情况下询问消费者对不同标识状态下食品的购买选择。DBDC 方法一般须进行两轮的询问。首先，以参照食品为基础，在参照食品基础上额外增加标识设定一个高于参照食品的价格（即投标值），询问消费者是否愿意购买，得到第一轮的消费者选择结果。其次，根据消费者的第一轮选择结果，进行第二轮询问。如果消费者第一轮选择“是”，则给出一个更高的价格，再次询问消费者是否愿意购买，得到消费者的第二轮选择结果；如果消费者第一轮选择“否”，则给出一个更低的价格，再次询问消费者是否愿意购买，得到消费者的第二轮选择结果。

由于本章需要得到消费者对食品在不同标识状态下的消费偏好，所以在计算每一项 WTP 之前，应对询问时所指的在不同标识状态下的食品都做出明确的界定：（a）仅有品牌商标的食品，是指在普通食品上额外加贴品牌商标的食品，调查询问的结果用于计算 WTP_{bra}；（b）仅有有机食品标志的食品，是指在普通食品上额外加贴有机食品标志的食品，调查询问的结果用于计算 WTP_{org}；（c）在已有品牌商标基础上加贴有机食品标志的食品，是指在品牌食品上额外加贴了有机食品标志的食品，调查询问的结果用于计算 $WTP_{bra+org}$；（d）在已有有机食品标志基础上加贴品牌商标的食品，是指在有机食品上额外加贴了品牌商标的食品，调查的结果用于计算 $WTP_{org+bra}$。

第二，根据每次询问（包括第一轮和第二轮）结果，估计以选择结果为因变量和以投标值为自变量的离散选择模型。

根据计算 WTP 的需要，本章采用仅有常数项和投标值的函数的 Biprobit 模型，具体的估计式为：

$$R_{1jk} = \alpha_{1jk} + \beta_{1jk} B_k^i + \varepsilon_{1jk} \tag{8.4}$$

$$R_{2jk} = \alpha_{2jk} + \beta_{2jk} B_k^{u(l)} + \varepsilon_{2jk} \tag{8.5}$$

其中，R_{1jk} 和 R_{2jk} 分别为第 j 个消费者对第 k 个评估对象的第一次投标值 B_k^i 和第二次投标值 $B_k^{u(l)}$ 的回答情况，当回答为 yes 时，取值为 1，其他为 0。a_{1jk} 和 a_{2jk} 为常数项，β_{1jk} 和 β_{2jk} 分别为 B_k^i 和 $B_k^{u(l)}$ 的系数，ε_{1jk} 和 ε_{2jk} 为随机误差项。假定随机误差项 ε_{1jk} 和 ε_{2jk} 分别服从均值为 0，方差为 ${\sigma_{1k}}^2$ 和 ${\sigma_{2k}}^2$ 的正态分布，相关系数 ρ_k 为第 k 个评估对象对应的两次 WTP 函数误差项的协方差。

当 k=1 时，评估对象为普通有机食品；当 k=2 时，评估对象为品牌食品；当 k=3 时，评估对象为在已有品牌基础上增加有机食品标志的食品；当 k=4 时，评估对象为在已有有机基础上增加品牌商标的食品。

式（8.4）和式（8.5）可通过似不相关法对 Biprobit 模型进行估计（Cameron 和 Quiggin，1994）。对两方程施加各系数一致的约束条件（$\alpha_{1k} = \alpha_{2k} = \alpha_k$；$\beta_{1k} = \beta_{2k} = \beta_k$）。

第三，根据模型估计结果计算 WTP 的平均值，并确定其置信区间。各 WTP 平均值的计算公式如下：

$$E(\mathrm{WTP}_k) = -\frac{{\alpha_k}^*}{{\beta_k}^*} \tag{8.6}$$

其中，$E(\mathrm{WTP}_k)$ 为第 k 个评估对象对应的 WTP 均值，${\alpha_k}^*$ 为第 k 个评

估对象对应的常数项系数估计值，β_k^* 为第 k 个评估对象对应的投标值系数估计值。

此外，本章使用 Krinsky 和 Robb（1986）提出的蒙特卡洛模拟方法确定 WTP 的 95% 置信区间。

8.3.2.3　根据调查样本设计和研究目的进行 WTP 比较

在进行 WTP 比较之前，为了使比较的基础相对一致，须先将 8.3.2.2 中计算得到的各 WTP 的绝对值转换为 WTP 的相对值，即相对于参照食品而言，额外增加不同标识各类食品的相对溢价率（%）。具体计算公式如下：

$$PR=(WTP-P)/P\times100\% \tag{8.7}$$

其中，PR 为额外增加标识食品的溢价率，P 为参照食品的单位价格。

然后，根据调查样本设计和研究目的进行相应的 WTP 比较。为了提高比较的科学性，本章除了展开简单的平均数比较之外，还将采取样本均值 t 检验的办法。组内和组间的 WTP 比较分别采用配对和非配对的样本均值 t- 检验。

8.4　数据来源

8.4.1　消费者抽样及其样本特征

本章所用数据来源于作者在 2015 年 8 月 20 日至 9 月 3 日期间委托问卷星公司进行的在线问卷调查。首先，通过 IP 地址将调查对象限定为北京市消费者；其次，根据“主要承担家庭食物购买且有消费大米和五花肉”这一筛选条件，确定对具体调查产品具有购买和消费行为的消费者；最后，根据本章调查样本设计的要求，从满足组内比较和组间比较的需要出发，分别随机确定了 G1、G2 和 G3 三个消费者样本组。样本人口统计学特征如表 8-2 所示。

表 8-2　样本人口统计学特征

变量		全样本	G1	G2	G3
年龄（a）		31.614	31.425	31.659	31.758
		（8.305）	（7.829）	（7.832）	（9.209）
家庭规模（a）		3.647	3.717	3.578	3.645
		（1.304）	（1.210）	（8.307）	（1.330）
性别	男	45.70%	48.58%	39.36%	49.19%
	女	54.30%	51.42%	60.64%	50.81%
婚姻状态	已婚	64.92%	65.18%	66.67%	62.90%
	未婚	34.01%	33.60%	32.53%	35.89%
	其他	1.08%	1.21%	0.80%	1.21%
受教育水平	初中及以下	2.55%	4.45%	2.01%	1.21%
	高中	8.87%	6.88%	9.24%	10.48%
	大学	72.85%	71.26%	73.49%	73.79%
	硕士及以上	15.73%	17.41%	15.26%	14.52%
家庭税前月总收入（元）	（0, 5 000]	20.83%	20.04%	19.68%	22.58%
	（5 000, 11 000]	34.14%	35.22%	35.34%	31.85%
	（11 000, 21 000]	26.75%	27.53%	25.70%	27.02%
	（21 000, +）	18.28%	17.00%	19.28%	18.55%
是否有 12 周岁以下小孩	是	50.40%	52.23%	50.60%	48.39%
	否	49.60%	47.77%	49.40%	51.61%
是否有 65 周岁以上老人	是	35.35%	34.41%	37.75%	33.87%
	否	64.65%	65.59%	62.25%	66.13%
观测值（份）		**744**	**247**	**249**	**248**

注：（a）给出的值为变量均值，括号内为标准差。

资料来源：经笔者计算整理而得。

8.4.2 调查内容及调查误差控制

8.4.2.1 调查对象产品的具体化

为了准确获得消费者对仅有品牌商标、仅有有机食品标志、已有品牌商标基础上的有机食品标志和已有有机食品标志基础上的品牌商标的消费偏好，降低消费者选择判断的困难性，提高消费者选择判断的真实性和可靠性 WTP，在调查中我们不仅将食品具体化为大米和五花肉，还给出了产品的具体数量和规格，即为 5kg 的袋装大米和 500g 的新鲜五花肉。

8.4.2.2 假想偏差的控制

CVM 中消费者所处的情景对使用该方法诱导消费者真实支付意愿的效度至关重要。由于 CVM 中设计的情景不可能等同于消费者所处的真实情景，二者的差异不可避免地将导致假想偏差。假想偏差是客观存在的，但可以采取一定的方法减少偏差程度。其中，正确地描述消费者所处的场景、面对的产品选择及设定“消费者的消费预算约束”，可以在一定程度上减少假想偏差的程度（张志强等，2003；徐中民等，2003；赵军和杨凯，2006）。在情景设计中，本章以描述性文字“假定您和平时一样，在自己熟悉的超市或网店等渠道选购大米 / 五花肉。现在市场上有两种类型的大米 / 五花肉产品供您选择，分别为……”[①]模拟消费者所处的真实市场和所面对的消费选择，以及通过描述性文字“如果您选择购买额外加贴品牌商标 / 有机标签的大米 / 五花肉，则您每月用于食品的费用将会因对额外加贴品牌商标 / 有机标签的大米 / 五花肉的额外支付而减少您花在其他食品上的费用”提醒消费者注意消费预算约束，以控制假想偏差。

① 符号“/”表示“或”的关系，若无特别说明，本章内容的此符号所表示的含义相同。符号“……”表示根据对不同的两种产品类型比较涉及的具体产品类型描述，详细的描述性内容见附录的问卷版本。

8.4.2.3 评估对象的信息控制

在实际市场中，消费者除了依据有机食品标志和品牌来区分品牌食品、有机食品与普通食品的差异，可能还会根据产地信息及品种和外观等多种可观测的产品特征信息来辨识这种差异（Schleenbecker 和 Hamm，2013）。为了确保消费者对食品的有机食品标志和品牌的支付意愿变化只来自于标识的增减，本章在问卷中以描述性文字“两种类型的产品在品种、产地和外观上均无明显差异，能看到的差别仅在于有没有额外加贴品牌商标 / 有机标签”向消费者说明两种类型产品的差异，并结合图片形式让消费者更容易识别出这种差异。不同品牌与有机食品标志状态下的产品类型如图 8-1 所示。

8.4.2.4 “品牌”界定

品牌作为“提示属性”，影响着消费者对食品属性（包括食品安全、口味、健康等质量属性）的评估，已被证实为消费者用于选购食品的重要参考依据（Vranešević 和 Stancec，2003）。不同程度的品牌影响力不仅会影响消费者最终对品牌商标的额外支付意愿，而且已有研究亦指出消费者对有机食品标志的额外支付意愿在不同水平的品牌权益上有所差异（Larceneux 等，2012）。由于实际市场上可能存在占据绝大份额或拥有垄断地位的著名品牌，以及在市场上影响程度较小且不足以排斥其他竞争对手的一般品牌，因此本章内容在涉及考察消费者对品牌商标的额外支付意愿时，必须对使用的“品牌”一词进行界定。

本章涉及的“品牌”主要指经过国家工商行政管理部门注册登记的所有商标，并不特指著名商标品牌。在问卷设计中，以一般化的 A 品牌 / B 品牌作为加贴在大米 / 五花肉上的品牌商标，并在情景设计中以描述性文字“额外加贴的 A 品牌 /B 品牌是一个注册商标，但不一定是著名品牌”向消费者说明品牌的定义。

产品类型	袋装大米（规格：5kg）	五花肉（规格：500g）
普通		
品牌	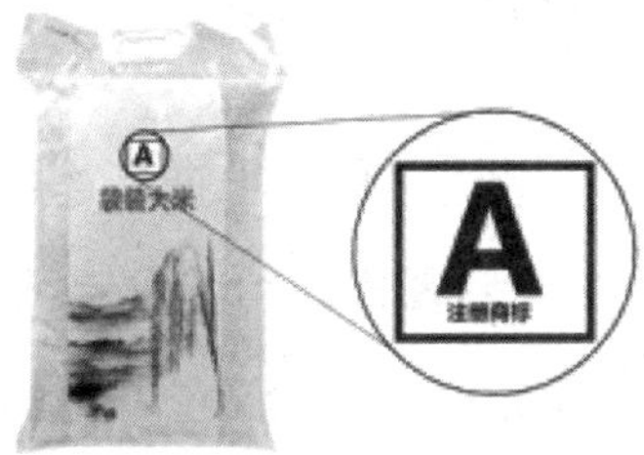	
有机	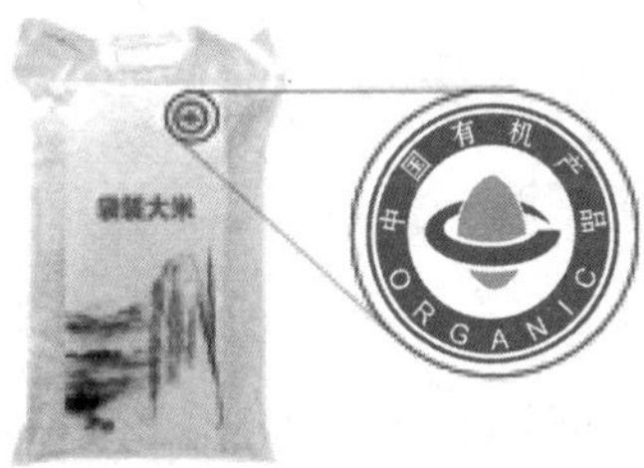	
品牌有机	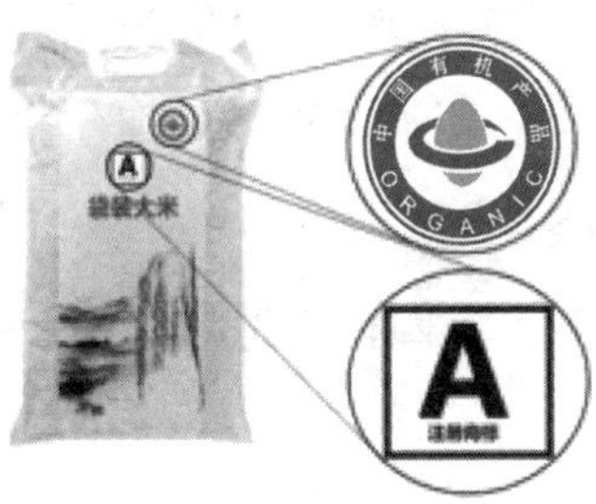	

图 8-1　不同品牌与有机食品标志状态下的产品类型

8.4.2.5　投标值设计

第一轮投标值 B^i 的设定采取经验设定方法，投标值的范围以参照食品的市场价格为最小投标值，以相较于参照食品，额外增加标识食品实际市场溢价的 1.3 倍之和为最大投标值。

第二轮投标值则根据以下原则设定。如果消费者对初始投标值的选择为是（否），则在接下来的问题中向消费者投放相应的更高（更低）的投标值，根据 Cooper（1993）的研究，较高投标值为初始投标值的两倍，较低投标值为初始投标值的一半。

8.4.3 调查实施及其结果统计

调查是通过线上提供调查问卷的方式完成的。根据调查样本分组，所选中的消费者，每位只能回答其所在消费者样本组的调查问卷。每位消费者相应的第一轮投标值均由系统从事先设定的 11 套投标值中随机生成。消费者在回答投标值意愿选择的核心问题时，为了保证其回答之前有足够的时间阅读相应的场景设置说明，系统设置了最短答题时间，消费者只有在最短答题时间过后方能回答下一个问题。当消费者回答完所有问卷的问题，必须正确输入由系统随机产生的验证码后才可正式提交问卷。

整个调查过程历时两周，共回收问卷 809 份，删除答题时间过短和与样本筛选设置题存在矛盾的问卷，得到有效问卷 744 份，其中 G1、G2 和 G3 各组的有效问卷分别为 247 份、249 份和 248 份，有效问卷占回收问卷的比率分别为 91.82%、91.88% 和 92.13%。根据消费者对双边界二分法（DBDC）两次投标值问题的回答，统计出四种类型的回答结果，如表 8-3 所示。

表 8-3　DBDC 四种类型回答结果的统计

DBDC	频数与百分比（%）	大米				五花肉			
		NN	NY	YN	YY	NN	NY	YN	YY
$DBDC_{org}$（G1）	频数	36	45	54	112	55	34	61	97
	%	14.57	18.22	21.86	45.34	22.27	13.77	24.7	39.27

（续表）

DBDC	频数与百分比（%）	大米				五花肉			
		NN	NY	YN	YY	NN	NY	YN	YY
$DBDC_{org}$（G2）	频数	45	36	56	112	57	41	51	100
	%	18.07	14.46	22.49	44.98	22.89	16.47	20.48	40.16
$DBDC_{org}$（G3）	频数	37	42	65	104	57	43	47	101
	%	14.92	16.94	26.21	41.94	22.98	17.34	18.95	40.73
$DBDC_{bra}$（G2）	频数	50	38	42	119	53	38	54	104
	%	20.08	15.26	16.87	47.79	21.29	15.26	21.69	41.77
$DBDC_{bra+org}$（G2）	频数	42	29	48	130	78	38	34	99
	%	16.87	11.65	19.28	52.21	31.33	15.26	13.65	39.76
$DBDC_{bra+org}$（G3）	频数	46	38	54	110	66	34	42	106
	%	18.55	15.32	21.77	44.35	26.61	13.71	16.94	42.74
$DBDC_{org+bra}$（G2）	频数	35	30	44	140	66	35	36	112
	%	14.06	12.05	17.67	56.22	26.51	14.06	14.46	44.98
$DBDC_{org+bra}$（G3）	频数	25	28	45	150	70	38	43	97
	%	10.08	11.29	18.15	60.48	28.23	15.32	17.34	39.11

注：NN、NY、YN 和 YY 分别代表由 DBDC 两个问题的回答统计得到的四种回答情况，（no, no）、（no, yes）、（yes, no）和（yes, yes）。其中，$DBDC_{org}$、$DBDC_{bra}$、$DBDC_{bra+org}$ 和 $DBDC_{org+bra}$ 分别指采取双边界二分法对仅有品牌商标、仅有有机食品标志、在已有品牌商标基础上加贴有机食品标志和在已有有机食品标志基础上加贴品牌商标的偏好选择问题。DBDC 括号内为其所在的样本组。

资料来源：由笔者计算整理而得。

由表 8-3 可知，在消费者对所有 DBDC 问题的四种回答类型中，YY 的比例都远高于其他三种回答类型[①]。从 YY 的频数和百分比来看，消费者对大米在各种情景下的回答大于五花肉的回答情况；从 NN 的频数和百分比来看，消费者对大米在各种情景下的回答则小于五花肉的回答情况。

① 较高的 YY 偏差意味着本章可能存在 DBDC 中常见的肯定性偏差，导致最终估计结果低估了消费者真实的 WTP。

8.5 结果分析

8.5.1 Biprobit 模型估计结果与 WTP 均值

根据计算 WTP 均值时对 Biprobit 模型（Constant-only Bid Function）的设定（自变量仅包括投标值），具体的模型变量定义及描述性统计如表 8-4 所示。

本章运用 Stata12.0 软件，先根据式（8.4）和式（8.5）估计出 Biprobit 模型的系数（见表 8-5），由表 8-5 给出的 Biprobit 模型估计结果可知，除大米 G2 的 WTP_{org}、大米 G3 的 $WTP_{bra+org}$ 和五花肉 G1 的 WTP_{org} 等模型中的相关系数 ρ 不显著之外，大米 G1 和 G3 的 WTP_{org} 相关系数 ρ 分别在 10% 和 5% 水平下显著，其他相关系数 ρ 则均在 1% 的水平下显著，这表明大部分的 Biprobit 模型拒绝了两个方程误差项不相关的原假设，可使用 Biprobit 模型估计[①]。所有的 Biprobit 模型的卡方检验均在 1% 水平下显著（Prob > chi2=0），这表明所有的 Biprobit 模型均具有良好的拟合效果。投标值 $B_1^i\&B_1^{u(l)}$ 的系数符号均在 1% 水平下显著为负，这说明消费者对投标值的接受程度随着投标值的升高而下降，投标值在反映消费者对评估对象的偏好上具有良好的性质。以上分析说明，这些模型估计结果可用于计算 WTP 的均值。

本章根据 Biprobit 模型估计出的系数，先通过式（8.6）计算出大米和五花肉情景下不同评估对象的 WTP 均值；然后根据 Krinsky 和 Robb（1986）提出的蒙特卡洛模拟方法进行 50 000 次模拟，计算出相应 WTP 的 95% 置信区间。表 8-6 给出了检验假说所涉及的各 WTP 的均值、置信区间等详细信息。

---

① 相关系数 ρ 反映出两次回答是否相关。若 ρ 不显著为 0，则两次回答相关，估计时应采取 Biprobit 模型；若 ρ 显著为 0，则两次回答不相关，可将两次回答合并，采取 probit 模型估计。鉴于本章的大部分模型都检测到两次回答的相关性，为了使计算出的 WTP 及 WTP 比较所用的基准一致，本章统一使用 Biprobit 模型估计。

表 8-4 Biprobit 模型的变量定义及描述性统计

食品类型	变量	变量定义	均值及标准差	$DBDC_{org}$			$DBDC_{bra}$	$DBDC_{bra+org}$		$DBDC_{org+bra}$	
				G1	G2	G3	G2	G2	G3	G2	G3
大米	因变量										
	R1	对初始投标值的回答：1= 是，0= 否	均值	0.672	0.675	0.681	0.647	0.715	0.661	0.739	0.786
			标准差	0.470	0.469	0.467	0.479	0.452	0.474	0.440	0.411
	R2	对第二次投标值的回答：1= 是，0= 否	均值	0.636	0.594	0.589	0.631	0.639	0.597	0.683	0.718
			标准差	0.482	0.492	0.493	0.484	0.481	0.492	0.466	0.451
	自变量										
	B1	初始投标值	均值	5.443	5.625	5.530	4.422	9.394	9.517	13.399	13.421
			标准差	3.307	3.346	3.398	1.553	3.299	3.352	1.554	1.571
	B2	第二次投标值	均值	5.966	6.139	6.327	4.709	9.959	9.876	13.897	14.251
			标准差	4.495	4.459	5.269	2.006	4.428	4.221	2.290	2.824
五花肉	因变量										
	R1	对初始投标值的回答：1= 是，0= 否	均值	0.640	0.606	0.597	0.635	0.534	0.597	0.594	0.565
			标准差	0.481	0.490	0.492	0.483	0.500	0.492	0.492	0.497
	R2	对第二次投标值的回答：1= 是，0= 否	均值	0.530	0.566	0.581	0.570	0.550	0.565	0.590	0.544
			标准差	0.500	0.497	0.494	0.496	0.498	0.497	0.493	0.499
	自变量										
	B1	初始投标值	均值	23.888	23.729	23.285	19.929	47.667	47.224	54.736	55.327
			标准差	14.080	13.324	13.368	9.287	13.524	13.417	9.085	9.496
	B2	第二次投标值	均值	24.387	24.421	23.564	20.666	46.339	46.866	54.877	55.771
			标准差	17.195	16.799	15.552	11.671	12.913	14.051	10.609	12.109

表 8-5　Biprobit 模型估计结果

食品类型	变量	WTP_{org}			WTP_{bra}	$WTP_{bra+org}$		$WTP_{org+bra}$	
		G1	G2	G3	G2	G2	G3	G2	G3
大米	常数项	0.947***	0.823***	0.609***	1.189***	1.462***	1.179***	3.776***	2.832***
		（0.1181）	（0.1160）	（0.1057）	（0.1739）	（0.1770）	（0.1731）	（0.4533）	（0.4020）
	$B_1^i \& B_1^{u(l)}$	−0.095***	−0.080***	−0.044***	−0.180***	−0.102***	−0.087***	−0.234***	−0.154***
		（0.0171）	（0.0160）	（0.0142）	（0.0344）	（0.0166）	（0.0164）	（0.0324）	（0.0282）
	ρ	0.330*	0.436	0.217**	0.621***	0.658***	0.422	0.668***	0.575***
		（0.1095）	（0.0988）	（0.1097）	（0.0862）	（0.1369）	（0.0989）	（0.0915）	（0.1054）
	Log pseudolikelihood	−299.9347	−308.9132	−319.9860	−301.0484	−282.9741	−307.4428	−264.1018	−257.7879
	Wald chi2	30.56	25.06	9.42	27.58	37.90	28.05	52.04	29.78
	Prob > chi2	0	0	0.0022	0	0	0	0	0
	观测值	**247**	**249**	**248**	**249**	**249**	**248**	**249**	**248**
五花肉	常数项	0.966***	0.817***	0.792***	0.957***	1.879***	1.519***	2.083***	2.155***
		（0.1248）	（0.1204）	（0.1193）	（0.1397）	（0.2547）	（0.2232）	（0.3560）	（0.3436）
	$B_1^i \& B_1^{u(l)}$	−0.031***	−0.025***	−0.024***	−0.034***	−0.038***	−0.028***	−0.034***	−0.036***
		（0.0045）	（0.0042）	（0.0042）	（0.0061）	（0.0053）	（0.0045）	（0.0064）	（0.0061）
	ρ	0.417	0.468***	0.480***	0.448***	0.691***	0.629***	0.678***	0.633***
		（0.1016）	（0.0944）	（0.0929）	（0.0958）	（0.0751）	（0.0794）	（0.0725）	（0.0808）
	Log pseudolikelihood	−302.0749	−312.5155	−311.7785	−311.5009	−292.4058	−300.7455	−301.0516	−307.3539
	Wald chi2	48.23	34.87	32.55	31.50	51.44	38.27	27.99	35.67
	Prob > chi2	0	0	0	0	0	0	0	0
	观测值	**247**	**249**	**248**	**249**	**249**	**248**	**249**	**248**

注：（1）括号内为稳健标准误差；（2）***、**、* 分别代表在 1%、5% 和 10% 水平下显著。

表 8-6　大米和五花肉在不同品牌与有机食品标志类型下的 WTP 均值和置信区间

WTP	大米			五花肉		
	G1	G2	G3	G1	G2	G3
WTP_{org}	10.01 （8.39,12.87）	10.29 （8.44,13.73）	13.94 （10.13,28.39）	31.10 （26.86,36.64）	33.20 （27.85,40.78）	33.06 （27.52,41.10）
WTP_{bra}		6.59 （5.74,8.06）			28.08 （24.11,34.18）	
$WTP_{brg+org}$		14.34 （12.73,16.97）	13.59 （11.92,16.46）		49.54 （45.91,53.71）	54.52 （49.63,61.09）
$WTP_{org+bra}$		16.16 （15.42,17.28）	18.41 （17.01,21.13）		61.85 （57.69,68.19）	59.43 （55.74,64.11）

注：WTP_{org}、WTP_{bra}、$WTP_{brg+org}$ 和 $WTP_{org+bra}$ 均表示消费者愿意对整体食品所支付的金额（非溢价），对应的数值为 WTP 均值，括号内为相应的 95% 置信区间。

8.5.2 假说 1 的检验：有机食品标志与品牌商标的替代互补关系

有机食品标志和品牌商标在联合使用时究竟是替代关系还是互补关系，本章从两个视角进行研究：一是从有机食品标志的溢价入手研究消费者对有机食品标志的 WTP 在无品牌商标状态下和在已有品牌商标状态下的关系；二是从品牌商标的溢价入手研究消费者对品牌商标的 WTP 在无有机食品标志状态下和在已有有机食品标志状态下的关系。表 8-7 和表 8-8 分别给出了相应的 WTP 及其关系检验的结果。

有机食品标志和品牌商标的溢价关系因产品而有所差异。从有机食品标志在普通食品和品牌食品上的溢价比较来看（见表 8-7），五花肉任何一组的 WTP_{org} 都高于 $WTP_{bra+org}$；而在大米情况下，WTP_{org} 和 $WTP_{bra+org}$ 的关系则因所在的组别有所差异。表 8-7 下半部分的组内和组间检验表明 WTP_{org} 与 $WTP_{bra+org}$ 二者的替代关系在五花肉情况下十分稳健（所有的 4 组检验结果均支持假说 1），而在大米情况下则难以直接确定[①]（在大米的 4 组检验结果中仅有 2 组支持假说 1）。进一步地从品牌商标在普通食品和有机食品上的溢价比较来看（见表 8-8），与普通食品状态下相比，五花肉情况下的品牌商标在有机食品基础上的溢价值和溢价率仍呈现出稳健的显著下降，而大米情况下的品牌商标在有机食品基础上的溢价值和溢价率则稳健地表现为显著上升（详见表 8-8 下半部分的组内检验和组间检验结果）。综上所述，整体而言，有机食品标志和品牌商标的溢价关系在大米情况下主要表现为互补关系，而在五花肉情况下则为替代关系。

① 难以直接确定是因为另有 2 组未通过检验，其中一组的组内检验结果显示二者的关系为独立关系，另一组的组间检验结果则为互补关系。这意味着对于大米而言，有机食品标志与品牌商标的溢价关系很难直接确定为替代关系。

表 8-7　有机食品标志在普通大米 / 五花肉和品牌大米 / 五花肉情况下的 WTP 比较

WTP	溢价值与溢价率（%）	大米			五花肉		
		G1	G2	G3	G1	G2	G3
WTP_{org}	溢价值	7.01	7.29	10.94	18.10	20.20	20.06
		（1.658）	（2.578）	（11.282）	（3.858）	（6.509）	（14.608）
	溢价率	233.67	243.00	364.67	139.23	155.38	154.31
$WTP_{bra+org}$	溢价值		7.34	6.59		12.54	17.52
			（1.748）	（2.655）		（2.922）	（5.936）
	溢价率		244.67	219.67		96.46	134.77
假说 1 的检验 1 **Ha_{1a}: $WTP_{org} > WTP_{bra+org}$**			大米			五花肉	
			t 值	*p* 值		*t* 值	*p* 值
组内检验		G2&G2	−0.253	0.5999	G2&G2	16.941	0
		G3&G3	5.911	0	G3&G3	2.537	0.0057
组间检验		G1&G2	−2.157	0.9842	G1&G2	18.102	0
		G1&G3	2.110	0.0177	G1&G3	1.288	0.0991

注：（1）溢价值 =WTP 均值 − 参照食品价格，其中 WTP_{org} 的参照食品为普通食品，$WTP_{bra+org}$ 的参照食品为品牌食品，普通大米和普通五花肉的价格分别为每 500 克 3 元和 13 元，品牌大米和品牌五花肉的价格分别为每 500 克 7 元和 37 元；（2）溢价率 = 溢价值 ÷ 普通食品价格 ×100%；（3）括号内的数值为通过 1 000 次 WTP 模拟得到相应溢价的标准差；（4）组内检验和组间检验的比较分别采取配对和非配对的 t- 检验；（5）*t* 值和 *p* 值分别为单边 T 检验统计值和相应的概率值。

表 8-8　品牌商标在普通大米 / 五花肉和有机大米 / 五花肉情况下的 WTP 比较

WTP	溢价值与溢价率（%）	大米		五花肉	
		G2	G3	G2	G3
WTP_{bra}	溢价值	3.59		15.08	
		（0.862）		（4.234）	
	溢价率	119.67		116.00	

（续表）

WTP	溢价值与溢价率（%）	大米		五花肉	
		G2	G3	G2	G3
$WTP_{org+bra}$	溢价值	4.16	6.41	13.85	11.43
		（0.592）	（1.112）	（3.971）	（2.529）
	溢价率	138.67	213.67	106.54	87.92
假说 1 的检验 2 Ha_{1b}: $WTP_{bra} > WTP_{org+bra}$		大米		五花肉	
		t 值	p 值	t 值	p 值
组内检验	G2&G2	−8.601	1.0000	3.344	0.0004
组间检验	G2&G3	−31.603	1.0000	11.661	0

注：（1）溢价值 =WTP 均值 − 参照食品价格，其中 WTP_{org} 的参照食品为普通食品，$WTP_{org+bra}$ 的参照食品为有机食品，普通大米和普通五花肉的价格分别为每 500 克 3 元和 13 元，有机大米和有机五花肉的价格分别为每 500 克 12 元和 48 元；（2）溢价率 = 溢价值 ÷ 普通食品价格 × 100%；（3）括号内的数值为通过 1 000 次 WTP 模拟得到相应溢价的标准差；（4）组内检验和组间检验的比较分别采取配对和非配对的 t- 检验；（5）t 值和 p 值分别为单边 T 检验统计值和相应的概率值。

本章的假说 1 认为有机食品标志和品牌商标在联合使用时存在替代效应。其原因主要有两方面：一方面，与仅在普通食品基础上增加额外标识相比，消费者对在已有标识基础上额外增加另一种标识所带来的属性变化程度的感知较小；另一方面，消费者对增加额外标识提供同一种属性额外变化程度的边际效用存在递减效应。以上两方面主要基于有机食品标志和品牌向消费者传递了相同的质量属性维度，且在属性间独立可分离的假设基础上推断出联合效应。但环保属性并非消费者对食品固有的属性需求，有机食品标志所蕴含的环保属性拓展了消费者对食品评估所依据的质量属性的维度。另外，品牌和有机两种“指示属性”对消费者食品质量属性倾向的指示作用是不同的，例如，品牌商标对消费者的指示作用更多倾向于食品安全的质量属性，而有机食品标志指示多维度的质量属性，除了食品安全质量属性外，更侧重于环境保护和健康的质量属性（见表 8-9）。与消费者对单一标识于形成质量预期时在质量属性水平上有所侧重相比，消费者可能在联合评估时倾向于在每一属性水平上取最高水平（Larceneux 等，2012；Park 等，1996），因而导致两种指示属性的联合效应为互补关系。

表 8-9　消费者对品牌大米 / 五花肉与有机大米 / 五花肉的属性变化评价

组别		与普通大米相比的属性变化评价			与普通五花肉相比的属性变化评价		
		更安全	更环保	更健康	更安全	更环保	更健康
G1	品牌	2.235	2.498	2.393	2.126	2.453	2.255
	有机	2.243	2.324	2.174	2.202	2.372	2.126
	差值	−0.008 （−0.147）	0.174*** （3.168）	0.219*** （4.285）	−0.076* （−1.423）	0.081* （1.512）	0.129*** （2.803）
G2	品牌	2.241	2.53	2.466	2.137	2.406	2.341
	有机	2.273	2.317	2.237	2.217	2.257	2.249
	差值	−0.032 （−0.554）	0.213*** （3.861）	0.229*** （3.964）	−0.08* （−1.511）	0.149*** （2.551）	0.092* （1.636）
G3	品牌	2.157	2.452	2.359	2.141	2.383	2.258
	有机	2.198	2.222	2.157	2.185	2.27	2.177
	差值	−0.041 （−0.800）	0.23*** （4.172）	0.202*** （3.428）	−0.044 （−0.808）	0.113** （2.090）	0.081** （1.709）

注：（1）表内的属性变化评价为消费者对“品牌（有机）大米（五花肉）比普通大米（五花肉）更安全（更有利于环保或更有利于健康）”说法的同意程度，其中 1= 完全同意、2= 同意、3= 不确定、4= 不同意、5= 完全不同意；（2）差值为品牌减去有机的属性变化评价，括号内为 t 统计值，均值差异检验使用单侧配对 t 检验；（3）***、** 和 * 分别代表 1%、5% 和 10% 水平下显著。

从有机食品标志和品牌对消费者传递的质量属性改善程度看（见表 8-9），尽管与普通食品相比，加贴有机食品标志和品牌所传递的质量属性均有明显改善（各属性改善评价的量级显著小于均值 3），但有机食品标志和品牌所传递的质量属性改善程度的差异在属性类别上有所区别。其中，二者在食品安全属性上品牌商标的作用略强于有机食品标志，而有机食品标志在环境保护属性和健康属性上却显著强于品牌商标。如果消费者认为有机食品标志和品牌联合使用在属性改善差异程度较弱的食品安全属性上提供了重复多余的信息，而在差异程度显著的环境保护和健康属性上提供了互补性的信息，那么意味着二者可能在食品安全属性上存在替代效应，而在环境保护属性和健康属性上存在互补效应。进一步从二者在具体产品下的环境保护属性和健康属性差异程度上看，大米情况下的差异程度较大（0.174~0.23），而五花肉情况下的差异程度较小（0.081~0.149），这有可能导致最终消费者对有机食品标志和品牌的联合效应在大米情况下为互补关系，而在五花肉情况下为替代关系。

8.6 结论与讨论

8.6.1 研究结论

本章从消费者支付意愿的角度出发，采取双边界二分式 CVM，结合组内组间设计的多个价值评估问题研究消费者对品牌商标与有机食品标志的联合偏好关系，得出以下结论：有机食品标志和品牌商标联合使用时，在大米情况下主要表现为互补关系，而在五花肉情况下表现为替代关系。

本章的假说 1 认为品牌与有机存在替代关系，主要原因在于：一方面，与仅在普通食品基础上增加额外标识相比，消费者对在已有标识基础上额外增加另一种标识所带来属性变化程度的感知较小；另一方面，消费者对增加额外标识提供同一种属性额外变化程度的边际效用存在递减效应。但本章对此的推断主要基于有机食品标志和品牌商标向消费者传递了相同维度的质量属性且属性间独立可分离的假设基础上。

导致联合效应为互补关系的原因可能在于：一方面，环境保护属性并非消费者对食品固有的属性需求，有机食品标志所蕴含的环保属性拓展了消费者对食品评估时所依据的质量属性的维度；另一方面，当品牌和有机两种“指示属性”引发消费者对食品质量属性集合的突出部分不同时，消费者倾向于在每一属性水平上取最高水平。如果消费者认为有机食品标志和品牌联合使用在属性改善差异程度较弱的食品安全属性上提供了重复多余的信息，而在差异程度较强的环境保护和健康属性上提供了互补性的信息，那么意味着二者可能在食品安全属性上存在替代效应，而在环境保护属性和健康属性上存在互补效应。进一步从二者在具体产品下的环境保护属性和健康属性差异程度上看，大米情况下的差异程度较大，而五花肉情况下的差异程度较小，这有可能导致最终消费者对有机食品标志和品牌的联合效应在大米情况下为互补关系，而在五花肉情况下为替代关系。

8.6.2　管理启示

本章的研究发现品牌商标与有机食品标志联合使用时，二者在属性水平上因可能提供了多余的相似信息而存在替代效应，也有可能因提供了额外互补的信息而存在互补效应。因而，企业在标识管理中须重点权衡品牌商标与有机食品标志可能存在的相互关系。

首先，品牌商标与有机食品标志并非独立关系。由于品牌商标和有机食品标志作为“指示属性”，可向外界的消费者传递有关的产品质量属性集合，进而改善消费者对产品的感知、判断和估值。但品牌商标和有机食品标志二者在传递的各食品质量属性上并非完全独立，既有相似也有差异，这导致消费者在两种标识同时存在时对产品属性提升的感知并非受单独标识各自传递属性的影响，而是深受两种标识在这些相似和差异的属性集合间共同作用的影响。因此，食品企业在使用两种标识时，应结合各自标识在传递属性的维度和水平上所发挥的作用，权衡品牌商标与有机食品标志的联合效应。

其次，品牌商标和有机食品标志的联合效应可能因不同品种而有所差异。虽然品牌商标和有机食品标志可向消费者传递特定的质量属性维度和水平等信息，但由于标识在不同品种的使用情景下，因消费者对不同品种的产品质量属性的关注程度不同，可能会对最终产品属性的感知和评估产生影响。本章的研究结果也表明了有机食品标志和品牌商标联合使用时，在大米情况下主要表现为互补关系，而在五花肉情况下则为替代关系。因此，企业应基于不同产品品种的具体情景，厘清产品品种与标识信息功能和消费者评估三者的关系，更好地利用品牌商标和有机食品标志的联合效应。

8.6.3 局限与未来研究

本章仅从属性水平上对品牌与有机的替代互补关系进行评估，并未考虑品牌与有机二者在产品和厂商水平上的差异化，以及在动态作用过程中的相互关系。在具体的运用过程中，判断二者的联合效应仍须进一步讨论品牌与有机在产品和厂商水平上的差异化，以及在动态作用过程中的相互关系。

首先，从二者在产品和厂商水平的差异化上看，与企业品牌侧重于在厂商水平上呈现出产品的差异化相比，有机认证则侧重于在产品水平上区别于其他产品而呈现差异化，这使得有机认证可能弱化了厂商水平的差异，而使产品具有同质化的倾向。本章所界定的品牌只是经过处理的一般化品牌，但当品牌具有较强影响力时，加贴有机标签所带来的同质化倾向会使二者在联合使用时倾向于呈现替代关系。

其次，从二者动态作用过程中的相互关系上看，本章的研究结论是静态的，但从动态上看，即便二者短期内存在替代关系，也仍有可能在中长期存在互相促进的作用。例如，大部分的消费者都是偶尔购买有机食品，而品牌可通过培养消费群体的品牌忠诚度来达到锁定消费群体的目的。对于有机食品而言，若能充分挖掘消费者对有机食品多属性的偏好信息，塑造基于属性偏好市场细分的差异化品牌，正确发挥品牌对有机食品的互补性功能，则品牌可能在中长期对有机食品的市场拓展起到关键的促进作用。

第 9 章

食品“品牌有机”联合标签的实施策略：品牌先行还是有机先行

9.1 引言

相较于单一的“品牌”或“有机”标签，“品牌有机”联合标签可为食品企业带来更大的溢价空间（见第 8 章）。实施联合标签策略，对于食品企业而言，从实施时间来看，既可采取同时加贴，也可采取先后依次加贴的方式实现最终的联合状态。虽然采用同时加贴方式实施联合标签策略可以快速实现联合标签所带来的溢价效应，但要同时加贴“品牌有机”联合标签并非易事，这种方式要求企业必须同时进行，甚至完成“品牌塑造”和“有机认证”两个涉及高成本投入的过程。对于大多数食品企业而言，其受限于资源、规模和实力等现实条件的约束，盲目地实行与推进“品牌塑造”和“有机认证”同步并举的发展路径，将对其盈利模式的持续带来极大的挑战。

对于大多数食品企业而言，比较现实的方式是既可以采取“先品牌塑造＋后有机认证”，也可以通过“先有机认证＋后品牌塑造”等有所侧重的方式实现“品牌有机”联合标签状态。标签加贴顺序反映了食品企业对“品牌塑造”和“有机认证”两条路径的权衡取舍。如果食品企业先实行品牌塑造，意味着企业将主要资源和精力投入到营销环节；而推行有机认证，则意味着企业将主要资源和精力投入到生产环节。不同的标签加贴顺序也将为食品企业额外加贴标签提供策略性选择，如额外加贴标签所带来的溢价能否分步骤抵消自身成本，以及如何实施。

现有研究主要从溢价和标签使用策略考察联合标签与独立标签间的相互关系（符国群和佟学英，2004；Wu 等，2014；尹世久等，2014；Bauer 等，2013；Dekhili 和 AkliAchabou，2014；Larceneux 等，2012），但尚未见从标签加贴顺序对联合标签实施策略问题进行讨论的相关研究。基于此，本章将采取双边界二分法研究食品“品牌有机”联合标签的实施策略问题，即消费者对有机食品标志和品牌的溢价总和是否会因两种标识叠加次序的不同存在差异。如果存在差异，那么食品企业应如何权衡品牌塑造和有机认证两种差异化经营策略，并做出选择。

本章内容主要包括以下几方面：构建理论框架并提出假说；介绍验证假说的研究思路与具体的计算方法；说明数据来源；进行结果分析，该部分将比较有机食品标志和品牌商标二者不同叠加顺序对最终联合使用时支付意愿的差异；最后给出研究结论，并展开讨论。

9.2 理论框架与假说

Lancaster（1966）的属性—效用理论认为消费者的效用来自消费者对食品提供一系列属性的综合评价。消费者在既定的预算约束条件下，从食品属性中最大化地满足自身效用，其效用的满足程度最终决定了消费者对食品的价值评估。基于 Lancaster（1966）属性—效用理论和消费者效用最大化理论，消费者将选择不同属性水平的食品。假定消费者从食品中获得的间接效用函数为 $V(m,p,a,z)$，其中 $V(\cdot)$ 表示消费者的间接效用函数、

m 为收入、p 为食品价格、a 为食品属性向量、z 为其他影响消费者效用的因素。假定市场上可供消费者选择的食品有两种，包括食品 1 和食品 2，其中食品 1 的价格为 p。食品 2 比食品 1 具有更高的属性水平，当消费者选购食品 2 时，效用的变化主要来源于食品 2 比食品 1 具有更高的属性水平。假设属性水平的变化为 l，t 为消费者愿意为食品 2 支付的额外金额，根据 CVM 对支付意愿推断的基本原理，消费者在拥有以上两种食品选择的情况下消费食品 1 时，需要给以一定货币形式的补偿来维持效用不变，因而有：

$$V(m,p,a,z)=V(m,p+t,a+l,z) \tag{9.1}$$

假设属性水平的变化非常小，$V(m,p+t,a+l,z)$ 可以写成一阶近似表达式：

$$V(m,p+t,a+l,z)\approx V(m,p,a,z)+\frac{\partial V(m,p,a,z)}{\partial p}t+\frac{\partial V(m,p,a,z)}{\partial a}l \tag{9.2}$$

联合式（9.1）和式（9.2），可以得到：

$$\text{WTP}=t=-\frac{\partial V(m,p,a,z)/\partial a}{\partial V(m,p,a,z)/\partial p}l \tag{9.3}$$

式（9.3）中，WTP 为消费者愿意为属性变化 l 所支付的额外金额，由于价格的边际效用 $\partial V(m,p,a,z)/\partial p$ 为负，属性的边际效用 $\partial V(m,p,a,z)/\partial a$ 为正，因此通常情况下 WTP 为正值。

在本章的具体应用中，针对两种食品，可供消费者个人选择的情景有四种。第一种是普通食品和加贴品牌商标的食品；第二种是普通食品和加贴有机食品标志的食品；第三种是加贴品牌商标的食品，以及同时加贴品牌与有机食品标志的食品；第四种是加贴有机食品标志的食品，以及同时加贴品牌与有机食品标志的食品。与这四种情景相对应，分别设定消费者愿意对品牌商标、有机食品标志、在已有品牌商标基础上加贴有机食品标志和在已有有机食品标志基础上加贴品牌商标等所带来额外属性变化的支

付意愿为 WTP_{bra}、WTP_{org}、$WTP_{bra+org}$ 和 $WTP_{org+bra}$。

食品企业实施品牌有机联合标签策略，可通过两条路径实现：一是先获得有机认证，然后在有机认证的基础上塑造品牌；二是先塑造品牌，然后在塑造品牌的基础上进行有机认证。消费者对有机食品标志和品牌的额外支付意愿是企业选择塑造品牌和有机认证的基础决策信息。因此，联合标签的最终总溢价将取决于两个构成部分，分别是首次加贴一种标签的溢价，以及在此基础上第二次加贴的另一种标签的溢价。基于 WTP 的食品溢价与企业品牌有机标签策略的关系如图 9-1 所示。

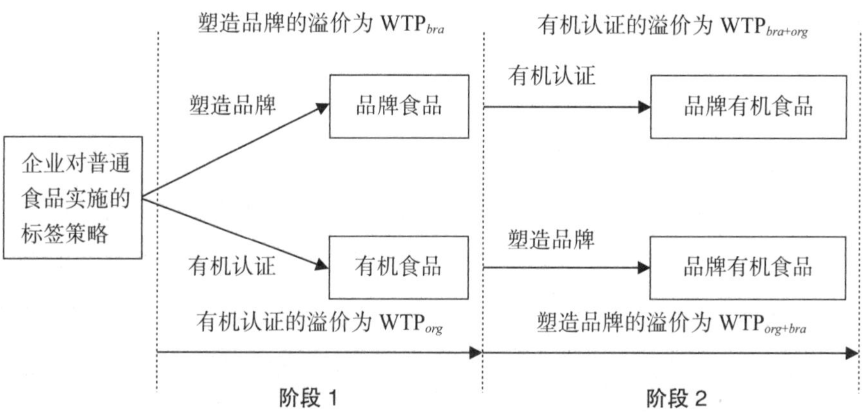

图 9-1　基于 WTP 的食品溢价与企业品牌有机标签策略的关系

当企业试图同时获取有机食品标志和品牌所带来的溢价时，两条不同的实施路径可能因不同的叠加顺序对联合标签的最终总溢价产生影响。一方面，首次加贴标签的溢价是在普通食品的基础上计算而得，加贴标签的溢价在品牌和有机情况下存在差异（见第 7 章）；另一方面，第二次加贴标签的溢价须在首次加贴标签的基础上计算而得，由于两种标签之间存在非独立关系（见第 8 章），因此会导致不同叠加顺序下联合标签的第二次加贴标签的溢价也可能出现差异。基于此，本章提出假说 1：消费者愿意对有机食品标志和在已有有机食品标志上加贴品牌商标二者的额外支付金额之和，大于对品牌商标和在已有品牌商标上加贴有机食品标志二者的额外支付金额之和。

$H0_1$：$WTP_{org} + WTP_{org+bra} = WTP_{bra} + WTP_{bra+org}$

Ha_1：$WTP_{org} + WTP_{org+bra} > WTP_{bra} + WTP_{bra+org}$

9.3 研究方法

9.3.1 研究思路

为了验证以上有关消费者对有机食品标志与品牌商标叠加顺序偏好关系的假说，本章确定了以下研究思路。

首先，通过对消费者调查样本的设计，为在有机食品标志与品牌不同联合条件下，消费者支付意愿（WTP）的组间比较和组内比较提供条件。

其次，具体选择大米和五花肉两种产品，采取双边界二分式 CVM 分别计算各消费者样本组对仅有品牌商标、仅有有机食品标志、在已有品牌商标基础上加贴有机食品标志和在已有有机食品标志基础上加贴品牌商标等食品的 WTP。

最后，将仅有有机食品标志的 WTP 与在已有有机食品标志基础上加贴品牌商标的 WTP 之和，同仅有品牌商标的 WTP 与在已有品牌商标基础上加贴有机食品标志的 WTP 之和相比较，以验证假说。

9.3.2 研究设计与计算方法

9.3.2.1 消费者的调查样本设计

本章涉及消费者对有机食品标志和品牌商标在不同状态下 WTP 的比

较，重点在于研究并比较不同状态下标识增减对 WTP 的影响。由于标识的增减本质上类似于在实验中加入外在的干预手段，因此在其他条件不变的情况下，WTP 最终结果的变化可视为外在干预手段所引起的变化。在研究外在干预导致的结果变化中，比较可以在同一个消费者样本组内进行，也可以在不同消费者样本之间进行，前者称为组内比较，后者称为组间比较。在条件估值法的调查样本设计中，二者各有利弊。为了避免因调查设计对研究结果可能造成的影响，本章采用了可同时进行组内比较和组间比较的调查样本设计。如果仅采用组内比较，那么只需要一组消费者调查样本即可。为了使假说可同时通过组内比较和组间比较的验证，本章设计了两组消费者调查样本，如表 9-1 所示。

表 9-1　消费者的调查样本设计

消费者调查样本分组	G2	G3
各组消费者样本需要通过调查获得的结果	$WTP2_{org}$	$WTP3_{org}$
	$WTP2_{bra}$	$WTP3_{org+bra}$
	$WTP2_{bra+org}$	$WTP3_{bra+org}$
	$WTP2_{org+bra}$	

注：WTP_{org} 是对有机食品的支付意愿，WTP_{bra} 是消费者对品牌食品的支付意愿，$WTP_{bra+org}$ 是消费者对在已有品牌商标基础上加贴有机食品标志的食品的支付意愿，$WTP_{org+bra}$ 是消费者对在已有有机食品标志基础上加贴品牌商标的食品的支付意愿。

资料来源：经笔者整理而得。

在表 9-1 的设计中，本章涉及的待检验的 WTP 关系可同时进行组内和组间比较。针对假说 1（$H0_1$）的比较共有 2 次，具体为 G2 的 $WTP_{bra}+WTP_{bra+org}$ 与 G2 的 $WTP_{org}+WTP_{org+bra}$ 进行的 1 次组内比较，G2 的 $WTP_{bra}+WTP_{bra+org}$ 与 G3 的 $WTP_{org}+WTP_{org+bra}$ 进行的 1 次组间比较。

9.3.2.2 WTP的调查计算方法

（1）诱导技术的选择

本章关心消费者对不同食品类型上增加额外标识的估值变化。在真实市场中，标识作为整体食品的一部分，难以直接从食品上剥离，并以单独存在的状态出售。因此，食品上加贴的标识可看成是一种非市场物品。在消费者的偏好研究方法中，陈述性偏好法可根据研究的需要设定假想情景，并直接询问消费者在假想情景中的选择，以收集消费者数据。这种方法常用于对非市场物品和服务的价值评估。因此，陈述性偏好法适用于本章的研究目的。本章选择陈述性偏好法的另一个原因在于有机食品在市场上尚未普及，以及在食品中所占份额的比例十分有限，使得研究者难以直接从真实市场上获取消费者数据，这就导致研究消费者偏好的另一种方法——显示性偏好法的使用受到极大限制。

选择实验法（CE）和条件估值法（CVM）是陈述性偏好法中常用的两种具体方法。由于CE的设计无法检验有机食品标志和品牌的不同加贴顺序对最终两种状态同时存在下WTP的影响，因此选择CVM将更符合本章的研究目的。本章选择CVM中的双边界二分法作为WTP的诱导技术。

（2）WTP均值及置信区间的计算

本章主要采取CVM中的双边界二分法（DBDC）调查计算表9-1中所列的所有WTP。具体调查计算方法见以下内容。

第一，给定投标值，询问消费者对不同标识状态下食品的购买选择。DBDC方法一般须进行两轮询问。首先，以参照食品为基础，对在参照食品基础上额外加贴标识设定一个高于参照食品的价格（即投标值），询问消费者是否愿意购买，得到第一轮的消费者选择结果；其次，根据消费者的第一轮选择结果进行第二轮询问。如果消费者第一轮选择为“是”，则给出一个更高的价格，再次询问消费者是否愿意购买，得到消费者的第二轮选择结果；如果消费者第一轮选择为“否”，则给出一个更低的价格，再次询问消费者是否愿意购买，得到消费者的第二轮选择结果。

由于本章需要得到消费者对食品在不同标识状态下的消费偏好，所以在计算每一项 WTP 之前，应对询问时所指的在不同标识状态下的食品都做出明确的界定：（a）仅有品牌商标的食品，指在普通食品上额外加贴品牌商标的食品，调查询问的结果用于计算 WTP_{bra}；（b）仅有有机食品标志的食品，指在普通食品上额外加贴有机食品标志的食品，调查询问的结果用于计算 WTP_{org}；（c）在已有品牌商标基础上加贴有机食品标志的食品，指在品牌食品上额外加贴了有机食品标志的食品，调查询问的结果用于计算 $WTP_{bra+org}$；（d）在已有有机食品标志基础上加贴品牌商标的食品，指在有机食品上额外加贴了品牌商标的食品，调查的结果用于计算 $WTP_{org+bra}$。

第二，根据每次询问（包括第一轮和第二轮）的结果，估计以选择结果为因变量和以投标值为自变量的离散选择模型。

根据计算 WTP 的需要，本章采取仅有常数项和投标值的函数的 Biprobit 模型，具体的估计式为：

$$R_{1jk} = \alpha_{1jk} + \beta_{1jk} B_k^i + \varepsilon_{1jk} \tag{9.4}$$

$$R_{2jk} = \alpha_{2jk} + \beta_{2jk} B_k^{u(l)} + \varepsilon_{2jk} \tag{9.5}$$

其中，R_{1jk}和R_{2jk}分别为第 j 个消费者对第 k 个评估对象的第一次投标值 B_k^i 和第二次投标值 $B_k^{u(l)}$ 的回答情况，当回答为 yes 时，取值为 1，其他为 0。α_{1jk}和α_{2jk} 为常数项，β_{1jk} 和 β_{2jk} 分别为 B_k^i 和 $B_k^{u(l)}$ 的系数，ε_{1jk} 和 ε_{2jk} 为随机误差项。假定随机误差项 ε_{1jk} 和 ε_{2jk} 分别服从均值为 0，方差为 ${\sigma_{1k}}^2$ 和 ${\sigma_{2k}}^2$ 的正态分布，相关系数 ρ_k 为第 k 个评估对象对应的两次 WTP 函数误差项的协方差。

当 k=1 时，评估对象为普通有机食品；当 $k = 2$ 时，评估对象为品牌食品；当 k=3 时，评估对象为在已有品牌基础上加贴有机食品标志的食品；

当 k=4 时，评估对象为在已有有机食品标志基础上加贴品牌商标的食品。

式（9.4）和式（9.5）可通过似不相关法对 Biprobit 模型进行估计（Cameron 和 Quiggin，1994）。对两方程施加各系数一致的约束条件（$\alpha_{1k}=\alpha_{2k}=\alpha_k$，$\beta_{1k}=\beta_{2k}=\beta_k$）。

第三，根据模型估计结果计算 WTP 的平均值，并确定其置信区间。各 WTP 平均值的计算公式如下：

$$E(\mathrm{WTP}_k)=-\frac{\alpha_k^*}{\beta_k^*} \tag{9.6}$$

其中，$E(\mathrm{WTP}_k)$ 为第 k 个评估对象对应的 WTP 均值，α_k^* 为第 k 个评估对象对应的常数项系数估计值，β_k^* 为第 k 个评估对象对应的投标值系数估计值。

此外，本章使用 Krinsky 和 Robb（1986）提出的蒙特卡洛模拟方法确定 WTP 的 95% 置信区间。

9.3.2.3 根据调查样本设计和研究目的进行 WTP 比较

在进行 WTP 比较之前，为了使比较的基础相对一致，须先将上述计算得到的各 WTP 的绝对值转换为相对值，即相对于参照食品而言，额外增加不同标识各类食品的相对溢价率。具体计算公式如下：

$$PR(\%)=(\mathrm{WTP}-P)/P\times 100\% \tag{9.7}$$

其中，PR 为额外增加标识食品的溢价率，P 为参照食品的单位价格。

然后，根据调查样本设计和研究目的进行如下的 WTP 比较。

组内比较 1（G2&G2）：$\mathrm{WTP2}_{bra}+\mathrm{WTP2}_{bra+org}$ 和 $\mathrm{WTP2}_{org}+\mathrm{WTP2}_{org+bra}$。

组间比较 1（G2&G3）：$\mathrm{WTP2}_{bra}+\mathrm{WTP2}_{bra+org}$ 和 $\mathrm{WTP3}_{org}+\mathrm{WTP3}_{org+bra}$。

为了提高比较的科学性，本章除了进行简单的平均数比较之外，还将采取样本均值 t 检验的办法。组内和组间的 WTP 比较分别采取配对和非配对的样本均值 t- 检验。

9.4 数据来源

9.4.1 消费者抽样及其样本特征

本章所用数据来源于作者在 2015 年 8 月 20 日至 9 月 3 日期间委托问卷星公司进行的在线问卷调查。首先，通过 IP 地址将调查对象限定为北京市消费者；其次，根据“主要承担家庭食物购买且有消费大米和五花肉”这一筛选条件，确定对具体调查产品具有购买和消费行为的消费者；最后，根据本章调查样本设计的要求，从满足组内比较和组间比较的需要出发，分别随机确定了 G2 和 G3 两个消费者样本组。样本人口统计学特征如表 9-2 所示。

表 9-2　样本人口统计学特征

<table>
<tr><th colspan="2">变量</th><th>G2</th><th>G3</th><th>北京统计年鉴数据（b）</th></tr>
<tr><td colspan="2" rowspan="2">年龄（a）</td><td>31.659</td><td>31.758</td><td>38.578</td></tr>
<tr><td>（7.832）</td><td>（9.209）</td><td></td></tr>
<tr><td colspan="2" rowspan="2">家庭规模（a）</td><td>3.578</td><td>3.645</td><td>2.531</td></tr>
<tr><td>（8.307）</td><td>（1.330）</td><td></td></tr>
<tr><td rowspan="2">性别</td><td>男</td><td>39.36%</td><td>49.19%</td><td>50.12%</td></tr>
<tr><td>女</td><td>60.64%</td><td>50.81%</td><td>49.88%</td></tr>
<tr><td rowspan="3">婚姻状态</td><td>已婚</td><td>66.67%</td><td>62.90%</td><td>—</td></tr>
<tr><td>未婚</td><td>32.53%</td><td>35.89%</td><td>—</td></tr>
<tr><td>其他</td><td>0.80%</td><td>1.21%</td><td>—</td></tr>
<tr><td rowspan="4">受教育水平</td><td>初中及以下</td><td>2.01%</td><td>1.21%</td><td>40.59%</td></tr>
<tr><td>高中</td><td>9.24%</td><td>10.48%</td><td>22.38%</td></tr>
<tr><td>大学</td><td>73.49%</td><td>73.79%</td><td>32.73%</td></tr>
<tr><td>硕士及以上</td><td>15.26%</td><td>14.52%</td><td>4.82%</td></tr>
<tr><td rowspan="4">家庭税前月总收入（元）</td><td>（0, 5 000]</td><td>19.68%</td><td>22.58%</td><td rowspan="4">7 484</td></tr>
<tr><td>（5 000, 11 000]</td><td>35.34%</td><td>31.85%</td></tr>
<tr><td>（11 000, 21 000]</td><td>25.70%</td><td>27.02%</td></tr>
<tr><td>（21 000, +）</td><td>19.28%</td><td>18.55%</td></tr>
</table>

（续表）

变量		G2	G3	北京统计年鉴数据（b）
是否有12周岁以下小孩	是	50.60%	48.39%	—
	否	49.40%	51.61%	—
是否有65周岁以上老人	是	37.75%	33.87%	—
	否	62.25%	66.13%	
观测值		249	248	—

注：（a）给出的值为变量均值，括号内为标准差。（b）数据基于北京2015年的统计年鉴计算而得。

资料来源：经笔者计算整理而得。

9.4.2 调查内容及调查误差控制

9.4.2.1 调查对象产品的具体化

为了准确获得消费者对仅有品牌商标、仅有有机食品标志、在已有品牌商标基础上加贴有机食品标志和在已有有机食品标志基础上加贴品牌商标的消费偏好，降低消费者选择判断的困难性，提高消费者选择判断的真实性和可靠性WTP，在调查中我们不仅将食品具体化为大米和五花肉，还给出了产品的具体数量和规格，即为5kg的袋装大米和500g的新鲜五花肉。

9.4.2.2 假想偏差的控制

CVM中消费者所处的情景对使用该方法诱导消费者真实支付意愿的效度至关重要。由于CVM中设计的情景不可能等同于消费者所处的真实情景，二者的差异不可避免地将导致假想偏差。假想偏差是客观存在的，但可以采取一定的方法减少偏差程度。其中，正确地描述消费者所处的场景及面对的产品选择，以及设定“消费者的消费预算约束”，可以在一定程度上减少假想偏差的程度（张志强等，2003；徐中民等，2003；赵军和杨凯，2006）。在情景设计中，本章以描述性文字“假定您和平时一样，在自己熟悉的超市或网店等渠道选购大米 / 五花肉。现在市场上有两种类型的大米 / 五花肉产品供您选择，分别为……”[①]模拟消费者所处的真实市场和所面对的消费选择，以及以描述性文字“如果您选择购买额外加贴品牌商标 / 有机标签的大米 / 五花肉，则您每月用于食品的费用将会因对额外加贴品牌商标 / 有机标签的大米 / 五花肉的额外支付而减少您花在其他食品上的费用”提醒消费者注意消费预算约束，以控制假想偏差。

9.4.2.3　评估对象的信息控制

在实际市场中，消费者除了依据有机食品标志和品牌来区分品牌食品、有机食品与普通食品的差异，可能还会根据产地信息及品种和外观等多种可观测的产品特征信息来辨识这种差异（Schleenbecker 和 Hamm，2013）。为了确保消费者对食品的有机食品标志和品牌的支付意愿变化只来自标识的增减，本章在问卷中以描述性文字“两种类型的产品在品种、产地和外观上均无明显差异，能看到的差别仅在于有没有额外加贴品牌商标 / 有机标签”向消费者说明两种类型产品的差异，并结合图片形式让消费者更容易识别出这种差异（具体产品类型详见图 8-1）。

9.4.2.4　“品牌”界定

品牌作为“提示属性”，影响着消费者对食品属性（包括食品安全、口味、健康等质量属性）的评估，已被证实为消费者用于选购食品的重要参考依据（Vranešević 和 Stancec，2003）。不同程度的品牌影响力不仅会影响消费者最终对品牌商标的额外支付意愿，而且已有研究亦指出消费者对有机食品标志的额外支付意愿在不同水平的品牌权益上有所差异

① 符号“/”表示“或”的关系，若无特别说明，本章内容的此符号所表示的含义相同。符号“……”表示根据对不同的两种产品类型比较涉及的具体产品类型描述，详细的描述性内容见附录的问卷版本。

（Larceneux 等，2012）。由于实际市场上可能存在占据绝大份额或拥有垄断地位的著名品牌，以及在市场上影响程度较小且不足以排斥其他竞争对手的一般品牌，因此本章内容在涉及考察消费者对品牌商标的额外支付意愿时，必须对使用的“品牌”一词进行界定。

本章涉及的“品牌”主要指经过国家工商行政管理部门注册登记的所有商标，并不特指著名商标品牌。在问卷设计中，以一般化的 A 品牌 / B 品牌作为加贴在大米 / 五花肉上的品牌商标，并在情景设计中以描述性文字“额外加贴的 A 品牌 /B 品牌是一个注册商标，但不一定是著名品牌”向消费者说明品牌的定义。

9.4.2.5 投标值设计

第一轮投标值 Bi 的设定采取经验设定方法，投标值的范围以参照食品的市场价格为最小投标值，以相较于参照食品，额外增加标识食品实际市场溢价的 1.3 倍之和为最大投标值。

第二轮投标值则根据以下原则设定。如果消费者对初始投标值的选择为“是（否）”，则在接下来的问题中向消费者投放相应的更高（更低）的投标值。根据 Cooper（1993）的研究，较高投标值为初始投标值的两倍，较低投标值为初始投标值的一半。

9.4.3 调查实施及其结果统计

调查是通过线上提供调查问卷的方式完成的。根据调查样本分组，所选中的消费者，每位只能回答其所在消费者样本组的调查问卷。每位消费者相应的第一轮投标值均由系统从事先设定的 11 套投标值中随机生成。消费者在回答投标值意愿选择的核心问题时，为了保证其回答之前有足够的时间阅读相应的场景设置说明，系统设置了最短答题时间，消费者只有在最短答题时间过后方能回答下一个问题。当消费者回答完所有问卷的问题时，必须正确输入由系统随机产生的验证码后才可正式提交问卷。

整个调查过程历时两周。G2 和 G3 分别回收问卷 271 份和 269 份，删除答题时间过短和与样本筛选设置题存在矛盾的问卷，得到有效问卷 497 份；G2 和 G3 各组的有效问卷分别为 249 份和 248 份，有效问卷占回收问卷的比例分别为 91.88% 和 92.13%。根据消费者对双边界二分法（DBDC）两次投标值问题的回答，统计出四种类型的回答结果，如表 9-3 所示。

表 9-3　DBDC 四种类型回答结果的统计

DBDC	频数与百分比（%）	大米				五花肉			
		NN	NY	YN	YY	NN	NY	YN	YY
$DBDC_{org}$（G2）	频数	45	36	56	112	57	41	51	100
	%	18.07	14.46	22.49	44.98	22.89	16.47	20.48	40.16
$DBDC_{org}$（G3）	频数	37	42	65	104	57	43	47	101
	%	14.92	16.94	26.21	41.94	22.98	17.34	18.95	40.73
$DBDC_{bra}$（G2）	频数	50	38	42	119	53	38	54	104
	%	20.08	15.26	16.87	47.79	21.29	15.26	21.69	41.77
$DBDC_{bra+org}$（G2）	频数	42	29	48	130	78	38	34	99
	%	16.87	11.65	19.28	52.21	31.33	15.26	13.65	39.76
$DBDC_{bra+org}$（G3）	频数	46	38	54	110	66	34	42	106
	%	18.55	15.32	21.77	44.35	26.61	13.71	16.94	42.74
$DBDC_{org+bra}$（G2）	频数	35	30	44	140	66	35	36	112
	%	14.06	12.05	17.67	56.22	26.51	14.06	14.46	44.98
$DBDC_{org+bra}$（G3）	频数	25	28	45	150	70	38	43	97
	%	10.08	11.29	18.15	60.48	28.23	15.32	17.34	39.11

注：NN、NY、YN 和 YY 分别代表由 DBDC 两个问题的回答统计得到的四种回答情况，（no, no）、（no, yes）、（yes, no）和（yes, yes）。其中，$DBDC_{org}$、$DBDC_{bra}$、$DBDC_{bra+org}$ 和 $DBDC_{org+bra}$ 分别指采取双边界二分法对仅有品牌商标、仅有有机食品标志、在已有品牌商标基础上加贴有机食品标志和在已有有机食品标志基础上加贴品牌商标的偏好选择问题。DBDC 括号内为其所在的样本组。

资料来源：由笔者计算整理而得。

由表 9-3 可知，在消费者对所有 DBDC 问题的四种类型回答结果中，YY 的比例都远高于其他三种回答类型[①]。从 YY 的频数和百分比来看，大米在各种情景下的回答大于五花肉的回答情况。从 NN 的频数和百分比来看，大米在各种情景下的回答则小于五花肉的回答情况。

9.5 结果分析

9.5.1 Biprobit 模型估计结果与 WTP 均值

根据计算 WTP 均值时对 Biprobit 模型的设定（自变量仅包括投标值），具体的模型变量定义及描述性统计如表 9-4 所示。

本章运用 Stata12.0 软件，先根据式（9.4）和式（9.5）估计出 Biprobit 模型的系数（见表 9-5），由表 9-5 给出的 Biprobit 模型估计结果可知，除大米 G2 的 WTP_{org}、大米 G3 的 $WTP_{bra+org}$ 等模型中的相关系数 ρ 不显著之外，大米 G3 的 WTP_{org} 相关系数 ρ 在 5% 水平下显著，其他相关系数 ρ 则均在 1% 的水平下显著，这表明大部分的 Biprobit 模型拒绝了两个方程误差项不相关的原假设，可使用 Biprobit 模型估计[②]。所有的 Biprobit 模型的卡方检验均在 1% 水平下显著（$Prob > chi2=0$），这表明所有的 Biprobit 模型均具有良好的拟合效果。投标值 $B_1^i \& B_1^{u(l)}$ 的系数符号均在 1% 水平下显

① 较高的 YY 偏差意味着本章可能存在 DBDC 中常见的肯定性偏差，导致最终估计结果低估了消费者真实的 WTP。

② 相关系数 ρ 反映出两次回答是否相关。若 ρ 不显著为 0，则两次回答相关，估计时应采取 Biprobit 模型。若 ρ 显著为 0，则两次回答不相关，可将两次回答合并，采取 probit 模型估计。鉴于本章的大部分模型都检测到两次回答的相关性，为了使计算出的 WTP 以及 WTP 比较所用的基准一致，本章统一使用 Biprobit 模型估计。

表 9-4 Biprobit 模型的变量定义及描述性统计

食品类型	变量	变量定义	均值及标准差	$DBDC_{org}$ G2	$DBDC_{org}$ G3	$DBDC_{bra}$ G2	$DBDC_{bra+org}$ G2	$DBDC_{bra+org}$ G3	$DBDC_{org+bra}$ G2	$DBDC_{org+bra}$ G3
大米	因变量									
	R1	对初始投标值的回答：1= 是，0= 否	均值	0.675	0.681	0.647	0.715	0.661	0.739	0.786
			标准差	0.469	0.467	0.479	0.452	0.474	0.440	0.411
	R2	对第二次投标值的回答：1= 是，0= 否	均值	0.594	0.589	0.631	0.639	0.597	0.683	0.718
			标准差	0.492	0.493	0.484	0.481	0.492	0.466	0.451
	自变量									
	B1	初始投标值	均值	5.625	5.530	4.422	9.394	9.517	13.399	13.421
			标准差	3.346	3.398	1.553	3.299	3.352	1.554	1.571
	B2	第二次投标值	均值	6.139	6.327	4.709	9.959	9.876	13.897	14.251
			标准差	4.459	5.269	2.006	4.428	4.221	2.290	2.824
五花肉	因变量									
	R1	对初始投标值的回答：1= 是，0= 否	均值	0.606	0.597	0.635	0.534	0.597	0.594	0.565
			标准差	0.490	0.492	0.483	0.500	0.492	0.492	0.497
	R2	对第二次投标值的回答：1= 是，0= 否	均值	0.566	0.581	0.570	0.550	0.565	0.590	0.544
			标准差	0.497	0.494	0.496	0.498	0.497	0.493	0.499
	自变量									
	B1	初始投标值	均值	23.729	23.285	19.929	47.667	47.224	54.736	55.327
			标准差	13.324	13.368	9.287	13.524	13.417	9.085	9.496
	B2	第二次投标值	均值	24.421	23.564	20.666	46.339	46.866	54.877	55.771
			标准差	16.799	15.552	11.671	12.913	14.051	10.609	12.109

表 9-5 Biprobit 模型估计结果

食品类型	变量	WTP_{org}		WTP_{bra}	$WTP_{bra+org}$		$WTP_{org+bra}$	
		G2	G3	G2	G2	G3	G2	G3
大米	常数项	0.823***	0.609***	1.189***	1.462***	1.179***	3.776***	2.832***
		(0.1160)	(0.1057)	(0.1739)	(0.1770)	(0.1731)	(0.4533)	(0.4020)
	$B_1^i \& B_1^{u(l)}$	−0.080***	−0.044***	−0.180***	−0.102***	−0.087***	−0.234***	−0.154***
		(0.0160)	(0.0142)	(0.0344)	(0.0166)	(0.0164)	(0.0324)	(0.0282)
	ρ	0.436	0.217**	0.621***	0.658***	0.422	0.668***	0.575***
		(0.0988)	(0.1097)	(0.0862)	(0.1369)	(0.0989)	(0.0915)	(0.1054)
	Log pseudolikelihood	−308.9132	−319.9860	−301.0484	−282.9741	−307.4428	−264.1018	−257.7879
	Wald chi2	25.06	9.42	27.58	37.90	28.05	52.04	29.78
	Prob > chi2	0	0.0022	0	0	0	0	0
	观测值	**249**	**248**	**249**	**249**	**248**	**249**	**248**
五花肉	常数项	0.817***	0.792***	0.957***	1.879***	1.519***	2.083***	2.155***
		(0.1204)	(0.1193)	(0.1397)	(0.2547)	(0.2232)	(0.3560)	(0.3436)
	$B_1^i \& B_1^{u(l)}$	−0.025***	−0.024***	−0.034***	−0.038***	−0.028***	−0.034***	−0.036***
		(0.0042)	(0.0042)	(0.0061)	(0.0053)	(0.0045)	(0.0064)	(0.0061)
	ρ	0.468***	0.480***	0.448***	0.691***	0.629***	0.678***	0.633***
		(0.0944)	(0.0929)	(0.0958)	(0.0751)	(0.0794)	(0.0725)	(0.0808)
	Log pseudolikelihood	−312.5155	−311.7785	−311.5009	−292.4058	−300.7455	−301.0516	−307.3539
	Wald chi2	34.87	32.55	31.50	51.44	38.27	27.99	35.67
	Prob > chi2	0	0	0	0	0	0	0
	观测值	**249**	**248**	**249**	**249**	**248**	**249**	**248**

注：（1）括号内为稳健标准误差；（2）***、**、* 分别代表在 1%、5% 和 10% 水平下显著。

著为负，这说明消费者对投标值的接受程度随着投标值的升高而下降，投标值在反映消费者对评估对象的偏好上具有良好的性质。以上分析说明，这些模型估计结果可用于计算 WTP 的均值。

本章根据 Biprobit 模型估计出的系数，先通过式（9.6）计算出大米和五花肉情景下不同评估对象的 WTP 均值；然后根据 Krinsky 和 Robb（1986）提出的蒙特卡洛模拟方法进行 50 000 次模拟，计算出相应 WTP 的 95% 置信区间。表 9-6 给出了检验假说所涉及的各 WTP 的均值、置信区间等详细信息。对表 9-6 的结果进行分析，可初步得到以下几点结论。

（1）消费者的偏好在标识数量上存在明显的差异，消费者偏好于加贴更多数量标识的食品。从消费者对四种不同标签状态下 WTP 均值的大小来看，消费者对同时加贴有机食品标志和品牌商标的大米及五花肉的 $WTP_{org+bra}$ 和 $WTP_{bra+org}$，大于仅有有机食品标志的 WTP_{org} 和仅有品牌商标的 WTP_{bra}[①]，这意味着消费者愿意为加贴更多数量标识的食品支付更高的金额，消费者对标识数量的偏好符合经典的“不满足原则”偏好公理。

表 9-6　大米和五花肉在不同品牌商标与有机食品标志类型下的 WTP 均值和置信区间

WTP	大米		五花肉	
	G2	G3	G2	G3
WTP_{org}	10.29 （8.44,13.73）	13.94 （10.13,28.39）	33.20 （27.85,40.78）	33.06 （27.52,41.10）
WTP_{bra}	6.59 （5.74,8.06）		28.08 （24.11,34.18）	

① 虽然大米在 G3 出现了 WTP_{org}（13.94 元）大于同组内 $WTP_{bra+org}$（13.59 元）的异常结果，但考虑到一方面大米 WTP_{org} 在 G3 的均值大于在 G2 的 95% 置信区间上限，另一方面，WTP_{org} 在 G3 的 95% 置信区间上限出现奇高的 28.39 元，甚至高于大米同组内 $WTP_{org+bra}$ 的 95% 置信区间的上限（21.13 元），这意味着 G3 组可能存在对大米加贴有机食品标志具有强烈偏好的异质消费群体。若 WTP 的分布存在这种异质性，则消费者真实的 WTP 分布可能是双峰分布，而非本章在模型估计时假设的正态分布，这可能使大米在 G3 估计出来的 WTP_{org} 有较大的偏差，导致比较分析时与预期有较大的出入。

（续表）

WTP	大米		五花肉	
	G2	G3	G2	G3
$WTP_{brg+org}$	14.34 （12.73,16.97）	13.59 （11.92,16.46）	49.54 （45.91,53.71）	54.52 （49.63,61.09）
$WTP_{org+bra}$	16.16 （15.42,17.28）	18.41 （17.01,21.13）	61.85 （57.69,68.19）	59.43 （55.74,64.11）

注：WTP_{org}、WTP_{bra}、$WTP_{brg+org}$ 和 $WTP_{org+bra}$ 均表示消费者愿意对整体食品所支付的金额（非溢价），对应的数值为 WTP 均值，括号内为相应的 95% 置信区间。

（2）消费者的偏好在标识类别上存在明显的差异，且在有机与品牌二者中更偏好于有机。以同时涉及仅有有机食品标志和仅有品牌商标的 G2 来看，WTP_{org} 的均值（有机大米为每 500 克 10.29 元，有机五花肉为每 500 克 33.20 元）都大于相应的 WTP_{bra} 均值（品牌大米为每 500 克 6.59 元，品牌五花肉为每 500 克 28.28 元）。

（3）消费者对同时加贴有机食品标志和品牌商标的 WTP 因加贴顺序的不同而有所差异，且在已有有机食品标志基础上加贴品牌商标的 WTP 均值大于在已有品牌商标基础上加贴有机食品标志的 WTP 均值。其中，大米的 $WTP_{org+bra}$ 在 G2 和 G3 中分别为每 500 克 16.61 元和 18.41 元，大于同组内 $WTP_{bra+org}$ 相应的 14.34 元和 13.59 元。五花肉的 $WTP_{org+bra}$ 在 G2 和 G3 中分别为每 500 克 61.85 元和 59.43 元，大于同组内 $WTP_{bra+org}$ 相应的 49.54 元和 54.52 元。这意味着对于要最终实行品牌有机标签策略的企业来说，消费者更偏好“先有机后品牌”的选择。与“先品牌后有机”相比，食品企业实行“先有机后品牌”从消费者身上获得的溢价空间更大。

以上的结论主要基于食品在不同标识状态下的 WTP 均值比较，而 WTP 均值是消费者在参照食品价格基础上增加额外标识之后对食品总体的支付意愿。本章在关注不同标识状态时，对参照食品及其价格设置是不同的，为分析消费者对额外标识的额外支付意愿（溢价），须进一步排除不同参照食品价格的影响。以溢价的绝对值或百分比作为比较的基础，可使得到的结论更具有一般化特征，本章在接下来的部分将以溢价值或溢价率作为基础进行比较。

9.5.2　叠加顺序对品牌有机食品 WTP 的影响

品牌有机最终的整体溢价将取决于单一标识在普通食品基础上的溢价和在已有该种标识基础上增加另一种标识的溢价。由于有机食品标志和品牌商标在各自单独存在时的溢价上存在差异（见第 7 章），且二者的溢价关系并非相互独立（见第 8 章），因此使得在普通食品基础上叠加有机食品标志和品牌商标的顺序可能会对最终的整体溢价产生影响。根据“先品牌后有机”和“先有机后品牌”两种不同的叠加顺序，分别计算出品牌有机最终的溢价，结果如表 9-7 所示。

由表 9-7 可知，从叠加顺序所获得的最终整体溢价来看，“先有机后品牌”（WTP_{org} + $WTP_{org+bra}$）大于“先品牌后有机”（WTP_{bra} + $WTP_{bra+org}$）。其中，大米选择“先有机后品牌”可获得的溢价值在 G2 和 G3 中分别为每 500 克 11.45 元和 17.35 元，均大于选择“先品牌后有机”在 G2 中的每 500 克 10.93 元。五花肉选择“先有机后品牌”可获得的溢价值在 G2 和 G3 中分别为每 500 克 34.05 元和 31.49 元，同样大于“先品牌后有机”在 G2 中的每 500 克 27.62 元。

表 9-7　不同叠加方式对品牌有机 WTP 的影响

WTP	溢价值和溢价率（%）	大米		五花肉	
		G2	G3	G2	G3
WTP_{bra}+$WTP_{bra+org}$	溢价值	10.93		27.62	
		（1.949）		（5.145）	
	溢价率	364.33		212.46	

（续表）

WTP	溢价值和溢价率（%）	大米		五花肉	
		G2	G3	G2	G3
$WTP_{org}+WTP_{org+bra}$	溢价值	11.45	17.35	34.05	31.49
		（2.645）	（11.337）	（7.625）	（14.825）
	溢价率	381.67	578.33	261.92	242.23
假说 1 的检验		**大米**		**五花肉**	
Ha_1 $WTP_{org}+WTP_{org+bra}>WTP_{bra}+WTP_{bra+org}$		***t* 值**	***p* 值**	***t* 值**	***p* 值**
组内检验	G2&G2	2.498	0.0064	11.031	0
组间检验	G2&G3	8.806	0	3.891	0.0001

注：（1）溢价值 =（WTP 均值之和 - 参照食品价格之和），其中（$WTP_{bra}+WTP_{bra+org}$）部分的参照食品为普通食品和品牌食品，（$WTP_{org}+WTP_{org+bra}$）部分的参照食品为普通食品和有机食品，普通大米和普通五花肉的价格分别为每 500 克 3 元和 13 元，品牌大米和品牌五花肉的价格分别为每 500 克 7 元和 37 元，有机大米和有机五花肉的价格分别为每 500 克 12 元和 48 元；（2）溢价率 = 溢价值 ÷ 普通食品价格 ×100%；（3）括号内的数值为通过 1 000 次 WTP 模拟得到相应溢价的标准差；（4）组内和组间的比较分别采取配对和非配对的 t- 检验；（5）*t* 值和 *p* 值分别为单边 T 检验统计值和相应的概率值。

假说 1 的所有组内及组间检验结果表明，*P* 值均在低于 1% 的显著水平拒绝原假设 $H0_1$，接受备择假设 Ha_1。因此，本章提出的假说 1 成立。这表明从溢价关系来看，“先有机后品牌”的排序选择明显优于“先品牌后有机”，该结论为稳健状态。

9.6 结论与讨论

9.6.1 研究结论

本章基于属性—效用理论和消费者效用最大化理论，利用组内组间设计，采取双边界二分式 CVM 和网上调查的方式，从消费者支付意愿的角度出发研究食品实行“品牌有机”联合标签的顺序策略问题，主要得出以下结论。

从消费者偏好看，“先有机后品牌”的排序选择明显优于“先品牌后有机”。消费者愿意对有机食品标志和在已有有机食品标志上增加品牌商标二者的额外支付金额之和，大于对品牌商标和在已有品牌商标上增加有机食品标志二者的额外支付金额之和。基于 WTP 均值的比较结果表明消费者对同时加贴有机食品标志和品牌商标的 WTP，因加贴顺序的不同有所差异，且在已有有机食品标志基础上加贴品牌商标的 WTP 均值大于在已有品牌商标基础上加贴有机食品标志的 WTP 均值。进一步从整体溢价来看，组内及组间检验的结果表明“先有机后品牌”的排序选择明显优于“先品牌后有机”，该结论为稳健状态。

9.6.2　管理启示

本章主要从消费者支付意愿的角度研究消费者对品牌商标与有机食品标志叠加顺序的偏好关系，对企业制定标识策略给予如下启示。

（1）从消费者偏好看，提升“品牌有机”联合标签策略的溢价须关注其实施的顺序。虽然已有研究指出联合标签的溢价和独立标签的叠加之间可能存在一定的非独立关系，但尚未有研究指出叠加顺序与联合标签总溢价二者之间的非独立关系。本章的研究结果表明，“品牌有机”联合标签的实施策略顺序与最终的总溢价并非独立关系，这可以为食品企业分步骤实行“品牌有机”联合标签的路径选择提供重要的决策依据。

（2）食品企业先进行有机认证、后进行品牌塑造，可以更好地提升总体溢价空间。由于本章的消费者对同时加贴有机食品标志和品牌商标的 WTP 因加贴顺序的不同有所差异，且在已有有机食品标志基础上加贴品牌商标的 WTP 均值大于在已有品牌商标基础上加贴有机食品标志的 WTP 均值，这意味着对于要最终实现“品牌有机”联合标签策略的企业来说，消费者更偏好于“先有机后品牌”的选择，食品企业实行“先有机认证＋后品牌塑造”策略比实行“先品牌塑造＋后有机认证”策略从消费者身上获得的溢价空间更大。

9.6.3 局限与未来研究

作为初步探索研究，本章还存在许多不足和可以改进的地方，主要包括以下三个方面。

（1）偏重于从两次实施过程涉及的各部分溢价差异来解释不同叠加顺序对联合标签最终总溢价产生的影响。然而必须指明，本章重点在于证实而非解释，因而未能涉及最深层次的原因分析，未来研究可从叠加顺序对消费者感知产生的影响入手，构建新的理论解释。

（2）从收益层面分析，缺乏结合“品牌塑造”和“有机认证”涉及的成本角度，未来研究可从成本收益的全面角度综合分析两种策略实施顺序的优劣。

（3）从有机认证与企业品牌的实施主体看，越来越多的有机食品以自有品牌（Private Label，PL）形式销售[①]，这将使有机认证与企业品牌的决策主体从以生产商为主逐渐转移到以零售商为主（Jonas 和 Roosen，2005）。当有机食品的营销过程中有零售商以加贴自有品牌形式介入时，须注意生产商和零售商在争夺品牌与有机带来的溢价时所产生的竞争合作关系，及其对不同决策主体发展策略选择的影响。

① 国外有机食品的营销实践中出现了越来越多零售商选择加贴自有品牌的趋势。出现这种趋势的原因在于，有机食品本身较难销售，生产商须借助零售商的销售渠道降低销售成本，而控制住销售渠道的零售商，一方面对获取有机认证的生产商施加一定的准入标准，并以低价收购的方式从生产商处获取有机食品；另一方面则在面向消费者时采取自有品牌策略，从消费者对有机食品的溢价中获取相应的收益回报。

第 5 部分

研究总结

第 10 章

研究结论、营销管理启示与未来研究展望

10.1 主要结论

本研究从消费者偏好的角度出发，重点研究消费者对有机食品的偏好和有机食品的标识策略等问题，主要采取双边界二分式 CVM，结合组内、组间的调查样本设计，选择规格为 5kg 的袋装大米和规格为 500g 的新鲜五花肉两种食品作为评估对象的载体，使用在线调查的方式获取北京市 744 个消费者样本数据，测算并比较消费者对有机食品在不同的品种、产品属性、信任水平和联合标识等状态下的支付意愿及其关系，主要的研究结论如下。

（1）调查样本的消费者对有机食品具有较高的支付意愿水平。本研究测算的支付意愿结果高于大多数同类研究，这可能与调查样本所选的目标群体，以及对食品安全问题的关注程度有关。影响消费者对有机食品支付意愿的因素主要是收入、购买频率及对有机标识的信任水平等。消费者对有机食品的支付意愿水平及其影响因素存在品种差异。

（2）信任属性评价和标签信任对有机食品的支付意愿均具有显著的正向影响，提升有机食品支付意愿的有效方式在于甄别并提高信任属性评

价，以及强化标签信任。

首先，从属性评价的角度看，相比环境保护属性，消费者更偏好于食品安全属性，更愿意为食品安全支付更多的金额，这表明消费者购买有机大米和有机五花肉受利己的驱动大于利他，消费者购买有机大米和有机五花肉更多地出自食品安全的私人目的，而非环境保护的公益目的。

其次，从标签信任角度看，消费者对有机食品标志的整体信任水平较低。有机码为消费者额外提供了关于有机食品可追溯信息查询和可验证真伪的渠道，不仅能够显著提升消费者对有机食品的信任水平，有效解决目前消费者对有机食品信任度不高的问题，而且有机码作为一种附加在食品上的额外标识，可进一步增强消费者对有机食品的支付意愿。

（3）消费者对有机食品标志与品牌商标的偏好存在以下三组关系。

首先，消费者对有机食品标志的支付意愿大于品牌商标，消费者在有机与品牌二者中更偏好于有机。造成这一结果的原因在于消费者对有机食品标志和品牌商标所来带来的属性变化存在差异，消费者认为与品牌食品相对于普通食品在内在质量属性上的改善相比，有机食品所带来的额外改善主要体现在环境保护和健康等内在质量属性。

其次，有机食品标志和品牌商标联合使用，在大米情况下主要表现为互补关系，而在五花肉情况下则表现为替代关系。如果消费者认为有机食品标志和品牌的联合使用在属性改善差异程度较弱的食品安全属性上提供了重复多余的信息，而在差异程度较强的环境保护和健康属性上提供了互补性的信息，那么意味着二者可能在食品安全属性上存在替代效应，而在环境保护属性和健康属性上存在互补效应。由于品牌商标与有机食品标志的互补性环境保护属性和健康属性的差异程度在大米情况下较大，而在五花肉情况下较小，因此可能导致最终消费者对有机食品标志和品牌的联合效应在大米情况下为互补关系，而在五花肉情况下为替代关系。

最后，有机食品标志和品牌商标最终联合使用时的总支付意愿受二者不同叠加顺序的影响，消费者对“先有机后品牌”的排序偏好强于“先品牌后有机”。

10.2 营销管理启示

研究消费者对有机食品的偏好和有机食品的标识策略，可为有机食品企业 STP 营销战略、产品定价策略、提升溢价策略和标识管理等现实决策提供科学的参考依据。具体而言，研究结论对营销管理具有以下几点启示。

（1）研究消费者对有机食品的支付意愿，探讨支付意愿的影响因素，有助于有机食品企业有效地识别目标群体，这是有机食品企业实施和制定 STP 营销战略的基础。根据 STP 营销战略，市场细分是有机食品企业更好地选择目标市场、明确产品和服务定位的关键步骤。本书第 3 章的研究结果表明，有机食品企业按年龄、婚姻、性别、教育水平等个体特征变量无法有效地对消费市场进行细分，而按收入和购买频率等变量细分能够更好地识别目标群体。以往研究建议的低价格策略并非有机食品企业有效的定价策略，有机食品企业在寻找合适的目标群体的基础上仍然可采取高价格策略。

（2）针对不同品种制定差异化的产品定价策略。消费者对有机食品的支付意愿是有机食品企业进行盈利空间分析、做出定价决策的信息基础。有机食品企业应在针对不同的食品品种进行市场调研的基础上，获取准确的意愿价格信息，进而做出相应的定价决策。第 3 章的研究结果表明，有机食品企业在定价时应考虑溢价率在品种之间的差异，并分析其可能的影响因素，进而做出相应的定价决策。有机食品在高收入、高购买频率和高信任水平的目标群体上，针对溢价率不同的品种，可制定不同的高定价策略。

（3）提高信任属性评价和强化标签信任是提升溢价的有效方式。

首先，有机食品是一种典型的信任产品，信任属性评估在有机食品的整体评估中占据重要的地位。本书第 3 章、第 4 章、第 5 章和第 6 章的相关研究结果表明，环境保护和食品安全等信任属性正向影响有机食品的支付意愿。在我国的现实背景下，企业在营销有机食品时，短期内可主要侧重于对有机食品的食品安全属性进行营销，但从长期来看，应培育消费者对环境保护的意识，加强宣传有机生产方式对环境保护的作用。有机食品企业在营销产品时应强化消费者对有机食品提供的食品安全和环境保护等信任属性的感知，进一步提升消费者的支付意愿水平。

其次，消费者对有机食品标志的信任水平正向影响有机食品的支付意愿。有机食品企业在生产和销售过程中应如实按照有机标准生产和规范使用有机食品标志。针对我国消费者对有机标签信任度不高的问题，第 6 章的研究结果表明，提供可追溯信息查询和验证真伪渠道的信息是解决有机标签信任度低的关键。有机食品企业可通过加贴有机码的附加措施强化消费者对有机食品标志的信任水平，进而提高消费者对有机食品的支付意愿。

（4）厘清并分析消费者对有机食品标志和品牌商标等偏好的三组基本关系，对于标识策略的选择、使用和管理具有重要的参考价值。

首先，识别和区分消费者对有机食品标志和品牌商标的偏好差异，对于选择并正确实施品牌或有机的标签策略、增强消费者的感知价值、提升产品的溢价水平具有重要的意义。第 7 章的研究结果表明，从消费者偏好的角度看，初创企业实施有机标签策略优于品牌策略。二者在具体使用时，应结合标签传递信息的特点及差异，针对不同的食品属性正确开展营销。

其次，品牌商标与有机食品标志联合使用时，二者在属性水平上可能因提供了多余的相似信息而存在替代效应，也可能因提供了额外互补的信息而存在互补效应。第 8 章的研究结果表明，品牌商标与有机食品标志并非独立关系，食品企业在使用两种标识时，应结合各自标识在传递属性的维度和水平上所发挥的作用，权衡品牌商标与有机食品标志的联合效应。由于品牌商标和有机食品标志的联合效应可能因不同品种而有所差异，因此企业应基于不同产品品种的具体情景，厘清产品品种与标识信息功能和消费者评估三者的关系，更好地利用品牌商标和有机食品标志的联合效应。

最后，“品牌有机”联合标签策略的实施顺序可能影响最终的总溢价水平。第 9 章的研究结果表明，对于要最终实现“品牌有机”联合标签策略的企业来说，消费者更偏好于“先有机后品牌”的选择。因此，食品企业实行“先有机认证 + 后品牌塑造”策略比实行“先品牌塑造 + 后有机认证”策略从消费者身上获得的溢价空间更大。

10.3　研究不足与未来展望

本研究在考察消费者的有机食品属性偏好、信任对有机食品标志的强化效果，以及品牌商标与有机食品标志的选择偏好关系等问题的过程中，因在切入的研究视角、采取的研究方法、具体的研究设计及数据收集等方面具有局限性，使得本研究存在一些不足之处，这些不足将成为后续研究改进和努力的方向。

第一，本研究采取网上调查获取样本的分布特征与北京统计年鉴的人口特征存在较大的偏差，在由该样本所得的结果推计总体时，并不适合推广至北京的所有消费者。本研究关注有机食品消费者的偏好问题，目标总体为家庭主要购买者中有机食品的实际购买者和潜在购买者。本研究获取样本的总体分布特征与国际贸易中心对我国有机食品主要消费群体的人群特征研究结论大体相近，该研究发现我国有机食品的主要消费群体是白领家庭、政府工作人员、家中有小孩及年轻的消费者。调查所获取的样本对本研究所关注的目标总体具有一定的代表性。但随着我国有机食品的快速发展，有机食品将逐渐进入普通消费人群的视野，针对普通消费人群的研究将有助于有机企业关注有机食品需求发展的未来趋势，因而，未来的研究可以选择更大地区范围及不同层次的消费者，进一步深入分析本研究所关注的问题。

第二，本研究采取双边界二分式 CVM，使得最终的研究结论不可避免地存在一定程度的偏差。本研究在问卷设计过程中尽可能地控制样本选择偏差和假想偏差，在具体数据分析时将 WTP 换算成基于百分比而非绝对值的比较，可将所有的其他未在问卷设计中控制的假想偏差视为一种系统性偏差。由于本研究关注不同评估对象的 WTP 比较，而非 WTP 的具体数值，因而这种系统性的偏差对本研究的结论并不产生实质性的影响。但在研究设计过程中，本研究对消费者询问了多个数量的价值评估问题，处于后面的评估对象容易在多价值评估问题的环境中受前面其他问题的影响，不可避免地导致评估的结果可能存在顺序偏差。理论上，只要向消费者询问多于 1 个数量的价值评估问题，都会存在顺序偏差。由于本研究的内容涉及的评估对象较多，要在确保一定样本量的基础上采取单个数量价值评估的询问方式[①]无疑将导致研究成本的大幅上升，因此如何在解决核心研究问题的前提下，平衡研究成本与研究效率是未来研究者努力的方向。

第三，在本书第 5 章、第 7 章、第 8 章和第 9 章的研究内容中，与选择实验相比，采用双边界二分式 CVM 使得本研究在评估对象询问的数量

① 虽然也有研究指出通过在询问过程中以随机方式打乱多个价值评估的顺序，可在一定程度上消除顺序偏差带来的影响，但这种方式仅能消除同一评估对象在不同背景水平下的差异对结果的影响，仍无法消除不同背景水平均值对结果产生的顺序偏差。

及结果的精确度等研究效率方面有所损失，但选择实验无法完全实现本研究在整体框架下所设定的研究目标。例如，第 5 章中若采取选择实验，一方面在对有机食品内在质量属性的定义及其水平进行量化时，会缺乏科学和精确的量化标准；另一方面，在属性的解释及属性水平设定的说明上，庞大的信息量和过于技术化的说明将给消费者带来沉重的信息负荷，影响最后 WTP 的估计结果。而第 9 章中若采取选择实验，则无法评估品牌商标与有机食品标志不同叠加顺序对最终联合 WTP 的影响。因而，如何采取最优效率的实验设计来实现本研究设定的研究目标，也将成为未来研究者努力的方向。

第四，本研究关注的消费者对有机食品属性的偏好、信任对有机食品标志的强化效果，以及品牌商标与有机食品标志的选择偏好关系等问题，对有机企业具有重要的现实意义。虽然本研究从消费者偏好的角度出发，尝试为有机企业的标识策略提供相应的科学决策依据，但有机企业在面对这些现实问题时，仍需要有更多研究结论的支持。因而，未来研究者可以尝试从不同的研究视角，采取不同的研究方法扩展和深化本研究所关注的问题。

参考文献

[1] Adamowicz W, Boxall P, Williams M, et al. Stated preference approaches for measuring passive use values: Choice experiments and contingent valuation[J]. American Journal of Agricultural Economics, 1998, 80(1): 64–75.

[2] Aertsens J, Verbeke W, Mondelaers K, et al. Personal determinants of organic food consumption: A review[J]. British Food Journal, 2009, 111(10): 1140–1167.

[3] Akaichi F, Nayga Jr R M, Gil J M. Assessing consumers' willingness to pay for different units of organic milk: Evidence from multiunit auctions[J]. Canadian Journal of Agricultural Economics, 2012, 60(4): 469–494.

[4] Alpizar F, Carlsson F, Martinsson P. Using choice experiments for non-market valuation[J]. Economic Issues-Stoke on Trent-, 2003, 8(1): 83–110.

[5] Antle J M. Economic analysis of food safety[J]. Handbook of agricultural economics, 2001, 1: 1083–1136.

[6] Ares G, Giménez A, Deliza R. Influence of three non-sensory factors on consumer choice of functional yogurts over regular ones[J]. Food quality and preference, 2010, 21(4): 361–367.

[7] Arrow K, Solow R, Portney P R, et al. Report of the NOAA Panel on Contingent Valuation[J]. Federal Register, 1993, 32(1): 48–56.

[8] Bai J, Zhang C, Jiang J. The role of certificate issuer on consumers' willingness-to-pay for milk traceability in China[J]. Agricultural Economics, 2013, 44(4–5): 537–544.

[9] Bateman I, Munro A, Rhodes B, et al. Does part–whole bias exist? An experimental investigation[J]. The Economic Journal, 1997, 107(441): 322–332.

[10] Batte M T, Hooker N H, Haab T C, et al. Putting their money where their mouths are: Consumer willingness to pay for multi-ingredient, processed organic food products[J]. Food Policy, 2007, 32(2): 145–159.

[11] Bauer H H, Heinrich D, Schäfer D B. The effects of organic labels on global, local,

and private brands: More hype than substance?[J]. Journal of Business Research, 2013, 66(8): 1035–1043.

［12］Bergès F, Monier-Dilhan S. Do consumers buy organic food for sustainability or selfish reasons?[R]. Toulouse School of Economics (TSE), 2013.

［13］Bernard J C, Bernard D J. What is it about organic milk? An experimental analysis[J]. American Journal of Agricultural Economics, 2009, 91(3): 826–836.

［14］Bougherara D, Combris P. Eco-labelled food products: What are consumers paying for?[J]. European Review of Agricultural Economics, 2009, 36(3), 321–341.

［15］Buhr B L. Traceability and information technology in the meat supply chain: Implications for firm organization and market structure[J]. Journal of Food Distribution Research, 2003, 34(3): 13–26.

［16］Cameron T A, Quiggin J. Estimation using contingent valuation data from a “dichotomous choice with follow-up” questionnaire[J]. Journal of environmental Economics and Management, 1994, 27(3): 218–234.

［17］Carrillo E, Varela P, Fiszman S. Packaging information as a modulator of consumers’ perception of enriched and reduced–calorie biscuits in tasting and non-tasting tests[J]. Food Quality and Preference, 2012, 25(2): 105–115.

［18］Caswell J A, Noelke C M, Mojduszka E M. Unifying two frameworks for analyzing quality and quality assurance for food products[M]//Global food trade and consumer demand for quality. Springer US, 2002: 43–61.

［19］Charness G, Gneezy U, Kuhn M A. Experimental methods: Between-subject and within-subject design[J]. Journal of Economic Behavior & Organization, 2012, 81(1): 1–8.

［20］Chen J, Lobo A, Rajendran N. Drivers of organic food purchase intentions in mainland China–evaluating potential customers’ attitudes, demographics and segmentation[J]. International Journal of Consumer Studies, 2014, 38(4): 346–356.

［21］Cicia G, Colantuoni F. Willingness to pay for traceable meat attributes: A meta-analysis[J]. International Journal on Food System Dynamics, 2010, 1(3): 252–263.

［22］Cooper J C. Optimal bid selection for dichotomous choice contingent valuation surveys[J]. Journal of Environmental Economics and Management, 1993, 24(1): 25–40.

［23］Darby M R, Karni E. Free competition and the optimal amount of fraud[J]. Journal of Law and Economics, 1973: 67–88.

[24] Dekhili S, Akli Achabou M. Eco-labelling brand strategy: Independent certification versus self-declaration[J]. European Business Review, 2014, 26(4): 305–329.

[25] Didier T, Lucie S. Measuring consumer's willingness to pay for organic and Fair Trade products[J]. International Journal of Consumer Studies, 2008, 32(5): 479–490.

[26] Durham C A. The impact of environmental and health motivations on the organic share of produce purchases[J]. Agricultural and Resource Economics Review, 2007, 36(2): 304.

[27] Fischer C, Gonzales M A, Henchion M, et al. Factors influencing trust supporting mechanism in EU agrifood chains[C]. Trust and Risk in Business Networks, proceedings of 99 EAAE Seminar, ILB, Bonn, 2006.

[28] Froehlich E J, Carlberg J G, Ward C E. Willingness-to-pay for fresh brand name beef[J]. Canadian Journal of Agricultural Economics, 2009, 57(1): 119–137.

[29] Gao Z, Schroeder T C. Effects of label information on consumer willingness-to-pay for food attributes[J]. American Journal of Agricultural Economics, 2009, 91(3): 795–809.

[30] Gellynck X, Verbeke W, Vermeire B. Pathways to increase consumer trust in meat as a safe and wholesome food[J]. Meat Science, 2006, 74(1): 161–171.

[31] Ghorbani M, Mahmoudi H, Liaghati H. Consumers' demands and preferences for organic foods: A survey study in mashhad, Iran[J]. Improving Sustainability in Organic and Low Input Food Production Systems, 2007.

[32] Gil J M, Gracia A, Sanchez M. Market segmentation and willingness to pay for organic products in Spain[J]. The International Food and Agribusiness Management Review, 2000, 3(2): 207–226.

[33] Golan E, Kuchler F. Willingness to pay for food safety: Costs and benefits of accurate measures[J]. American Journal of Agricultural Economics, 1999: 1185–1191.

[34] Gracia A, Loureiro M L, Nayga R M. Consumers' valuation of nutritional information: A choice experiment study[J]. Food Quality and Preference, 2009, 20(7): 463–471.

[35] Griffith R, Nesheim L. Estimating households' willingness to pay[R]. CEMMAP Working paper, 2010.

[36] Grunert K G. Food quality and safety: Consumer perception and demand[J]. European Review of Agricultural Economics, 2005, 32(3): 369–391.

[37] Grunert, S C. Everybody seems concerned about the environment: But is it reflected in Danish consumers' food choice. Working Paper, Handelshojskolen, Aarhus, Denmark. 1992.

[38] Gunduz O, Bayramoglu Z. Consumer's willingness to pay for organic chicken meat in Samsun Province of Turkey[J]. Journal of Animal and Veterinary Advances, 2011, 10(3): 334–340.

[39] Hamilton S F, Sunding D L, Zilberman D. Public goods and the value of product quality regulations: The case of food safety[J]. Journal of Public Economics, 2003, 87(3): 799–817.

[40] Hanemann M, Loomis J, Kanninen B. Statistical efficiency of double-bounded dichotomous choice contingent valuation[J]. American Journal of Agricultural Economics, 1991, 73(4): 1255–1263.

[41] Hellyer N E, Fraser I, Haddock-Fraser J. Food choice, health information and functional ingredients: An experimental auction employing bread[J]. Food Policy, 2012, 37(3): 232–245.

[42] Hensher D. Reducing sign violation for VTTS distributions through endogenous recognition of an individual's attribute processing strategy[J]. International Journal of Transport Economics/Rivistainternazionale di economiadeitrasporti, 2007: 333–349.

[43] Hensher, D. How do respondents handle stated choice experiments? Attribute consideration under varying information load[J]. Journal of Applied Econometrics, 2006, 21(6): 861–878.

[44] Henson S. Consumer willingness to pay for reductions in the risk of food poisoning in the UK[J]. Journal of Agricultural Economics, 1996, 47(1-4): 403–420.

[45] Hu W, Hünnemeyer A, Veeman M, et al. Trading off health, environmental and genetic modification attributes in food[J]. European Review of Agricultural Economics, 2004, 31(3): 389–408.

[46] International Trade Centre (ITC). "Organic food products in China: Market overview", 2011.

[47] Jonas A, Roosen J. Private labels for premium products-the example of organic food[J]. International Journal of Retail & Distribution Management, 2005, 33(8): 636–653.

[48] Kahneman D, Knetsch J L. Valuing public goods: The purchase of moral satisfaction[J]. Journal of Environmental Economics and Management, 1992, 22(1): 57–70.

[49] Kahneman D, Ritov I. Determinants of stated willingness to pay for public goods: A study in the headline method[J]. Journal of Risk and Uncertainty, 1994, 9(1): 5–37.

[50] Keller K L, Parameswaran M G, Jacob I. Strategic brand management: Building, measuring, and managing brand equity[M]. Pearson Education India, 2011.

[51] Knight A J, Warland R. Determinants of food safety risks: A multi-disciplinary approach[J]. Rural Sociology, 2005, 70(2): 253–275.

[52] Krinsky I, Robb A L. On approximating the statistical properties of elasticities[J]. The Review of Economics and Statistics, 1986: 715–719.

[53] Kristensen K, Grunert S C. The effect of ecological consciousness on the demand for organically produced foods[J]. ØFP Working Paper, 1990 (2).

[54] Krystallis A, Chryssohoidis G. Consumers' willingness to pay for organic food: Factors that affect it and variation per organic product type[J]. British Food Journal, 2005, 107(5): 320–343.

[55] Lagerkvist C J, Hess S. A meta-analysis of consumer willingness to pay for farm animal welfare[J]. European Review of Agricultural Economics, 2011, 38(1): 55–78.

[56] Larceneux F, Benoit-Moreau F, Renaudin V. Why might organic labels fail to influence consumer choices? Marginal labelling and brand equity effects[J]. Journal of Consumer Policy, 2012, 35(1): 85–104.

[57] Lim K H, Hu W, Maynard L J, et al. US consumers' preference and willingness to pay for country-of-origin-labeled beef steak and food safety enhancements[J]. Canadian Journal of Agricultural Economics, 2013, 61(1): 93–118.

[58] Liu Y, Zeng Y, Yu X. Consumer willingness to pay for food safety in Beijing: A case study of food additives[C]//Contributed Paper prepared for presentation at the International Association of Agricultural Economists Conference, Beijing, China. 2009.

[59] Loureiro M L, McCluskey J J, Mittelhammer R C. Assessing consumer preferences for organic, eco-labeled, and regular apples[J]. Journal of Agricultural and Resource

Economics, 2001: 404–416.

[60] Loureiro M L, Umberger W J. A choice experiment model for beef: What US consumer responses tell us about relative preferences for food safety, country-of-origin labeling and traceability[J]. Food policy, 2007, 32(4): 496–514.

[61] Lusk J L, Nilsson T, Foster K. Public preferences and private choices: Effect of altruism and free riding on demand for environmentally certified pork[J]. Environmental and Resource Economics, 2007, 36(4): 499–521.

[62] Lusk J L, Schroeder T C. Are choice experiments incentive compatible? A test with quality differentiated beef steaks[J]. American Journal of Agricultural Economics, 2004, 86(2): 467–482.

[63] Marchesini S, Hasimu H, Canavari M. Perceptual maps analysis for organic food consumers in China: A study on Shanghai consumers[C]//22nd Annual IFAMA World Forum and Symposium the Road to. 2050, 2012: 10–14.

[64] McFadden, D. Conditional logit analysis of qualitative choice behavior. New York: Academic Press, 1974.

[65] Michaud C, Llerena D, Joly I. Willingness to pay for environmental attributes of non-food agricultural products: A real choice experiment[J]. European Review of Agricultural Economics, 2013, 40(2): 313–329.

[66] Mondelaers K, Verbeke W, Van Huylenbroeck G. Importance of health and environment as quality traits in the buying decision of organic products[J]. British Food Journal, 2009, 111(10): 1120–1139.

[67] Morgan K, Murdoch J. Organic vs. conventional agriculture: Knowledge, power and innovation in the food chain[J]. Geoforum, 2000, 31(2): 159–173.

[68] Moser R, Raffaelli R, Thilmany-McFadden D. Consumer preferences for fruit and vegetables with credence-based attributes: A review[J]. International Food and Agribusiness Management Review, 2011, 14(2): 121–142.

[69] Nelson P. Information and consumer behavior[J]. The Journal of Political Economy, 1970: 311–329.

[70] New Zealand's Ministry of Agriculture and Forestry. "A review of the environmental/public good costs and benefits of organic farming and an assessment of how far

these can be incorporated into marketable benefits", 2008.

[71] Noussair C, Robin S, Ruffieux B. Revealing consumers' willingness-to-pay: A comparison of the BDM mechanism and the Vickrey auction[J]. Journal of Economic Psychology, 2004, 25(6): 725–741.

[72] Ojea E, Loureiro M L. Valuation of wildlife: Revising some additional considerations for scope tests[J]. Contemporary Economic Policy, 2009, 27(2): 236–250.

[73] Olesen I, Alfnes F, Røra M B, et al. Eliciting consumers' willingness to pay for organic and welfare-labelled salmon in a non-hypothetical choice experiment[J]. Livestock Science, 2010, 127(2): 218–226.

[74] Ortega D L, Wang H H, Olynk N J, et al. Chinese consumers' demand for food safety attributes: A push for governmen and industry regulations[J]. American Journal of Agricultural Economics, 2011: 94(2): 489–495.

[75] Park C W, Jun S Y, Shocker A D. Composite branding alliances: An investigation of extension and feedback effects[J]. Journal of Marketing Research, 1996: 453–466.

[76] Roheim C A, Gardiner L, Asche F. Value of brands and other attributes: Hedonic analysis of retail frozen fish in the UK[J]. Marine Resource Economics, 2007, 22(3): 239.

[77] Roosen J, Bieberstein A, Blanchemanche S, et al. Trust and willingness to pay for nanotechnology food[J]. Food Policy, 2015, 52: 75–83.

[78] Rozan A, Stenger A, Willinger M. Willingness-to-pay for food safety: An experimental investigation of quality certification on bidding behaviour[J]. European Review of Agricultural Economics, 2004, 31(4): 409–425.

[79] Sælensminde K. Embedding effects in valuation of non-market goods[J]. Transport Policy, 2003, 10(1): 59–72.

[80] Schleenbecker R, Hamm U. Consumers' perception of organic product characteristics: A review[J]. Appetite, 2013, 71: 420–429.

[81] Soler F, Gil J M, Sanchez M. Consumers' acceptability of organic food in Spain: Results from an experimental auction market[J]. British Food Journal, 2002, 104(8): 670–687.

[82] Sriwaranun Y, Gan C, Lee M, et al. Consumers' willingness to pay for organic products in Thailand[J]. International Journal of Social Economics, 2015, 42(5): 480–510.

[83] Tonsor G T, Schroeder T C. Livestock identification: Lessons for the US beef

industry from the Australian system[J]. Journal of International Food & Agribusiness Marketing, 2006, 18(3–4): 103–118.

[84] Torjusen H, Lieblein G, Wandel M, et al. Food system orientation and quality perception among consumers and producers of organic food in Hedmark County, Norway[J]. Food Quality and Preference, 2001, 12(3): 207–216.

[85] Tranter R B, Bennett R M, Costa L, et al. Consumers' willingness-to-pay for organic conversion-grade food: Evidence from five EU countries[J]. Food Policy, 2009, 34(3): 287–294.

[86] Tuomisto H L, Hodge I D, Riordan P, et al. Does organic farming reduce environmental impacts? A meta-analysis of European research[J]. Journal of Environmental Management, 2012, 112: 309–320.

[87] Turco G. Organic food–An opportunity at who's expense[J]. Industry Note, 2002.

[88] Van Loo E J, Caputo V, Nayga R M, et al. Consumers' willingness to pay for organic chicken breast: Evidence from choice experiment[J]. Food Quality and Preference, 2011, 22(7): 603–613.

[89] Van Rijswijk W, Frewer L J. Consumer perceptions of food quality and safety and their relation to traceability[J]. British Food Journal, 2008, 110(10): 1034–1046.

[90] Verbeke W, Velde L V, Mondelaers K, et al. Consumer attitude and behaviour towards tomatoes after 10 years of Flandria quality labelling[J]. International journal of Food Science & Technology, 2008, 43(9): 1593–1601.

[91] Verbeke W. Agriculture and the food industry in the information age[J]. European Review of Agricultural Economics, 2005, 32(3): 347–368.

[92] Vranešević T, Stancec R. The effect of the brand on perceived quality of food products[J]. British Food Journal, 2003, 105(11): 811–825.

[93] Wang F, Zhang J, Mu W, et al. Consumers' perception toward quality and safety of fishery products, Beijing, China[J]. Food Control, 2009, 20(10): 918–922.

[94] Wang Z, Mao Y, Gale F. Chinese consumer demand for food safety attributes in milk products[J]. Food Policy, 2008, 33(1): 27–36.

[95] Wier M, Jensen K O D, Andersen L M, et al. The character of demand in mature organic food markets: Great Britain and Denmark compared[J]. Food Policy, 2008, 33(5):

406–421.

［96］Willer H, et al. The world of organic agriculture: Statistics and emerging trends 2020[R]. FiBL (Research Institute of Organic Agriculture), IFOAM (Frick and International Federation of Organic Agriculture Movements), 2020.

［97］Wu L, Yin S, Xu Y, et al. Effectiveness of China's organic food certification policy: Consumer preferences for infant milk formula with different organic certification labels[J]. Canadian Journal of Agricultural Economics/Revue canadienned'agroeconomie, 2014, 62(4): 545–568.

［98］Xu P, Zeng Y, Fong Q, et al. Chinese consumers' willingness to pay for green-and eco-labeled seafood[J]. Food Control, 2012, 28(1): 74–82.

［99］Yiridoe E K, Bonti-Ankomah S, Martin R C. Comparison of consumer perceptions and preference toward organic versus conventionally produced foods: A review and update of the literature[J]. Renewable Agriculture and Food Systems, 2005, 20(04): 193–205.

［100］Yu X, Gao Z, Zeng Y. Willingness to pay for the "Green Food" in China[J]. Food Policy, 2014, 45: 80–87.

［101］Yue C, Tong C. Organic or local? Investigating consumer preference for fresh produce using a choice experiment with real economic incentives[J]. HortScience, 2009, 44(2): 366–371.

［102］Zanoli R, Scarpa R, Napolitano F, et al. Organic label as an identifier of environmentally related quality: A consumer choice experiment on beef in Italy[J]. Renewable Agriculture and Food Systems, 2013, 28(01): 70–79.

［103］Zhang C, Bai J, Wahl T I. Consumers' willingness to pay for traceable pork, milk, and cooking oil in Nanjing, China[J]. Food Control, 2012, 27(1): 21–28.

［104］Zhang X. Chinese consumers' concerns about food safety: Case of Tianjin[J]. Journal of International Food & Agribusiness Marketing, 2005, 17(1): 57–69.

［105］陈新建，董涛．有机食品溢价，消费者认知与支付意愿研究——以有机水果为例的实证分析［J］．价格理论与实践，2012，（11）：84–85.

［106］符国群，佟学英．品牌，价格和原产地如何影响消费者的购买选择［J］．管理科学学报，2004，6（6）：79–84.

［107］付亭亭，贾健斌，尹岩，等．可追溯大米的消费行为研究［J］．食品科技，

2015，（2）：360–367.

［108］郭红东，郑伟强．我国有机农业发展的现状，问题及对策［J］．农村经济，2011，（11）：34–37.

［109］郭艳艳．上海市消费者对食品安全支付意愿的实证研究——以猪肉消费为例［J］．西南民族大学学报：自然科学版，2013，39（4）：605–610.

［110］国家认证认可监督管理委员会．中国有机产品发展报告［M］．北京：中国质检出版社，2014.

［111］韩占兵．城镇消费者对有机农产品的购买意愿分析——以有机大米消费为研究对象［J］．经济与管理，2013，27（7）：40–45.

［112］雷超，卫海英．品牌资产与消费者溢价支付意愿的关系——基于搜索，体验和信任属性产品的实证研究［J］．开发研究，2011，（1）：124–128.

［113］李翔，徐迎军，尹世久，等．消费者对不同有机认证标签的支付意愿——基于山东省 752 个消费者样本的实证分析［J］．中国软科学，2015，（4）：49–56.

［114］刘军弟，王凯，韩纪琴．消费者对有机猪肉的认知水平及其消费行为调研——基于上海与南京的调查数据［J］．现代经济探讨，2009，（4）：50–53.

［115］刘宇翔．消费者对有机粮食溢价支付行为分析——以河南省为例［J］．农业技术经济，2013，（12）：43–53.

［116］刘增金，乔娟，李秉龙．消费者对可追溯牛肉的支付意愿及其影响因素分析——基于北京市的实地调研［J］．中国农业大学学报，2014，（6）：232–241.

［117］祁胜媚，杜垒，蒋乃华，等．消费者对可追溯猪肉的认知和购买行为分析——以扬州市消费者调查为例［J］．安徽农业科学，2011，39（15）：9317–9320.

［118］钱静斐，李宁辉．消费者对有机农产品的认知及购买行为分析［J］．湖北农业科学，2014，53（10）：2471–2474.

［119］全世文．选择实验测度支付意愿的偏差分析——基于婴幼儿奶粉消费者调查数据的验证［D］．北京：中国人民大学博士论文，2015.

［120］王锋，张小栓，穆维松，等．消费者对可追溯农产品的认知和支付意愿分析［J］．中国农村经济，2009，（3）：68–74.

［121］王怀明，尼楚君，徐锐钊．消费者对食品质量安全标识支付意愿实证研究——以南京市猪肉消费为例［J］．南京农业大学学报：社会科学版，2011，11（1）：21–29.

［122］王进，柳鹏程．基于 CVM 设计的有机食品支付意愿研究——以武汉市消费者为例［J］．湖北农业科学，2015，54（2）：490–496.

［123］王一舟，王瑞梅，修文彦．消费者对蔬菜可追溯标签的认知及支付意愿研究——以北京市为例［J］．中国农业大学学报，2013，18（3）：215–222.

［124］王志刚，钱成济，周永刚．消费者对猪肉可追溯体系的支付意愿分析——基于北京市 7 区县的调查数据［J］．湖南农业大学学报：社会科学版，2013，14（3）：7–13.

［125］吴林海，王红纱，刘晓琳．可追溯五花肉：信息组合与消费者支付意愿［J］．中国人口资源与环境，2014，24（4）：35–45.

［126］吴林海，王红纱，朱淀，等．消费者对不同层次安全信息可追溯猪肉的支付意愿研究［J］．中国人口资源与环境，2013，23（8）：165–176.

［127］吴林海，王淑娴，Hu W. 消费者对可追溯食品属性的偏好和支付意愿：猪肉的案例［J］．中国农村经济，2014，（8）：58–75.

［128］吴林海，徐玲玲，王晓莉．影响消费者对可追溯食品额外价格支付意愿与支付水平的主要因素——基于 Logistic，Interval Censored 的回归分析［J］．中国农村经济，2010，（4）：77–86.

［129］徐玲玲．食品可追溯体系中消费者行为研究［D］．江苏无锡：江南大学博士论文，2010.

［130］徐中民，张志强，程国栋，等．运用信息熵理论研究条件估值调查中的抽样问题［J］．系统工程理论与实践，2003，23（3）：129–133.

［131］尹世久，王小楠，陈雨生，等．品牌，认证与产地效应——基于消费者对含有不同属性奶粉的偏好分析［J］．软科学，2014，28（11）：115–118.

［132］尹世久，吴林海，陈默．基于支付意愿的有机食品需求分析［J］．农业技术经济，2008，（5）：81–88.

［133］尹世久，徐迎军，陈默．消费者有机食品购买决策行为与影响因素研究［J］．中国人口资源与环境，2013，23（7）：136–141.

［134］尹世久，徐迎军，陈雨生．食品质量信息标签如何影响消费者偏好——基于山东省 843 个样本的选择实验［J］．中国农村观察，2015，（1）：39–49.

［135］尹世久．信任不对称、认证有效性与消费者偏好：以有机食品为例［M］．北京：中国社会科学出版社，2014.

[136] 于海龙，闫逢柱，李秉龙. 认知对消费者安全乳品支付意愿的影响分析——以有机液态奶为例 [J]. 消费经济，2015，31（2）：48–53.

[137] 余建斌. 消费者对不同认证农产品的支付意愿及其影响因素实证分析——基于广州市消费者的调查 [J]. 消费经济，2012（6）：90–94.

[138] 袁学国，任建超，韩青. 北京城镇居民对不同猪肉质量安全特征的消费偏好和支付意愿 [J]. 技术经济，2014，33（6）：43–47.

[139] 张斌，何艳，王丹萍. 碳标签食品的消费者行为相关研究：一个文献综述 [J]. 华东经济管理，2013，27（4）：41–46.

[140] 张彩萍，白军飞，蒋竞. 认证对消费者支付意愿的影响：以可追溯牛奶为例 [J]. 中国农村经济，2014,（8）：76–85.

[141] 张玉梅，刘增金，乔娟. 陈述性偏好研究视角下可追溯牛肉的市场需求分析——基于北京市的实地调研 [J]. 消费经济，2014，30（6）：50–54.

[142] 张志强，徐中民，程国栋. 条件价值评估法的发展与应用 [J]. 地球科学进展，2003，18（3）：454–463.

[143] 张祖庆，姜雅莉. 基于联合分析法的消费者对产品支付意愿和偏好研究 [J]. 统计与决策，2011,（3）：112–114.

[144] 赵军，杨凯. 自然资源与环境价值评估：条件估值法及应用原则探讨 [J]. 自然资源学报，2006，21（5）：834–843.

[145] 赵荣，陈绍志，乔娟. 基于因子分析的消费者可追溯食品购买行为实证研究——以南京市为例 [J]. 消费经济，2011,（6）：63–67.

[146] 赵荣，乔娟，陈雨生. 消费者对可追溯性食品的购买行为研究——基于北京市海淀区消费者调查的分析 [J]. 技术经济，2009，28（1）：53–56.

[147] 赵荣，乔娟，孙瑞萍. 消费者对可追溯性食品的态度，认知和购买意愿研究——基于北京，咸阳两个城市消费者调查的分析 [J]. 消费经济，2010,（3）：40–45.

[148] 朱淀，蔡杰，王红纱. 消费者食品安全信息需求与支付意愿研究——基于可追溯猪肉不同层次安全信息的 BDM 机制研究 [J]. 公共管理学报，2013，10（3）：129–136.

附 录

有机食品消费偏好调查（以大米为例）

您好！我们是中国人民大学的课题组成员，正在进行有机食品消费行为的消费者调查。我们的调查仅用于学术研究，您提供的信息将完全保密。调查需要 5~10 分钟，谢谢您的配合！

0. 您平常吃猪肉和大米，而且主要负责家里的食品购买吗？［样本筛选题］

○是　○否

第一部分

本问卷所指的有机食品是指加贴了有机产品标识的食品。根据《有机产品认证管理办法》和《有机产品认证实施规则》的规定，只有经过国家认证认可监督管理委员会批准的认证机构对食品生产和加工过程进行评价（即认证），认为其产品生产和加工过程符合《有机产品》国家标准的产品才能加贴有机产品标识（见下图）。本问卷所指的品牌泛指经过国家工商行政管理部门注册登记的所有商标，并不特指著名商标品牌。

有机产品标志

1. 您平时关注以下问题吗？

问题	非常关注	比较关注	一般	不太关注	很不关注
您平时关注自己的身体健康问题吗	○	○	○	○	○
您平时关注环境污染问题吗	○	○	○	○	○
您平时关注食品安全问题吗	○	○	○	○	○

2. 购买食品时，您关注所购食品的以下标识吗？

问题	非常关注	比较关注	一般	不太关注	很不关注
食品的品牌商标	○	○	○	○	○
食品的有机产品标识	○	○	○	○	○

3. 购买食品时，您是否信任所购食品的以下标识？

问题	非常信任	比较信任	一般	不太信任	极不信任
食品的品牌商标	○	○	○	○	○
食品的有机产品标识	○	○	○	○	○

4. 有机食品涉及食品产业链的各个环节和政府的监管，请根据您对市场各相关主体行为的信任程度，回答以下问题。

问题	非常信任	比较信任	一般	不太信任	很不信任
您信任监管机构对有机食品的监督监管吗	○	○	○	○	○
食品的有机产品标识	○	○	○	○	○
您信任有机产品认证机构的业务水平吗	○	○	○	○	○
您信任认证机构的认证流程及操作过程中的诚信水平吗	○	○	○	○	○
您信任生产厂商按有机生产标准要求进行的生产过程吗	○	○	○	○	○
您信任生产厂商和流通机构能真实规范地使用有机产品标签吗	○	○	○	○	○

5. 您是否认为加贴了有机产品标识的食品都是真正的有机食品？

○是　○否（跳转到 6）

6. 如果您的回答是“否”，那么您估计在加贴了有机产品标识的食品中，有多少比例的食品可能是真正的有机食品呢？

____________（以百分比计算，请填写 0~99 的数字）

7. 您是否经历或者听到过假冒有机食品的事件?

问题	是	否
您是否有购买到假冒有机食品的经历	○	○
您的亲人、好友及邻居是否有购买到假冒有机食品的经历	○	○
您是否听说过关于假冒有机食品的新闻报道	○	○

8. 您听说过有机码吗?

○从来没有听说过　○听说过，但不太了解　○听说过，大概了解

○听说过，比较熟悉　○听说过，非常熟悉

9. 您平时经常吃大米吗?

○经常吃　○偶尔吃　○很少吃　○从不吃

10. 您经常购买有机大米吗?

○经常购买，一般每个月购买____次　○较少购买，一般每____个月购买一次

○几乎没有购买过

11. 您通常在哪里买有机大米?［多选题］

○网购　○农户家直购　○有机专卖店

○大型超市（如家乐福、超市发等）　○超大仓储（如沃尔玛会员店）

○商场超市　○其他____________

12. 您购买有机大米的平均单价是多少? ________（元 / 斤）

13. 对于大米产品，您是否同意以下说法?

问题	完全同意	同意	不确定	不同意	完全不同意
品牌大米的质量比普通大米好	○	○	○	○	○
品牌大米比普通大米更安全	○	○	○	○	○
品牌大米生产比普通大米生产更有利于环境保护	○	○	○	○	○
品牌大米比普通大米更有利于健康	○	○	○	○	○
有机大米的质量比普通大米好	○	○	○	○	○
有机大米比普通大米更安全	○	○	○	○	○
有机大米生产比普通大米生产更有利于环境保护	○	○	○	○	○

（续）

问题	完全同意	同意	不确定	不同意	完全不同意
有机大米比普通大米更有利于健康	○	○	○	○	○
通常情况下，我购买的大米有固定的品牌	○	○	○	○	○

第二部分（以大米G1为例）

提示：此部分为问卷的核心内容，您对问题回答的真实性，对我们的研究十分重要。请您根据自己对问题的真实理解回答以下问题，期待并感谢您的配合。

1. $DBDC_{org}$ 情景：假定您和平时一样，在自己熟悉的超市或网店等渠道选购大米。现在市场上有两种类型的大米产品供您选择，分别为：普通的袋装大米和贴有机产品标签的袋装大米（见下图）。这两种类型的大米在品种、产地和外观上均无明显差别，能看到的区别仅在于有没有加贴有机产品标签。但是贴上有机标签的袋装大米比普通袋装大米贵。这意味着如果您选择更贵的有机大米，则您每月用于食品的费用将会因对贴有机标签袋装大米的额外支付而减少您花在其他食品上的费用。

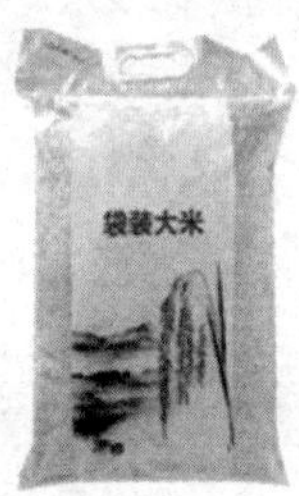

产品：普通袋装大米
规格：5kg（10斤）
价格：3元/斤

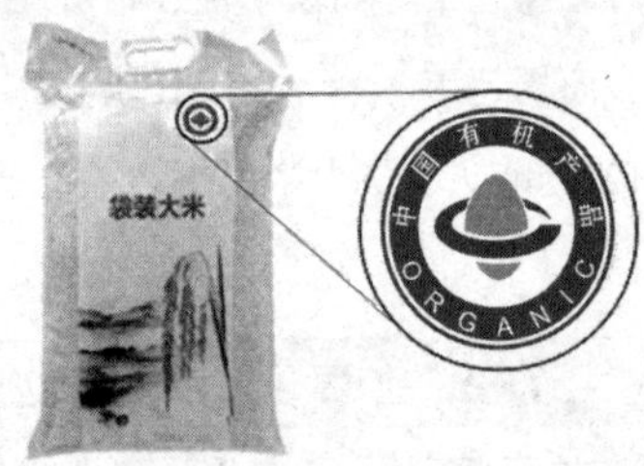

产品：贴有机标签的袋装大米
规格：5kg（10斤）

1.1　在这种情景下，如果普通袋装大米的价格为每斤3元，而贴上有机标签的袋装大米价格为每斤3.1元，您是否会选择购买贴有机标签的袋装大米？（以B01为例）

○是（跳转至1.2）　○否（跳转至1.3）

1.2　如果普通袋装大米的价格还是每斤3元，而贴上有机标签的袋装大米价格上涨到每斤3.2元，您是否还会选择购买贴有机标签的袋装大米？

○是 ○否

1.3 如果普通袋装大米的价格还是每斤 3 元，而贴上有机标签的袋装大米价格下降到每斤 3 元，您是否会选择购买贴有机标签的袋装大米？

○是 ○否

2. $DBDC_{org}$ 情景：假定您和平时一样，在自己熟悉的超市或网店等渠道选购大米。现在市场上有两种类型的大米产品供您选择，分别为普通的袋装大米和贴有机产品标签的袋装大米。这两种类型的大米在品种、产地和外观上均无明显差别，能看到的区别仅在于有没有加贴有机产品标签。但是贴上有机标签的袋装大米比普通袋装大米贵。这意味着如果您选择更贵的有机大米，则您每月用于食品的费用将会因对贴有机标签袋装大米的额外支付而减少您花在其他食品上的费用。具体如下图所示。

 **产品**：普通袋装大米 **规格**：5kg（10 斤） **价格**：3 元 / 斤	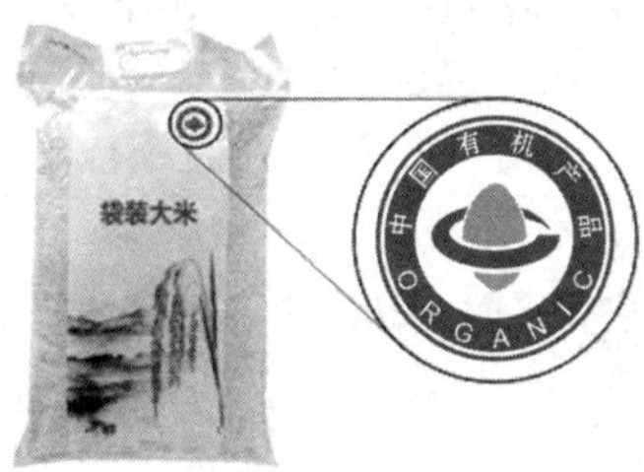 **产品**：贴有机标签的袋装大米 **规格**：5kg（10 斤）	**特别提示** 根据有关规定，有机食品可能比普通食品具有更高的食品安全水平，且其生产过程更有利于资源环境保护

2.1 在这种情景下，如果普通袋装大米的价格为每斤 3 元，而贴上有机标签的袋装大米价格为每斤 3.1 元，您是否会选择购买贴有机标签的袋装大米？（以 B01 为例）

○是（跳转至 2.2） ○否（跳转至 2.3）

2.2 如果普通袋装大米的价格还是每斤 3 元，而贴上有机标签的袋装大米价格上涨到每斤 3.2 元，您是否还会选择购买贴有机标签的袋装大米？

○是 ○否

2.3 如果普通袋装大米的价格还是每斤 3 元，而贴上有机标签的袋装大米价格下降到每斤 3 元，您是否会选择购买贴有机标签的袋装大米？

○是 ○否

（有机码信息卡及信任变化的问题）如果可追溯有机码（见下图）能得到很好的实

施与执行，您是否会更加信任市场上的有机食品？

○肯定会　○可能会　○没变化　○可能不会　○肯定不会

有机码（示例）：01515127863289124

有机码：为保证有机产品的可追溯性，认证机构按照国家认证认可监督管理委员会的要求，向企业发放有机认证标志或允许有机企业在产品标签上印制有机认证标志时，按照统一的编码要求赋予每枚认证标志唯一的编码，即为有机码。有机码共有 17 位，前 3 位为认证机构代码，紧接着 2 位为认证标志发放年份，最后 12 位为随机产生的数字

有机码可以确保有机食品的可追溯性。根据国家认证认可监督管理委员会的要求，每份有机码都要报送至"中国食品农产品认证信息系统"，任何个人可通过该系统查询有机码对应的产品名称、获证企业及认证证书编号等信息

3. DBDC$_{org+tra}$ 情景：假定您和平时一样，在自己熟悉的超市或网店等渠道选购大米。现在市场上有两种类型的大米产品供您选择，分别为：（1）贴有机标签的袋装大米；（2）同时贴有机标签和有机码的袋装大米。这两种类型的大米在品种、产地和外观上均无明显差别，能看到的区别仅在于有没有额外加贴有机码，但同时贴有机标签和有机码的袋装大米比仅贴有机标签的袋装大米贵。这意味着，如果您选择购买贴有机标签和有机码的袋装大米，则您每月用于食品的费用将会因对同时贴有机标签和有机码袋装大米的额外支付而减少您花在其他食品上的费用。具体如下图所示。

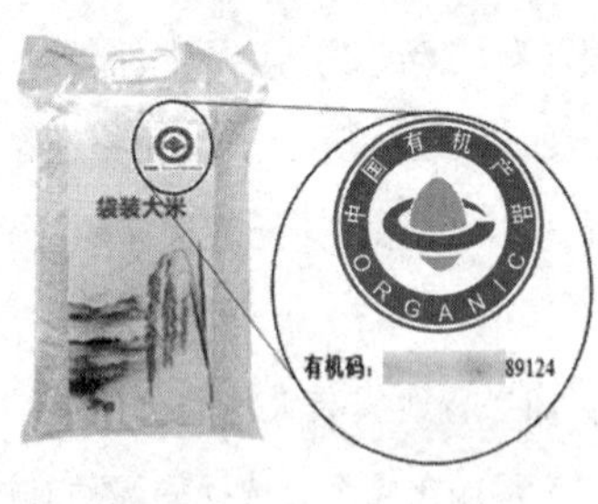

产品：贴有机标签的袋装大米 **规格**：5kg（10 斤） **价格**：12 元 / 斤	**产品**：同时贴有机标签和有机码的袋装大米 **规格**：5kg（10 斤）

3.1　在这种情景下，如果贴有机标签的袋装大米价格为每斤 12 元，而同时贴有机标签和有机码的袋装大米价格为每斤 12.1 元，您是否会选择购买同时贴有机标签和有机码的袋装大米？（以 B01 为例）

○是（跳转至 3.2）　○否（跳转至 3.3）

3.2　如果贴有机标签的袋装大米价格还是每斤 12 元，而同时贴有机标签和有机码的袋装大米价格上涨到每斤 12.2 元，您是否还会选择购买同时贴有机标签和有机码的袋装大米？

○是　○否

3.3　如果贴有机标签的袋装大米价格还是每斤 12 元，而同时贴有机标签和有机码的袋装大米价格下降到每斤 12 元，您是否会选择购买同时贴有机标签和有机码的袋装大米？

○是　○否

4. $DBDC_{env}$ 情景：假定您和平时一样，在自己熟悉的超市或网店等渠道选购大米。现在市场上有两种类型的大米产品供您选择，分别为普通的袋装大米和贴有机标签的袋装大米。这两种类型的大米在品种、产地和外观上均无明显差别，能看到的区别仅在于有没有贴上有机标签，而贴上有机标签的袋装大米比普通袋装大米贵。这意味着，如果您选择购买贴上有机标签的袋装大米，则您每月用于食品的费用将会因对贴有机标签袋装大米的额外支付而减少您花在其他食品上的费用。具体如下图所示。

<table>
<tr>
<td>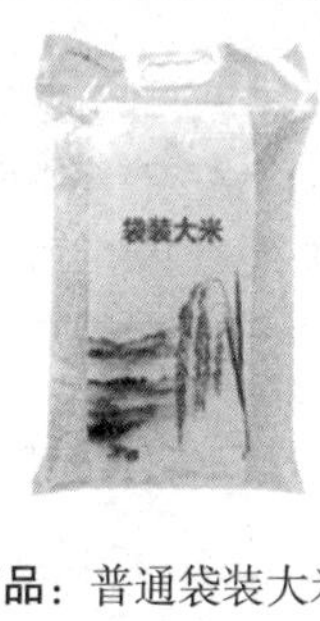
产品：普通袋装大米
规格：5kg（10 斤）
价格：3 元 / 斤</td>
<td>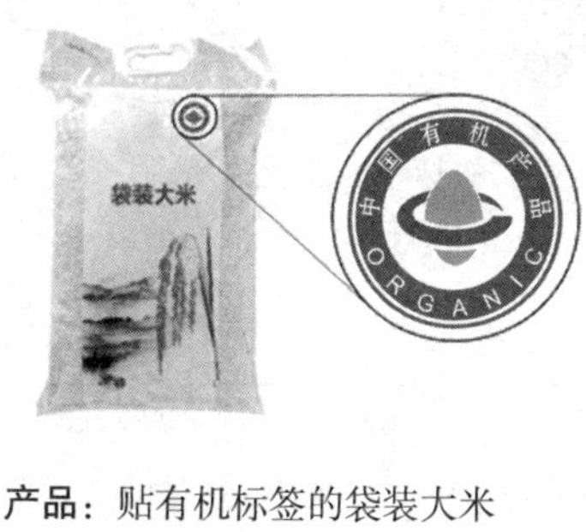
产品：贴有机标签的袋装大米
规格：5kg（10 斤）</td>
<td>**特别提示**
根据有关规定，有机食品可能比普通食品具有更高的食品安全水平，且其生产过程更有利于资源环境保护
但在这里，假定左图的有机食品与普通食品具有完全相同的食品安全水平，只是其生产过程更有利于资源环境保护</td>
</tr>
</table>

4.1　在这种情景下，如果普通袋装大米的价格为每斤 3 元，而贴上有机标签的袋

装大米价格为每斤 3.1 元，您是否会选择购买贴有机标签的袋装大米？（以 B01 为例）

○是（跳转至 4.2） ○否（跳转至 4.3）

4.2　如果普通袋装大米的价格还是每斤 3 元，而贴上有机标签的袋装大米价格上涨到每斤 3.2 元，您是否还会选择购买贴有机标签的袋装大米？

○是　○否

4.3　如果普通袋装大米的价格还是每斤 3 元，而贴上有机标签的袋装大米价格下降到每斤 3 元，您是否会选择购买贴有机标签的袋装大米？

○是　○否

5. $DBDC_{saf}$ 情景：假定您和平时一样，在自己熟悉的超市或网店等渠道选购大米。现在市场上有两种类型的大米产品供您选择，分别为普通的袋装大米和贴有机标签的袋装大米。这两种类型的大米在品种、产地和外观上均无明显差别，能看到的区别仅在于有没有贴上有机标签，而贴上有机标签的袋装大米比普通袋装大米贵。这意味着，如果您选择购买贴上有机标签的袋装大米，则您每月用于食品的费用将会因对贴有机标签袋装大米的额外支付而减少您花在其他食品上的费用。具体如下图所示。

<table>
<tr>
<td>

产品：普通袋装大米
规格：5kg（10 斤）
价格：3 元 / 斤</td>
<td>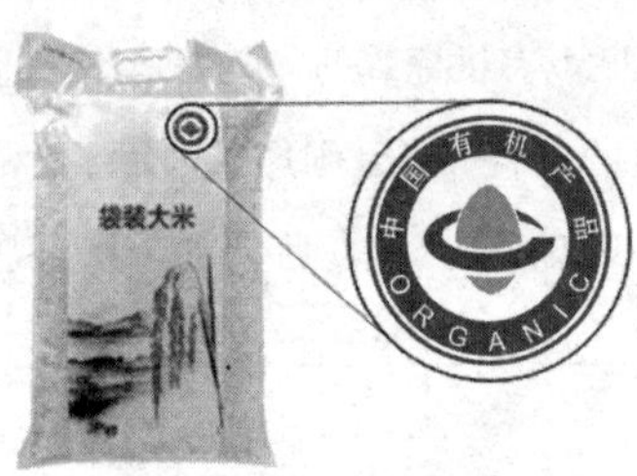

产品：贴有机标签的袋装大米
规格：5kg（10 斤）</td>
<td>特别提示
根据有关规定，有机食品可能比普通食品具有更高的食品安全水平，且其生产过程更有利于资源环境保护
但在这里，假定左图的有机食品生产与普通食品对资源环境的影响完全相同，但具有更高的食品安全水平</td>
</tr>
</table>

5.1　在这种情景下，如果普通袋装大米的价格为每斤 3 元，而贴上有机标签的袋装大米价格为每斤 3.1 元，您是否会选择购买贴有机标签的袋装大米？（以 B01 为例）

○是（跳转至 5.2） ○否（跳转至 5.3）

5.2　如果普通袋装大米的价格还是每斤 3 元，而贴上有机标签的袋装大米价格上涨到每斤 3.2 元，您是否还会选择购买贴有机标签的袋装大米？

○是　○否

5.3　如果普通袋装大米的价格还是每斤 3 元，而贴上有机标签的袋装大米价格下降到每斤 3 元，您是否会选择购买贴有机标签的袋装大米？

○是　○否

第三部分

1. 您的年龄（周岁）：____________

2. 您的性别：○男　○女

3. 您的婚姻状况：○已婚　○未婚　○其他

4. 您的受教育水平：

○没有上过学　○小学　○初中　○高中　○职业高中　○中专

○技术学校　○大专　○大学本科　○硕士及以上　○其他 ____________

5. 您工作的性质：

○学生　○企业普通职员　○企业中高层管理者　○家庭主妇

○公务员　○事业单位工作人员　○自由职业者

○教师、研究工作者　○离退休　○其他 ____________

6. 您家的月总收入（完税前）：

○ 1 000 元以下　○ 1 001~3 000 元　○ 3 001~5 000 元

○ 5 001~7 000 元　○ 7 001~9 000 元　○ 9 001~11 000 元

○ 11 001~13 000 元　○ 13 001~15 000 元　○ 15 001~17 000 元

○ 17 001~19 000 元　○ 19 001~21 000 元　○ 21 001~23 000 元

○ 23 001~25 000 元　○ 25 000 元以上

7. 不算您本人，与您同住的家人人数有多少？ ____________

8. 家里小孩和老人的情况

问题	是	否
您家是否有 12 周岁以下的小孩	○	○
您家是否有 65 周岁以上的老人	○	○

9. 您的身体健康状况如何？

○很好　○良好　○一般　○不佳　○很差